墨子

全译

（上册）

孙以楷 甄长松 译注

图书在版编目（CIP）数据

墨子全译／孙以楷，甄长松译注. —成都：巴蜀书社，
2024.1
　　ISBN 978-7-5531-1776-8

　　Ⅰ.①墨…　Ⅱ.①孙…②甄…　Ⅲ.①墨家②《墨子》-译文　Ⅳ.①B224.4

中国版本图书馆 CIP 数据核字（2022）第 136225 号

墨子全译

孙以楷　甄长松　译注

出 品 人	王祝英
责任编辑	童际鹏
封面设计	王 琪
发　　行	巴蜀书社
	四川省成都市锦江区三色路 238 号新华之星 A 座 36 楼
	邮编 610023　总编室电话：(028) 86361852
网　　址	www.bsbook.com
经　　销	新华书店
印　　刷	四川宏丰印务有限公司　028-61002807
版　　次	2024 年 4 月第 2 版
印　　次	2024 年 4 月第 1 次印刷
成品尺寸	140mm×203mm
印　　张	24.625
字　　数	450 千
书　　号	ISBN 978-7-5531-1776-8
定　　价	98.00 元（上下册）

本书如有印装质量问题，请与工厂调换

第一版编委会

主 编

任继愈

编 委

(按姓氏笔画排序)

方立天	孔 繁	任继愈	牟钟鉴
杜继文	何兆武	余敦康	杨宗义
庞 朴	冒怀辛	段文桂	段志洪
萧萐父	阎 韬	黄 葵	楼宇烈

再版说明

文化是一个国家、一个民族的灵魂。中国古代哲学是中华优秀传统文化的重要组成部分，集中反映了中华民族认识世界、改造世界的过程，体现出中华民族的超群智慧和深厚文化底蕴，在新时代仍具有重要的价值和意义，充满了生机与活力。为积极弘扬中华优秀传统文化，推动中华民族现代文明建设，我们对20世纪90年代我社出版的《中国古代哲学名著全译丛书》进行修订再版，以飨读者。

为方便时下读者阅读，本次再版，我们做了如下调整。

（1）对原二十四种哲学名著做了精选，保留其中十八种。

（2）对各译本内容的结构进行了优化调整，将原文、注释和译文分段对应，将原注释及译文部分的脚注放到原文之下，以便更好地发挥注释、译文、脚注等对原文阅读的辅助作用。

（3）为适应哲学研究发展、语言发展和新时代文化发展要求，对原版内容中的一些专业提法及语言描述等做与时俱进的优化修改。

岁月不居，时节如流，斗转星移，物是人非。三十多年过去了，当初的青年才俊已是学界的巨擘，不无遗憾的是有些先生已经驾鹤西去，当我们再品读这些字字珠玑时，才发现他们并未离去。这就是文字的魅力。世间一切皆会朽，唯有文字能穿透历史的时空而永生。文字就是他们的一座丰碑。谨此向那些筚路蓝缕的先驱者致以敬意。

本次再版，得到李申等几位先生的大力支持。在此，表示衷心感谢。再版工作的不足之处，恳请读者提出宝贵意见，以便本丛书不断臻于完善。

巴蜀书社
2023 年 6 月

原书总序

在国务院古籍出版规划统一方针指导下，我们与巴蜀书社合作，编辑了这套《中国古代哲学名著全译丛书》。

世界各民族不论大小，都对人类文明有所贡献，中华民族有五千年的历史，它对人类文明已经做出过伟大的贡献。伟大的贡献，有赖于民族思想文化的成熟。中国哲学，是中华民族思想文化成熟的标志。

五千年来，中华民族经历了无数的忧患和灾难。但是，忧患和灾难并未使它消沉，反而使它磨炼得更加坚强，在与困难和挫折的斗争中，它发展了、前进了。在前进的过程中，中华民族认识着世界，改造着世界，同时也改变着自身。

中华民族认识世界、改造世界的过程，在中国哲学中得到了集中的反映。其深闳的内容，明睿的智慧，在古代社会，和其他民族相比，都达到了极高的水平。中国哲学，在当时，无愧于自己的时代；在今天，是我们宝贵的文化遗产。随着人类社会的不断前进，随着对历史的深入剖析，中国哲学的内容和它的价值，将日益被更广大的人群所认识、所接受。

中华民族这个伟大的民族，有责任对世界文明做出更多的贡献。我们今天面临的任务，是要创造新的物质文明和新的精神文明，要完成这个历史任务，从中国古代哲学中寻求借鉴，提高广大人民的文化素养，是个必要的途径。

借鉴中国古代哲学，广大读者首先遇到的麻烦，是语言文字的障碍。本丛书的目的，就是为广大读者扫除这个障碍，使得更多的人能从中国古代的哲学著作中得到启迪，锤炼他们的智慧。

汲取前人的文化财富（包括哲学、文学、科学、艺术），都应该直接取自原作，这是不言而喻的道理。事实上，能做到这一点的，总是少数人。所以从古到今，都有一些人在从事翻译工作。有不同文字的互译，也有古籍今译。缺少这个工作，人类创造的精神产品，就不可能成为广大人民的财富。

古文今译，并不是现在才有的。司马迁撰写《史记》，曾把商周的文献典籍译成当时流行的语言，树立了成功的范例，使佶屈聱牙的古代文献，被后世更多的读者所理解。古希腊哲学为后世欧洲哲学的源头，今天的欧洲人（包括今天的雅典人）了解古希腊哲学，很少有人直接阅读古希腊文原著，人们多是通过各自民族的现代译文去了解古希腊哲学，这是学术发展的趋势和方向。

任何译作（古文今译，异国语文互译）都难做到毫不走样。但我们要求本丛书的译文除了对原文忠实外，还要尽力保持原著的神韵风格。这是我们争取的目标，并希望以此和广大读者共勉。

任继愈

名家导读

《墨子》是战国时期墨子及墨家学派的著作总集。

墨子名翟（约前470—前381），一说为鲁人，一说为宋人。实际上，其先祖为宋国公族目夷氏（墨台氏），后在宋国内争中失败，迁往小邾国，遂为鲁之附庸小邾国人（今山东省滕州市境内）。至墨翟，已降为贱人。墨翟少时曾为木工，工于器械制造。他曾学于儒家，不满于儒家的崇信天命、繁文缛礼、尚乐厚葬以及有差等的爱，遂自立学派，与儒家并称为显学。曾为宋大夫。主要从事讲学授徒和政治活动，常往来于鲁、齐、宋、楚诸国。他创建和领导了墨者集团，为首任巨子。其成员多来自社会下层，他们把收入的一部分捐作团体的基金。他们生活俭朴，纪律严明，富于牺牲精神，但往往热情盲从："墨子服役者百八十人皆可使赴火蹈刃，死不旋踵。"

(《淮南子·泰族训》)墨子死后，墨家分为三派。

《汉书·艺文志》"墨家"类著录"《墨子》七十一篇"，无卷数。《隋书·经籍志》《旧唐书·经籍志》《新唐书·艺文志》《宋史·艺文志》均著录"《墨子》十五卷"。《宋馆阁书目》著录："《墨子》十五卷，六十一篇。"比《汉书·艺文志》著录已遗失十篇。蒋伯潜说："《宋馆阁书目》云：'亡九篇。'七十一篇亡其九，当为六十二篇，而作'六十一篇'者，疑'一'字为'二'字之误也。"亦备一说。今本《墨子》仅存十五卷五十三篇，宋以前亡十篇，宋代亡八篇，共亡十八篇。佚失十八篇中有目可察者为：《节用下》《节葬上》《节葬中》《明鬼上》《明鬼中》《非乐中》《非乐下》《非儒上》等八篇。据孙诒让考证，亡佚篇目还有：第五十四篇疑为《备钩》、第五十五篇疑为《备冲》，第五十七篇疑为《备堙》，《备辒辒》《备轩车》两篇疑当在第六十四篇及次篇位置。《备空洞》一篇与《备穴》《备突》次第窜乱，亦为佚篇。还有四篇佚文，篇名不可考。

作为墨家著作总集，各篇作者不一，写成的时间、体裁、内容亦有别。现存五十三篇可以分为五组。

第一，今本《墨子》第一篇至第七篇，即《亲士》《修身》《所染》《法仪》《七患》《辞过》《三辩》等七篇。梁启超认为"《亲士》《修身》《所染》三篇，非墨家言，纯出伪托"，也有人认为上述几篇观点与儒家不同，当是墨家后学作品。实际上，前两篇带有一定儒家思想色彩，正是墨子学于儒家的印记。而其基本观点又不同于儒家，正是墨子脱离儒家后自成学派的最早作品。《亲士》《修身》无"子墨子言曰"，亦为墨子自著之佐证。《亲士》所言吴起之裂，非墨子所不及见，因此不能据以证明《亲士》非墨子自著。《所染》《法仪》《七患》《辞过》《三辩》，是墨子思想的纲要，其体裁为问答记录体，无《论语》零散之失，类似《孟子》七篇，当为墨子弟子在墨子逝世后据记录增益两成。这五篇记录不分上、中、下，可以推知此时墨子弟子尚少，可视为墨子中年时期的讲学记录。

第二，今本《墨子》第八篇至第三十九篇，其间缺八篇，尚存二十四篇，问答记录体，共十一个题目，即：尚贤、尚同、兼爱、非攻、节用、节葬、天志、明鬼、非乐、非命、非儒。除《非儒》外，各篇均以"子墨子曰"开篇，正是墨子讲学，弟子记录，以后由墨子弟子根据记录整理而成。墨子逝世后，墨家分为三派。《韩非子·显学》："自墨子之死也，有相里氏之墨，有相夫氏之墨，有邓陵氏之墨，墨离为三。"《庄子·天下》："相里勤之弟子，五侯之徒，南方之墨者苦获、己齿、邓陵子之属，俱诵《墨经》，而背诵不同，相谓'别墨'。""相里氏之墨"，即"相里勤之墨"，"邓陵氏之墨"即"南方之墨……邓陵子之属"，唯"相夫氏之墨"与"五侯之徒"说法不同。但墨分三派之说则一。墨学三派各以自己一派的记录作为传授教材,在编纂总集时这十一个题目均各有上、中、下三篇,即三派的记录均被收入。也有人认为上、中、下三篇是墨子及其弟子在三个不同时期形成的,它标志着墨家思想的发展历程。这二十四篇仍保留问答记录体的形式,但已经以义命题,成书于孟子时代。《非儒》已由问答体发展为设问驳难体,且无"子墨子曰",可能是墨子弟子所撰,当成书于儒墨斗争十分激烈的战国中期,但仍应在孟子成名之前。这二十四篇集中了早期墨家的哲学、政治、伦理和经济思想、是研究墨子和早期墨家的最基本最可靠的史料。

第三,今本《墨子》第四十篇到第四十五篇,即《经上》《经下》《经说上》《经说下》《大取》《小取》等六篇。这六篇一般称为《墨经》。梁启超认为:"《经》上、下,当是墨子自著;《经说》上、下,当是述墨子口说,但有后学增补;《大取》《小取》,当是后学自著。"(《墨子学案》)但是,这六篇的主体是名学,名辩思潮兴于战国中后期,六篇中对"离坚白""合同异"两派的命题均有批评,因此它们不可能写成于公孙龙与惠施之前。六篇中所涉及的认识论、自然科学问题所达到的水平,是墨子时代所不可能达到的。六篇中涉及天志仅一见,这与墨子倡扬天志、明鬼区别明显。它表明后期墨家以自然科学为基础,抛弃宗教神学,进一步发展了唯物主义。所谓"经",并非经典之意,而是指精练的命题,"说"

是对"经"的训释，可见六篇体裁为训诂体，形成较晚。根据以上理由，一般认为《墨经》六篇是战国后期的作品，不是成于一人一时。

第四，今本《墨子》第四十六篇至第五十篇，即《耕柱》《贵义》《公孟》《鲁问》《公输》等五篇，是墨子弟子关于墨子及其主要弟子的言行记录。每篇皆取首二句中之二字为题，近似《论语》，当撰成于《论语》之后，《孟子》之前，可能早于本书《尚贤》等二十四篇，是研究墨子生平事迹的可靠史料。

第五，今本《墨子》第五十二篇至第七十一篇，即《备城门》《备高临》《备梯》《备水》《备突》《备穴》《备蛾傅》《迎敌祠》《旗帜》《号令》《杂守》等十一篇。中间缺第五十四、五十五、五十七、五十九、六十、六十四、六十五、六十六、六十七等九篇。这十一篇是墨子讲授防御战术与守城工具的著作，由禽滑釐及其弟子据记录整理而成。观其或称"禽滑釐"，或称"禽子"，推知《备城门》篇可能写成于墨子晚年，其他诸篇写成于禽滑釐时代。有人据《号令》《杂守》中杂有汉代官名与刑法制度，疑为汉代人编撰。对此，孙诒让有所驳正，甚是。

全书五个部分，最早写成于墨子晚年，最晚写成于战国后期。《墨子》七十一篇，由汉代刘向校定，著于《别录》，为刘歆《七略》、班固《汉书·艺文志》所因。

《墨子》版本可分为无注本与有注本两大类。

（一）无注本。

《墨子》十五卷，有《道藏》本，明唐尧臣刻本（以后有《四部丛刊》影印本），明末堂策槛刊本、《四库全书》抄本。《墨子》六卷，明万历涵春楼刊本。《墨子》四卷，明万历绵眇阁刊《先秦诸子合编》本。

（二）注本。

《墨子注》十五卷，清毕沅校注。主要有清乾隆《经训堂丛书》本、光绪《二十二子》本、上海商务印书馆《丛书集成初编》本、中华书局《四部备要》本。毕氏此书是两千年来第一次对《墨子》全书所作的校注和整理，但校注过简，误校误释较多。《墨子间诂》十五卷，目一卷，附录一卷，后语二卷，清末孙诒让撰。有上海图书馆藏孙诒让手稿本、光绪三十三年刻本、光绪上海扫叶山房石印本，宣统庚戌重定本（以后有涵芬楼影印本）、1954年北京中华书局重印《国学基本丛书》本、1958年中华书局重印《诸子集成》本、1986年中华书局《新编诸子集成》点校本。孙氏以毕本为底本，以明刊《道藏》本、明吴宽写本、顾千里校《道藏》本及日本宝历间仿刻明茅坤本相校，同时汲取了王念孙、王引之、洪颐煊、俞曲园、戴望诸家成果，集诸家之大成。俞曲园在《墨子间诂·序》中指出："凡诸家之说，是者从之，非者正之，阙略者补之。至《经说》及《备城门》以下诸篇尤不易读，整纷剔蠹，脉摘无遗，旁行之文，尽还归观，讹夺之处，咸秩无紊，盖自有《墨子》以来未有此书也。"以后张纯一的《墨子集解》《墨子间诂笺》、李笠的《墨子间诂校补》、刘再庚的《续墨子间诂》、吴毓江的《墨子校注》、王焕镳的《墨子校释商兑》，均对《墨子间诂》的错漏之处做了补正。台湾李渔叔撰《墨子今注今译》，不收《墨辩》六篇和《城守》十一篇，是较通俗的译本，其错讹之处也不少。

墨子思想的核心是什么？有人认为是兼爱，有人认为是非攻，有人认为是尚同，有人认为是功利。我们认为兼爱只是墨子思想的理论根据，"兼相爱"还是为了"交相利"，功利才是墨子一切主张的核心。

（一）墨子的政治思想主要是尚贤、尚同、非攻。

1. 尚贤，是主张把贤才之人选拔出来担任要职，高予之爵，厚予之禄，使他们既富且贵。墨子反对世袭制度，指出："官无常贵，民无终贱，有能则举之，无能则下之。"他特别强调："虽在农与工肆之人，有能则举之。"很明显，他的尚贤主张反映了小生产者对政治权利的要求。

所谓贤才，其标准就是"有力者疾以助人，有财者勉以分人，有道者劝以教人"，十分明显地表现了小生产者渴望得到帮助、得到利益的思想。所以尚贤也是为了功利。

2. 尚同，是指全国的管理必须统一于君主。墨子认为在国家产生之前，古代人们相互攻击，为了调和相互攻击的各方，就要有能够判断是非的人和机构。于是，人们"选择天下之贤可者，立以为天子"，然后又选择有贤才的人为"三公"来辅助天下"同天下之义"。墨子认不出国家作为阶级统治工具的本质，把它看成调和人与人之间矛盾的机构，这是小私有者幻想依靠国家保护的表现。但是墨子在我国历史上最早提出了国家形成的社会原因，排除了君权神授的观点，是极其可贵的。

墨子主张尚同，是希望社会安定，目的是为了发展生产以获得经济利益。尚同的根本也是功利。他认为"上有隐事遗利，下得而利之"，"下有蓄怨积害，上得而除之"。总之，一定要使尚同有利于天下之人。

3. 非攻，即反对战争。墨子认为战争给交战双方的人民带来了痛苦，破坏了生产。他说，战争如果在春天进行，则误耕种；在秋天进行，则误收获。打仗要损耗牛马兵刃，死伤众多，"百姓饥寒冻馁而死者，不可胜数"。就是对于战胜国，"计其所得，反不如所丧者之多"。可见，功利仍然是非攻的出发点。

（二）在社会生活中，墨子主张节用、节葬、非乐，尤其明显地表现了功利思想。

1. 节用，主要是指反对统治者的豪侈，要求他们节省费用。供统治者们挥霍的财富来自"暴夺民衣食之财"，如果奢侈成习，小私有者的财产也难免被剥夺干净。正是从保障小生产者的利益出发，墨子提出了"凡足以奉给民用则止，诸加费不加于民利者，圣王弗为"的原则。可见，节用的标准也是小生产者的利益。

2. 节葬，一方面是反对统治者"多埋赋财富"以及杀殉奴隶，另一方面是破除老百姓中亲死则"久禁从事"这一陋俗。这种厚葬久丧的风俗，对开展生产极为不利，是小生产者肩上十分沉重的负担。

3. 非乐，墨子认为音乐不能给劳动者带来利益。统治者为了满足对音乐的享受，必将征调许多劳力制造乐器，充当乐手，耽误了这些人的生产。如果老百姓也仿效统治者，都来制造乐器、演奏乐曲的话，那就会妨碍男耕女织。所以非乐的实质也还是功利。

（三）以兼爱为号召，以交相利为实质的伦理思想。

孔子说"仁者爱人"，墨子把"仁"发展为兼爱。"仁者爱人"与兼爱的本质差别在于前者是"爱有差等"，即爱不是平等的，而是以阶级地位为转移的。这主要表现在以下三点：

1. 对不同阶级、阶层的人，爱的内容方式都有差别。如对劳动者，只是把他们当作人看待，这不同于爱马、爱宝玩，爱的方式是恭宽惠，对统治阶级内部要实行忠恕原则。

2. 只有剥削者才能施爱，劳动者是不能反过来施惠于剥削者的。只有君子才能成为仁者，劳动者是不能成为仁者的。

3. 不同地位的人的施爱都是受到自己地位的限制，不能超过一定的范围。墨子的兼爱是"爱无差等"，是对等的关系，不受等级限制。就两人之间的关系来说应当是"爱人若爱自身"。大而至于家庭、国家之间，也应该做到"视人之国若视其国，视人之家若视其家"。

墨子认为如果都能以兼爱为原则去处理各种关系，那就不会有战争，就会出现父慈子孝、君惠臣忠、强不执弱、富不侮贫、贵不傲贱的局面，社会就会安定。其最终结果，当然是有利于生产发展。所以墨子认为兼爱是"天下之大利"。兼相爱必须以交相利为前提，这就是"有力者疾以助人，有财者勉以分人，有道者劝以教人"。他希望财力充裕的人给别人以帮助，但反对穷苦者用暴力夺取。这固然表现了小生产者的善良，但也表现了他们的软弱和空想。

（四）倡天志而非命的天道观。

墨子认为天是有意志的，人类社会秩序的建立、国家的形成、君主以及官吏的任用、自然的一切，都是天志的体现。天志的核心是要人们兼相爱交相利。凡是兼相爱交相利的人，都会受到天的奖赏；凡是别相恶的人，也必定受到惩罚。战争是违反兼相爱交相利原则的，所以非攻也是天志的内容之一。凡是墨子主张的一切，都是天志。天志实际上是墨子所代表的小生产者阶层的意志，天志的核心就是墨子思想的核心。天志是墨子手中的工具。墨子说："我之有天志，无以异乎轮人之有规，匠人之有矩。"墨子拿了这个规矩"将以量度天下之王公大人卿大夫之仁与不仁"。

在墨子哲学中，小生产者的现实愿望和力量采取了超现实的形式。他所宣扬的鬼神并无可怕的味道，倒是给人一种可亲之感，使人感到天志就是人志。

和传统的天命论迥然不同，墨子是竭力反对命定论的。墨子认为社会中的一切事物都取决于人的努力与否，没有什么命运。他指出："天下皆曰其力也，必不能曰我见命焉。"社会治乱取决于统治者的政策："安危治乱在上之发政也，则岂可谓有命哉！"个人的贫富温饱也完全由人力决定："强必富，不强必贫；强必饱，不强必饥。"人的作用在我国历史上第一次被提到十分崇高的地位，人力对人的命运具有了决定的作用。这是中国古代从神学到人学发展中的又一突破。

墨子认为"命者暴王所作，富人所述"，这句话是我国历史上对天命论社会根源所做的最早、最接近真实的探讨。

（五）注重经验与效用的认识论。

墨子的功利思想表现在认识论上就是注重经验与效用。

1. 唯物主义地解决了认识的对象与来源问题。

墨子认为认识的对象是客观事物，认识来源于对客观事物的感知。他说："天下之所以察知有与无之道者，必以众之耳目之实知有与无为仪者也。请或闻之见之，则必以为有；莫闻莫见，则必以为无。"他肯定人的认识对象是客观事物，人对事物的认识一定要通过感官去感知，即认识来源于耳闻目见的感性经验，没有闻见就没有认识。

2. 唯物主义的名实观。

墨子正确地解决了名与实，即概念与事物之间的关系。他说："今瞽者曰：'钜者白也，黔者黑也。'虽明目者无以易之。兼白黑使瞽者取焉，不能知也。故我曰瞽者不知白黑者，非以其名也，以其取也。"盲人关于黑白的知识是从别人那里得到的概念知识，即"以其名也"。但一个人是否真正了解他所说的概念，最根本的还在于看他能否用这种概念去和实际事物验证。如果真正能把自己讲的那个概念所反映的事物找出来，那才算真正了解概念。这就是说"实"是第一性的，"名"是第二性的，名取决于实。这是唯物主义的名实观。

3. 重视实行的知行观。

墨子关于名实关系的论述，已经涉及行是知的基础与标准的问题。名是概念，是知，行是实行。知与行是对立统一的。一方面知具有指导行的作用，他说："言足以迁行者常之。"（《贵义》）又说："言足以复行者常之，不足以举行者勿常。"（《耕柱》）"迁行""复行""举行"，都是知对行的指导作用。另一方面行是知的目的，一个人是否真正有知，不在于他懂得了一些概念，而在于能运用这些概念。一种学说必须能实行，能给人带来功利，才是有价值的学说。

知行观是中国古代哲学中的重要问题。孔子已经提出了行重于知的思想，但很笼统，墨子对知行关系的阐述才较为明确而全面。

4. 提出了真理标准问题——三表法。

墨子认为要判断理论、认识的是非，必须确立标准："言必立仪。言而毋仪，譬犹运钧之上而立朝夕者也。是非利害之辩，不可得而明知也。"（《非命上》）那么，以什么作为判断是非的标准呢？墨子提出了三表法。他说："言必有三表。何谓三表？子墨子言曰：'有本之者，有原之者，有用之者。'"（《非命上》）第一表："有本之者。""于何本之？上本之于古者圣王之事。"即以古代圣王的言行为根据，引申开来，就是以前人的经验为判断是非的依据。第二表："有原之者。""于何原之？下原察百姓耳目之实。"即以老百姓的耳闻目见为根据，为判断是非的标准。第三表："有用之者。""于何用之？发以为刑政，观其中国家百姓人民之利。"即以功利效果作为判断是非的标准。实际上，三表之中第三表是根本，所本圣王之言行，所原百姓耳目之实，一依功利为转移。以经验为真理标准，仍然是以一种认识形式为真理标准，是不正确的。所以他既以"百姓耳目之实"的经验否定了天命论，但却又以"百姓耳目之实"的经验证明鬼神实有。至于功利标准，似乎接近实践结果，但提法也很模糊，他把实践结果与功利、有用混淆了。实践是检验真理的标准，并不在于它是否于人有用，而在于它可以判断认识是否与客观实际一致。

《墨经》六篇是后期墨家的著作。这六篇是后墨认识论、逻辑学作品,但具有丰富的自然科学内容。在自然科学方面,以几何学、力学、光学的论述最为突出,其水平可以说超越古时代的希腊而居世界前列的。因此,杨向奎先生称墨子是"科学之圣"。但准确一些,我以为这个"科学之圣"应当是后期墨家。在力学方面,《墨经》提出了"力,形之所以奋也"。力是物体运动变化的原因,这是接近牛顿力学水平的科学结论,但却比牛顿早近两千年。又如"宇或徙,说在长宇久",表述了空间、时间与运动三者统一的观念,则超过了牛顿力学中绝对空间、绝对时间的水平。在几何学中,后墨提出了很多精密的几何定义,如"圜,一中同长也","方,柱隅四謹也"。(《经上》)至于"非半弗斵则不动,说在端"(《经下》)更是对"极限"的正确表述,早于欧洲一千多年。在光学方面,《墨经》阐述了阴影问题、小孔成像问题、球面反射镜成像问题,共八条文字。钱临照在《古代中国物理学的成就,论墨经关于形学、力学和光学的知识》中指出:"这样有条理的完整的记载,文虽前后仅八条,寥寥数百字,确乎可称为二千多年前世界上伟大光学著作。"

《墨经》六篇具有丰富的唯物主义认识论命题和朴素辩证法思想。

后期墨家在中国认识论史上第一个提出纯粹认识论。他们认为"辩","焉（乃）摹略万物之然"，即认识是人对客观事物的摹写。从主体方面说，"知，材也"（《经上》）。《经说上》解释说："知也者，所以知也。""所以知"，即用来认识事物的，亦即认识能力。但是主体仅仅具备这种认识能力，并不等于有知识。要取得知识，还需要把主体的所以知的能力与客观事物接触。所以《经上》又说："知，接也。"所谓接，就是"以其知过物而能貌之，若见"。

后期墨家也很重视思维的作用。他们认为只有依靠思维才能清楚地了解感觉到的东西。例如："闻，耳之聪也。""循所闻而得其意，心之察也。"就是说，要通过听到的东西进一步了解其中的含意，必须依靠思维的作用，这就是"心之察也"。

后墨把人的知识从来源的角度分为三类：亲知、闻知、说知。亲知，即直接经验的知识："身观焉，亲也。"闻知，是从别人处接受的知识，又分传闻、亲闻。说知，由已知推到未知的知识，这种推理认识不受方域的限制。

后墨对于当时争论的名实关系问题做了科学的回答。他们说："所以谓，名也；所谓，实也；名实藕，合也。"（《经说上》）名实之间的关系应当是"以名举实"，即名应当反映实。名实相符就是"名实藕，合也"。名符合实，就是当，就是真理性的认识。

后墨的认识论、名实观达到了先秦认识史上的最高水平，足与荀子相媲美。而墨家逻辑学更是独领风骚，与古希腊亚里士多德逻辑学、佛学因明学并称为世界三大逻辑流派。

《墨子》中有二十篇是关于守城方法的军事学著作，现只存十一篇。这十一篇详细讲述如防备和抵御敌人各种形式的进攻，以及在防御中应备的各种器械，还规定了守卫战中的旗帜、号令、储粮、坚壁清野、疏散民众、戒严、奖惩等各方面的制度和做法。在先秦军事著作中是独具特色的，它充分体现了墨子的非攻思想。俞樾说得好，墨子"惟非攻，是以讲求备御之法"。(《墨子间诂·序》) 这种热爱和平，不挑起战争，但又不是委曲求全，乞求和平，而是有备无患战胜来犯之敌，以争取和平的精神，是中华民族的优秀传统精神。这十一篇中的许多守城方法，虽已大大落后于时代，但是对于现代守御战术仍有参考价值。

《墨子》研究历史，可分为七个时期。

(一) 战国秦汉时期。

这一时期研究《墨子》的特点为诸子各从自己的立场出发褒贬墨家学说，但基本忠实于墨学面貌，只是评价或公允或偏失。最早研究墨子学说的，当推孟子与庄子。孟子从儒家的宗派立场出发，声称"杨墨之道不息，孔子之道不著"(《孟子·滕文公下》)，主张"拒杨墨，放淫辞，邪说者不得作"，(同上) 攻击墨子兼爱主张"是禽兽也"。但是，孟子又继承了由墨子创造的"仁义"这一复合概念，吸收和发展了墨子提出的社会分工学说，改造了墨子的"义者善政也"的命题，形成了独具特色的仁政说。孟子还在墨子的尚贤思想的影响下突破了孔子的忠君思想的局限，提出了"民贵，君轻，社稷次之"的著名原则。尤其是非攻的主张，孟子与墨子更加一致，他们都从保护民众生命财产以及发展生产的角度出发主张非攻。正因为如此，孟子称赞墨子"摩顶放踵，利天下为之"（《孟子·尽心》）。庄子认为儒墨的仁义学说破坏了原始道德的玄同状态，主张："钳杨墨之口，攘弃仁义。"（《庄子·胠箧》）庄子对儒墨的批评自是出于道家的偏见，但他强调儒家的仁与墨家的兼爱说的共同面，而不像孟子那样夸大兼爱说与仁学的对立，则是比较合乎事实的。庄子认为墨子学于儒家，故以儒墨并提，为研究者提供了墨出于儒的史证。荀子对《墨子》研究的特点是：

1. 抓住了墨子学说的要害弱点，指出墨子眼光狭小，只讲非攻兼爱，而不知"壹天下"。

2. 指出墨子学说错误产生的认识根源，即"有见于齐，无见于畸"。

3. 对墨子所提出的节用、非攻等主张做了比较全面详尽的分析批评，指出墨子"私忧过计"，看不到社会财富极大丰富的前景。韩非指责儒墨两家学说"非愚则诬"。但是他对墨家学说的源流有一定研究。"墨离为三"之说至今为学者所引用。战国末至汉初，对墨子学说传诵最多的则是墨子的非攻思想和木工技艺。《尸子》《战国策》《吕氏春秋》《淮南子》等书描述了墨子止楚攻宋的故事；《韩非子》《淮南子》记载了墨子精湛而实用的木工技艺。可以看出，在战国至秦汉之际的学者们的笔下，墨子是一位具有兼爱、非攻、去私、尚义的博大胸怀的能工巧匠。对墨子思想作出较为公允而全面评价的是《庄子·天下》和《淮南子》。《庄子·天下》对墨子学说的总评价是：一方面肯定墨子"不侈于后世，不靡于万物，不晖于数度，以绳墨自矫，而备世之急"，另一方面又批评墨子"为之大过，已之大循"。它一方面肯定墨子"氾爱兼利而非斗，其道不怒，又好学而博，不异，不与先王同"；另一方面又批评墨子"生不歌，死不服，桐棺三寸而无椁，以为法式。以此教人，恐不爱人，以此自行，固不爱己"；一方面肯定墨子"其生也勤，其死也薄"，另一方面又批评墨子"使人忧，使人悲，其行难为也……不可以为圣人之道……天下不堪"。

从总体上权衡墨家学说的得失，《天下》的看法是："真天下之好也，将求之不得也，虽枯槁不舍也，才士也夫！"《淮南子》较为正确地指出了墨家学说的理论渊源及其形成的社会条件。

（二）汉武帝至东汉末。

汉武帝独尊儒术，墨学浸微，研习墨学者甚少，连司马迁也对墨子的生平学说知之不多。西汉时有缠子研习《墨子》，并就尚同、兼爱、尚贤、明鬼等问题与儒者董无心辩论。其辩论文字辑为《缠子》一卷，这或许就是墨家学派的尾声。至东汉，王充肯定墨子的薄葬主张，批评墨家的佑鬼之说，指出其认识根源在于局限于闻见，"不以心原物"（《论衡·薄葬篇》）。王充还探讨了墨学不传的原因："虽得愚民之欲，不合知者之心。"（同上）

（三）魏晋时期。

玄学清谈之风吹起了思想解放的波澜，先秦诸子学说重新活跃。这一时期《墨子》研究的特点是：名理家、道家，从新的学术视角出发，把墨子引为同类。与清谈相为表里的名理研讨把注意力投向墨辩学说。晋人鲁胜为《墨子》中《经》上下、《经说》上下作注，合称为《墨辩》。鲁胜的方法是引《说》就《经》，各附其章。今其注已佚，但这一研读方法为近代研究《墨辩》提供了方便。写成于魏晋时期的《列子》一书引用《墨辩》中的命题，对《墨辩》有一定了解。陶潜《圣贤群辅录》中依据庄子之说，重新划分三墨。尽管此说可能是依托，但也不会晚于北齐，此说可以看作这一时期儒家学者对《墨子》研究的成果。由道家转向道教的葛洪，在《神仙传》中把墨子描写成为"内修道术"的神仙家人物，编造了墨子在八十二岁以后得神人传授，撰《五行记》的故事。此后《墨子》便被视为道教典籍，得以收入《道藏》中。

（四）唐宋时期。

韩愈、柳宗元从复兴儒学的需要出发研究《墨子》。其特点是融择统释，肯定《墨子》中与儒道相合者。韩愈认为"孔子必用墨子，墨子必用孔子，不相用不足为孔墨"（《韩昌黎集·读墨子》）。韩愈的这一立场对宋代理学有一定影响。二程认为"杨、墨皆学仁学而流者也。墨子似子张"。（《二程遗书》）又说："若杨、墨亦同是尧舜，同非桀纣。"（《二程遗书》）王安石批评墨子"得圣人之一而废其百"。（《王临川集·杨墨》）正是在这一基本思想指导下，出现了乐台注的三卷十三篇选本《墨子》。该本以与儒家思想相近的《亲士》《修身》等七篇为经，显示出唐宋儒者研究《墨子》的特点。

（五）清乾嘉时期。

汉学突破了言必称孔孟，非儒家经典则不以为据的禁锢，冷落一千多年的《墨子》受到了新的重视。两千年来，毕沅首注《墨子》，使之可读。清代学者卢文弨、孙星衍、汪中、王念孙、王引之等，都对《墨子》的考释下了很大功夫。晚清学者在严重的民族危机刺激下，寻求富国强兵之道，力图发扬《墨子》的科学成就，以振奋国人研究和发展科技的民族自信心，《墨子》研究获得很大发展。孙诒让吸收毕沅、王氏父子、苏时学、洪颐煊、俞曲园、戴望诸家研究成果，撰著《墨子间诂》一书，它是清代学者校释《墨子》成果之集大成。它的出版，推动了民国时期的墨学研究高潮。

（六）民国时期。

这一时期《墨子》研究的成果颇丰，主要成就可归纳为三个方面。

1. 进一步整理考释《墨子》和《墨经》。曹镜初、王壬秋、吴挚甫、王树柟、刘师培、陶鸿庆、尹桐阳、张纯一、李笠、刘再庚，都对孙诒让的《墨子间诂》作了校补，不少地方纠正了孙氏的失误，为《墨子》研究提供了更可靠的史料。特别是在《墨经》研究方面，梁启超、范耕研、邓高镜、伍非百、谭戒甫诸家，尝试用西方形式逻辑和近代科学方法整理研究《墨经》，力图提供一种具有中国特点的逻辑方法和自然科学理论。

2. 对墨子的生平、墨学源流以及《墨子》篇章作了较系统的考证。

3. 以西方新文化与科学思想为指导，对《墨子》从哲学、宗教、政治、心理、教育、经济、逻辑、自然科技等方面做了全面研究，着重发扬墨子的科学与民主精神，但存在简单比附的现象。这一时期墨学研究专著有七八十种之多，校释《墨经》的著作有二十多种。梁启超、胡适、陈柱、方授楚、支伟成、章士钊、钱穆、蒋维乔、栾调甫、罗根泽、许啸天、朱公振等学者，分别从不同方面研究《墨子》，各有建树。这一时期也有一些人或者妄图用挖掘《墨子》中的科技成果来抵制对西方先进科技的学习，或者以尚同主张为法西斯独裁张目。针对墨学研究中的这一逆流，郭沫若提出墨子学说是为专制主义服务的看法。

（七）中华人民共和国成立以后时期。

中华人民共和国成立之初，学者们以马克思主义观点方法研究《墨子》。这一点可以上溯到三四十年代侯外庐、杜国庠、郭沫若、杨荣国、范文澜等人的墨子研究。在中华人民共和国成立前三十年，冯友兰、杨向奎、任继愈、杜国庠、赵纪彬、杨宽等学者，分别从墨子的生平、整体思想评价、哲学、科学、逻辑学等方面给予《墨子》以科学的评价。对于《墨经》的研究成果尤丰，高亨的《墨经校诠》、杨宽的《墨经哲学》、谭戒甫《墨辩发微》、詹剑峰的《墨家的形式逻辑》，均成一家之言，诸峰并峙，蔚为壮观。十一届三中全会后，墨子研究恢复了实事求是的学风，对墨子哲学的性质、三表法评价、政治思想的阶级属性等方面出现了新的争鸣，对墨子故里的考证取得了新的进展。

"天下无人，则墨子之言也犹在。"（《大取》）两千年来，《墨子》一书遭到封建统治者的排拒、冷落、攻击、歪曲，但真正的哲学是不会湮灭的。历史告诉人们，伴随着封建专制主义兴起的是《墨子》研究的衰微，伴随着封建专制制度覆灭的是《墨子》研究的繁荣。历史将同样告诉人们，在改革开放的历程中，《墨子》的真正价值将会彰显现出耀眼的光彩。

目 录

前言 ……………………………………………… 1

卷一 ……………………………………………… 1

 亲士第一 ………………………………………… 1

 修身第二 ………………………………………… 9

 所染第三 ………………………………………… 14

 法仪第四 ………………………………………… 19

 七患第五 ………………………………………… 25

 辞过第六 ………………………………………… 33

 三辩第七 ………………………………………… 44

卷二 ……………………………………………… 48

 尚贤上第八 ……………………………………… 48

尚贤中 第九 55

尚贤下 第十 75

卷三 87

尚同上 第十一 87

尚同中 第十二 94

尚同下 第十三 113

卷四 128

兼爱上 第十四 128

兼爱中 第十五 133

兼爱下 第十六 144

卷五 166

非攻上 第十七 166

非攻中 第十八 170

非攻下 第十九 180

卷六 196

节用上 第二十 196

节用中 第二十一 202

节用下 第二十二(缺) 208

节葬上 第二十三(缺) 208

节葬中 第二十四(缺) 208

节葬下 第二十五 208

卷七	231
天志上 第二十六	231
天志中 第二十七	242
天志下 第二十八	259
卷八	276
明鬼上 第二十九(缺)	276
明鬼中 第三十(缺)	276
明鬼下 第三十一	276
非乐上 第三十二	300
卷九	313
非乐中 第三十三(缺)	313
非乐下 第三十四(缺)	313
非命上 第三十五	313
非命中 第三十六	325
非命下 第三十七	333
非儒上 第三十八(缺)	344
非儒下 第三十九	344
卷十	361
经上 第四十	361
经下 第四十一	372
经说上 第四十二	403

经说下 第四十三 429

卷十一 466

　　大取 第四十四 466

　　小取 第四十五 483

　　耕柱 第四十六 493

卷十二 513

　　贵义 第四十七 513

　　公孟 第四十八 530

卷十三 554

　　鲁问 第四十九 554

　　公输 第五十 581

　　□□ 第五十一(缺) 586

卷十四 587

　　备城门 第五十二 587

　　备高临 第五十三 627

　　□□ 第五十四(缺) 631

　　□□ 第五十五(缺) 631

　　备梯 第五十六 631

　　□□ 第五十七(缺) 639

　　备水 第五十八 639

　　□□ 第五十九(缺) 641

□□第六十(缺) ············· 641

备突第六十一 ············· 641

备穴第六十二 ············· 642

备蛾傅第六十三 ············· 659

卷十五 ············· 671

□□第六十四(缺) ············· 671

□□第六十五(缺) ············· 671

□□第六十六(缺) ············· 671

□□第六十七(缺) ············· 671

迎敌祠第六十八 ············· 671

旗帜第六十九 ············· 678

号令第七十 ············· 686

杂守第七十一 ············· 728

卷 一

亲士第一

【原文】

入国而不存其士[1],则亡国矣。见贤而不急,则缓其君矣[2]。非贤无急,非士无与虑国[3],缓贤忘士,而能以其国存者,未曾有也。

【注释】

[1] 存,《说文》:"存,恤问也。"

[2]缓,延缓,耽误。

[3]虑,谋划。

【译文】

治理一个国家,如果不亲恤国中的士人,那就要亡国了。发现贤者,如果不赶紧使用,那就要耽误君国的大事了。不是贤者,就不能解救急难;不是士人,就不能谋划国政。怠慢贤者,轻视士人,而能够长久保全国家的君主,是从来没有的。

【原文】

昔者文公出走而正天下[1],桓公去国而霸诸侯[2],越王勾践遇吴王之丑,而尚摄中国之贤君。三子之能达名成功于天下也,皆于其国抑而大丑也[3]。太上无败[4],其次败而有以成,此之谓用民。

【注释】

[1]正,君也。晋国重耳曾遭其父晋献公和骊姬的迫害,逃亡国外十九年,因善于识才用才,得以回国即位,是为晋文公。晋后为霸主国。

[2]桓公,即齐桓公小白,曾被迫出奔莒国,后回国即位,重用管仲,成为诸侯霸主。

[3]抑,压抑,忍受;丑,耻辱。

[4]太上,最上等。

【译文】

　　从前,晋文公避难出逃,却成为诸侯的领袖;齐桓公被迫出走,却做了诸侯的霸主;越王勾践遭受吴王的屈辱,却成为威慑中原各国的贤君。这三位君主之所以能够成就功业,扬名于天下,都是因为在国中忍受住了奇耻大辱。君主最好是常胜不败,其次是失败后仍然能成就功业,这就叫做善于用人。

【原文】

　　吾闻之曰:"非无安居也,我无安心也;非无足财也,我无足心也。"是故君子自难而易彼,众人自易而难彼。君子进不败其志,(内)〔退〕究其情,虽杂庸民,终无怨心,彼有自信者也。是故为其所难者,必得其所欲焉;未闻为其所欲,而免其所恶者也。

【译文】

　　我听说:"不是没有安定的居所,而是我的心不能自安;不是没有丰足的财产,而是我的心不能自足。"所以,君子总是严以律己,宽以待人;众人却宽以待己,严以律人。君子得到进用时,不会丧失自己的志向,得不到进用时,就退而内省其情。即使被埋没在平庸的民众之中,也始终没有怨心,他是有自信力的人。所以，严以律己的人，必定得到自己所希望的东西；没听说那为所欲为的人，却能避免自己所厌恶的结局。

【原文】

是故偪臣伤君[1]，诌下伤上。君必有弗弗之臣[2]，上必有谔谔之下[3]，分议者延延而支苟者详详[4]，焉可以长生保国。臣下重其爵位而不言，近臣则喑，远臣则唵[5]，怨结于民心。谄谀在侧，善议障塞，则国危矣。桀纣不以其无天下之士邪？杀其身而丧天下，故曰归国宝[6]，不若献贤而进士。

【注释】

[1] 偪臣，偪同逼，逼臣，指权势过重欺逼君主之臣。
[2] 弗弗之臣，弗，同咈，违逆，弗弗之臣，指敢于同君主发表不同意见的臣子。
[3] 谔谔之下，指正直的下属。
[4] 分议者延延，分议，指不同意见；延延，指长久持续辩论；支苟，支当作"交"，苟当作"敬"，读作"儆"。交儆即交相儆戒。
[5] 唵，同噤。
[6] 归，通馈。

【译文】

所以，权重的大臣会欺逼君主，逢迎阿谀的臣子有害于主上。君主必须有敢于直言争辩的臣下，君上必须有鲠直的下属，议事之人敢于反复直抒己见，只有这样，君主才能长养生命保有国家。如果臣下都看重自己的爵位而不敢直言争辩，左右的亲臣缄默不语，远臣噤口无声，这就会在人民心中结下怨恨，而身边围满了谄谀拍马之人，正确的意见受阻塞，那国家也就危险了。夏桀和商纣不正是失去天下的贤士，终遭杀身之祸而丧失了天下的吗？所以说：与其馈赠国宝，不如举荐贤者，进用能士。

【原文】

今有五锥，此其铦，铦者必先锉。有五刀，此其错，错者必先靡[1]。是以甘井近竭[2]，招木近伐[3]，灵龟近灼[4]，神蛇近暴[5]。是故比干之殪[6]，其抗也；孟贲之杀[7]，其勇也；西施之沉[8]，其美也；吴起之裂[9]，其事也。故彼人者，寡不死其所长，故曰"太盛难守"也[10]。

【注释】

[1] 错，磨砺；靡，销蚀。

［2］近，当作"先"。

［3］招木，即乔木。

［4］灵龟近灼，古时用烧灼龟甲来占卜吉凶，愈是灵龟愈是最先被烧灼。

［5］神蛇近暴，暴同曝，古人曝晒神蛇以求雨。

［6］比干，商纣时代的贤臣。

［7］孟贲，齐国的大力士。

［8］西施，越国美女。

［9］吴起，卫人，在楚推行改革。

［10］太盛难守，事物发展到极盛时就难以保持极盛状态，往往走向反面。

【译 文】

　　现在有五把锥子，其中有一把最尖锐，那么最尖锐的必定最先折断。现在有五把刀，其中有一把经过磨砺，那么经过磨砺的必定最先销蚀。因此，清甜的井水最先被汲干，乔木最先被伐尽，灵验的占龟最先受灼烧以占卜，神异的祭蛇最先被暴晒以求雨。所以，比干之死，是因为他的抗直；孟贲被杀，是因为他的逞勇；西施遭沉江，是因为她的美色；吴起受车裂，是因为他的功业。因此，这些人很少不是死于他们的过人之处。所以说：太兴盛了就难以保持。

【原 文】

　　故虽有贤君，不爱无功之臣；虽有慈父，不爱无益之子。是故不胜其任而处其位，非此位之人也；不胜其爵而处其禄，非此禄之主也。良弓难张，然可以及高入深；良马难乘，然可以任重致远；良才难令，然可以致君见尊。是故江河不恶小谷之满己也[1]，故能大。圣人者，事无辞也，物无违也，故能为天下器。是故江河之水，非一源之水也；千镒之裘，非一狐之白也。夫恶有同方（取）不取（同）而[取][同]己者乎[2]！盖非兼王之道也。是故天地不昭昭，大水不潦潦[3]，大火不燎燎，王德不尧尧者[4]，乃千人之长也。其直如矢，其平如砥，不足以覆万物。是故豀陕者速涸[5]，逝浅者速竭，垯埆者其地不育[6]。王者淳泽不出宫中，则不能流国矣。

【注 释】

[1] 己，原作"巳"，误，今改。
[2] 本句原作"夫恶有同方取不取同而已者乎"，有误倒，今据俞樾说改。己，原作"巳"，误，今改。
[3] 潦潦，清澈。
[4] 尧尧，至高之貌。

[5]陕,通狭,狭隘也。

[6]垸埆,形容土地贫瘠。

【译文】

　　因此,虽然是贤明的君主,也不会爱没有功劳的臣下;虽然是仁慈的父亲,也不会爱无所作为的儿子。所以,不能胜任他的工作而占据职位,就不是适合这个职位的人;不能胜任他的爵位而占据其俸禄,就不是适合这个俸禄的人。好弓虽然难拉,但可以射得很高入得很深;好马虽然难骑,但可以负载很重行得很远;良才虽然难驾驭,但可以让君主备受人们的尊敬。因此,江河不嫌弃小泉注满自己,所以能汹涌澎湃。圣人勇于任事,不敢怠慢贤士,所以能成大器于天下。因此,江河之水,不是由一个水源汇成的;价值千金的白裘皮,不是一只狐狸的白腋毛就能做成的。哪有不用同道之人,而只用苟同于自己的人的道理呢?这可不是兼爱天下的君王的主张啊!因此,天地不是那样光明,大水不是那样清澈,大火不是那样旺盛,(同样)圣王的品德也不是那样至高,这才能做管理千万人的长官。如果像箭一样直,像磨石一样平,反而不能包容万物了。因此,太狭窄的溪谷,会很快干涸;太浅的河流,会很快枯竭;太贫瘠的土地,会五谷不生。如果君王淳厚的恩泽局限在宫室之内,就不能流被全国了。

修身 第二

【原文】

　　君子战虽有陈，而勇为本焉；丧虽有礼，而哀为本焉，士虽有学，而行为本焉。是故置本不安[1]，无务丰末；近者不亲，无务来远；亲戚不附，无务外交；事无终始，无务多业；举物而暗，无务博闻。

【注释】

[1] 置本，置同植；本，根本。

【译文】

　　君子作战虽有阵列，但勇武才是根本；丧葬虽有礼仪，但哀痛才是根本；士虽有才学，但德行才是根本。因此，植根不牢固，就不能致力于丰盛枝叶；左右不亲近，就不能致力于招徕远人；亲戚不悦附，就不能致力于对外交接；做事不能善始善终，就不能致力于众多事业；举一事而不明其理，就不能致力于博闻广见。

【原 文】

是故先王之治天下也，必察迩来远。君子察迩（而迩）修（者）[身]也，（见不）修（行）[身]见毁而反之身者也[1]，此以怨省而行修矣。谮慝之言[2]，无入之耳；批扦之声[3]，无出之口；杀伤人之孩[4]，无存之心。虽有诋讦之民，无所依矣。故君子力事日强，愿欲日逾，设壮日盛[5]。

【注 释】

[1] 此句原作"君子察迩而通修者也见不修行见毁而反这身者也"，义不可通，从俞弁钞本改。
[2] 谮慝，谮，诬陷、谗言；慝，邪恶。
[3] 批扦，攻击、抵触。
[4] 孩，荄也，本义为草根，从上下文义看，当指心中的念头。
[5] 设壮，设，设想，壮同装，意为前景。

【译 文】

因此，先王治理天下，必定要明察左右而招徕远人。君子明察左右，就使左右的人品行得到修养，如果看到左右的人不修养品行而被人诋毁，于是就反省自身，因此，人家的怨谤减少了，而自己的品行也得到了修养。那些谗言恶语，不要去听；那些诋毁人的言论，不要去说；那些杀人伤人的念头，不要留存在心。这样，即使是好损人阴私的人，也无从找到借口了。所以，君子的勤奋日益加强，理想日益远大，前景日益隆盛。

【原 文】

君子之道也，贫则见廉，富则见义，生则见爱，死则见哀，四行者不可虚假，反之身者也。藏于心者，无以竭爱；动于身者，无以竭恭；出于口者，无以竭驯[1]。畅之四支，接之肌肤，华发隳颠[2]，而犹弗舍者，其唯圣人乎！

【注 释】

[1] 驯，通训，文雅顺理。
[2] 华发隳颠，华发，花白头发；隳，同堕；颠，头顶。

【译 文】

君子的正道是：贫穷时，就表现出清廉；富裕时，就表现出好义；对生者，就表现出仁爱；对死者，就表现出哀思。这四种品行，不能虚情假意，而要发自内心。仁爱之意不竭于心，恭敬之礼不竭于身，合理之善言不竭于口。（能够让心中的道德理想）畅达于四肢，交接于肌肤，直到白发秃顶也不舍弃的人，大概只有圣人吧！

【原　文】

　　志不强者智不达，言不信者行不果，据财不能以分人者，不足与友，守道不笃，遍物不博[1]，辩是非不察者，不足与游。本不固者末必几，雄而不修者其后必惰。原浊者流不清，行不信者名必秏。名不徒生而誉不自长，功成名遂，名誉不可虚假，反之身者也。务言而缓行，虽辩必不听；多力而伐功，虽劳必不图。慧者心辩而不繁说，多力而不伐功，此以名誉扬天下。言无务为多而务为智，无务为文而务为察。故（彼）〔非〕智无察，在身而情[2]，反其路者也。

【注　释】

[1] 遍，通辩，辨识。
[2] 情，当作惰。

【译　文】

　　意志不坚强的人，他的智慧也不会高；说话不讲信用的人，他的行为也不会有好的结果；拥有财富而不肯分给别人的人，不能同他交友；恪守正道不专一、辨识事物不广博、辨别是非不清楚的人，不能和他交游。根基不牢固的人，结局必然危险；霸道而不修养品行的人，最终必定垮台。源头混浊之河，水流必定不清澈；行为无信之人，名声必定丧失。美名不会无端产生，声誉不会自行增长，功成然后名就，名誉不能虚假地得到，而要向自身去求取。嘴上说得好听而行动迟缓，虽然言谈雄辩，也必定无人听信；出力很多而自己夸耀有功，虽然劳苦，也必定无所得。聪慧的人心里明白而不多说，出力很多而自己不夸耀有功，因此声誉能传遍天下。说话不求多而求富于智慧，不求文采而求明察问题。因此，如果既没有智慧又不能明察，而自身又十分懒惰，那就要背离正道了。

【原 文】

　　善无主于心者不留，行莫辩于身者不立。名不可简而成也，誉不可巧而立也，君子以身戴行者也。思利寻焉[1]，忘名忽焉[2]，可以为士于天下者，未尝有也。

【注 释】

[1] 寻，重也。
[2] 忘，与妄同，妄求的意思；忽，轻视，忽视。

【译 文】

　　善良的品性，如果不是发自内心，就留存不住；善良的行为，如果不是从自身加以辨识，就不能树立起来。美名不能轻易形成，声誉不能取巧建立，君子是身体力行地表现自己品德的人。只图谋一时之利重，忽视名誉是不可妄求的东西（这个事实），像这样的人能够成为天下的贤士，那是从来没有的。

所染 第三

【原 文】

子墨子言[1]，见染丝者而叹曰："染于苍则苍，染于黄则黄。所入者变，其色亦变，五入必而已[2]，则为五色矣。故染不可不慎也！"

【注 释】

[1] 言，疑为衍文。
[2] 五入必，必通毕。

【译 文】

墨子看到染丝的人（染丝）就感叹道："丝用青色染就成为青色的丝，用黄色染就成为黄色的丝。所投入的染料变了，丝的颜色也就变了，五种染料都投入过了，就能染出五种颜色的丝。因此对于浸染不能不谨慎呵！"

【原 文】

　　非独染丝然也，国亦有染。舜染于许由、伯阳[1]，禹染于皋陶、伯益[2]，汤染于伊尹、仲虺[3]，武王染于太公周公。此四王者，所染当，故王天下，立为天子，功名蔽天地。举天下之仁义显人，必称此四王者。夏桀染于干辛、推哆[4]，殷纣染于崇侯、恶来[5]，厉王染于厉公长父、荣夷终[6]，幽王染于傅公夷、蔡公穀。此四王者，所染不当，故国残身死，为天下僇。举天下不义辱人，必称此四王者。齐桓染于管仲、鲍叔，晋文染于舅犯、高偃，楚庄染于孙叔、沈尹，吴阖闾染于伍员、文义，越勾践染于范蠡、大夫种。此五君者，所染当，故霸诸侯，功名传于后世。范吉射染于长柳朔、王胜，中行寅染于籍秦、高强，吴夫差染于王孙雒、太宰嚭，知伯摇染于智国、张武，中山尚染于魏义、偃长，宋康染于唐鞅、佃不礼。此六君，所染不当，故国家残亡，身为刑戮，宗庙破灭，绝无后类，君臣离散，民人流亡。举天下之贪暴苛扰者，必称此六君也。凡君之所以安者何也？以其行理也，行理性[7]于染当。故善为君者，劳于论人，而佚于治官；不能为君者，伤形费神，愁心劳意，然国逾危，身逾辱。此六君者，非不重其国爱其身也，以不知要故也。不知要者，所染不当也。

【注释】

[1] 许由，尧时之隐士；伯阳，尧时之贤人。

[2] 皋陶，舜禹时的能臣；伯益，禹的大臣。

[3] 伊尹、仲虺，商汤的贤臣。

[4] 干辛，夏桀的佞臣；推哆，夏桀的武臣。

[5] 崇侯，商纣王的佞臣；恶来，商纣王的武臣。

[6] 厉公长父、荣夷终，均为周厉王的佞臣。

[7] 性，"生"字之误，应为"生"。

【译文】

不仅染丝是这样，国君也会受浸染。舜受到许由、伯阳的浸染，禹受到皋陶、伯益的浸染，汤受到伊尹、仲虺的浸染，武王受到太公、周公的浸染。这四位帝王，所受到的浸染是正确的，所以能统治天下，被拥立为天子，功名盖天地。要列举天下以仁义显名的人，必定会称举这四位帝王。夏桀受到干辛、推哆的浸染，商纣受到崇侯、恶来的浸染，厉王受到厉公长父、荣夷终的浸染，幽王受到傅公夷、蔡公穀的浸染。这四个帝王所受到的浸染是不得当的，因此国破身亡，被天下人所耻笑。凡是称举天下不义可耻之人，必定会提出这四位帝王。齐桓公受到管夷吾、鲍叔牙的浸染，晋文公受到舅犯、高偃的浸染，楚庄王受到孙叔敖、沈尹茎的浸染，吴王阖闾受到伍员、文义的浸染，越王勾践受到范蠡、大夫种的浸染。这五位君主所受到的浸染得当，因此称霸于诸侯，功名流传于后世。范吉射受到长柳朔、王胜的浸染，中行寅受到籍秦、高强的浸染，吴王夫差受到王孙雒、太宰嚭的浸染，智伯摇受到智国、张武的浸染，中山尚受到魏义、偃长的浸染，宋康王受到唐鞅、佃不礼的浸染。这六位君主所受到的浸染不当，因此国家灭亡，身遭刑戮，宗庙毁灭，后嗣断绝，君臣离散，百姓逃亡。凡是称举天下贪婪暴虐、苛刻扰民的人，必定会提出这六位君主。通常君主靠什么来保持安定呢？是靠他做事合乎道理。而做事合乎道理，又在于所受到的浸染得当。因此，善做人君的人，选拔人才很辛苦而治理政务很轻松；不善做人君的人，虽然伤身劳神，苦心孤诣，国家的危难反而更多，自身的屈辱反而更重。其实这六位君主，不是不重视自己的国家，不是不爱护自己的身体，而是因为他们不懂得治国要领的缘故。其所以不懂得治国要领，又是因为他们所受到的浸染不当。

【原文】

　　非独国有染也，士亦有染。其友皆好仁义，淳谨畏令，则家日益，身日安，名日荣，处官得其理矣，则段干木、禽子、傅说之徒是也。其友皆好矜奋[1]，创作比周[2]，则家日损，身日危，名日辱，处官失其理矣，则子西、易牙、竖刁之徒是也[3]。《诗》曰"必择所堪[4]，必谨所堪"者，此之谓也。

【注 释】

［1］矜奋，矜恃狂妄。
［2］创作比周，创作，指滋生事端；比周，比，近也，周，密也，意为结党比附。
［3］子西，楚令尹公子申。易牙、竖刁，齐桓公的佞臣。
［4］堪，通湛，浸渍。

【译 文】

不仅国君会受浸染，士人也存在受浸染的问题。如果一个人所结交的朋友都好仁尚义、淳朴谨慎、小心守法，那么家产就会日益增多，身体就会日益安康，声名就会日益荣显，居官治政就合乎正道了，如段干木、禽子、傅说等人便是如此。如果一个人所交的朋友都喜好骄狂，结党生事，那么家产就会日益损毁，处身日益危险，名声日益败坏，居官治政就失去正道了，如子西、易牙、竖刁等人便是如此。《诗经》里说："必须认真地选择染料，必须谨慎地对待浸染。"说的就是这个意思。

法仪 第四

【原文】

子墨子曰："天下从事者不可以无法仪[1]。无法仪而其事能成者，无有也。虽至士之为将相皆有法，虽至百工从事者，亦皆有法。百工为方以矩，为圆以规，直以绳，正以县[2]。无巧工不巧工，皆以此五者为法。巧者能中之，不巧者虽不能中，放依[3]以从事犹逾己。故百工从事，皆有法所度[4]。今大者治天下，其次治大国，而无法所度[5]，此不若百工，辩也[6]。

【注释】

[1] 法仪，法度、准则。
[2] 县，同悬。考上下文义，"正以县"下当补"平以水"。（孙诒让说）
[3] 放依，放同仿；依，遵依。
[4] "所"字衍。
[5] "所"字衍。
[6] 辩，通辨，明辨的意思。

【译文】

墨子说："无论做什么工作，都不能没有法度。没有法度，而行事却能成功的例子，是没有的。即使是官至将相的士人，也都有行事的法度；即使是百工，也都有行事的法度。百工用矩绘制方形，用规绘制圆形，用绳墨绘制直线，用悬砣测定物体的斜正，（用水平器测定平面）。无论是有技巧的工匠，还是没有技巧的工匠，都把这五种工具作为法度。有技巧的工匠，能切合（矩、规、绳墨、悬砣和水平器的）标准；没有技巧的工匠，虽然不能完全切合标准，但是摹仿着去做，也还是胜过自己无法度的做法。因此百工从事自己的工作，都有法度可以衡量。现在大到治理天下，其次治理大国，反倒没有法度可以去衡量，这还不如百工，不是很清楚了吗！

【原 文】

"然则奚以为治法而可？当皆法其父母奚若？天下之为父母者众，而仁者寡，若皆法其父母，此法不仁也。法不仁，不可以为法。当皆法其学奚若[1]？天下之为学者众，而仁者寡，若皆法其学，此法不仁也。法不仁，不可以为法。当皆法其君奚若？天下之为君者众，而仁者寡，若皆法其君，此法不仁也。法不仁，不可以为法。故父母、学、君三者，莫可以为治法。

【注 释】

[1] 学，指一个人学习的对象，一般指老师。

【译 文】

"那么用什么来作为治理天下或大国的法度呢？假如都以自己的父母为法度怎么样？天下做父母的很多，而真正仁义的却很少，如果都以自己的父母为法度，那就等于是效法不仁义了。效法不仁是不能作为法度的。假如都以自己的老师为法度怎么样？天下做老师的人很多，而真正仁义的老师却很少，如果都以自己的老师为法度，那就等于是效法不仁了。而效法不仁是不能作为法度的。假如都以自己的君主为法度怎么样？天下做君主的人很多，而真正仁义的君主却很少，如果都以自己的君主为法度，那就等于是效法不仁了。效法不仁是不能作为法度的。因此，父母、老师、君主这三者，没有哪个能作为治理天下或大国的法度。

【原 文】

"然则奚以为治法而可？故曰：莫若法天。天之行广而无私，其施厚而不德，其明久而不衰，故圣王法之。既以天为法，动作有为，必度于天，天之所欲则为之，天所不欲则止。

【译文】

"那么,用什么来作为治理天下或大国的法度呢?(既然以人为法不行)所以说不如以天为法。天的行为广大而没有私心,它施恩深厚而不自恃有德,它光明长存而永不衰竭,因此圣人把天作为法度。既然把天作为法度,那么一切行为举动,必须衡量于天,天所希望的事就做,天所不希望的事就不做。

【原文】

"然而天何欲何恶者也?天必欲人之相爱相利,而不欲人之相恶相贼也[1]。奚以知天之欲人之相爱相利,而不欲人之相恶相贼也?以其兼而爱之、兼而利之也。奚以知天兼而爱之、兼而利之也?以其兼而有之、兼而食之也。今天下无大小国,皆天之邑也;人无幼长贵贱,皆天之臣也。此以莫不犓羊[2]、豢犬猪,絜为酒醴粢盛[3],以敬事天,此不为兼而有之、兼而食之邪!天苟兼而有食之,夫奚说以不欲人之相爱相利也!故曰爱人利人者,天必福之;恶人贼人者,天必祸之。曰杀不辜者,得不祥焉。夫奚说人为其相杀而天与祸乎!是以知天欲人相爱相利,而不欲人相恶相贼也。

【注释】

[1] 相恶相贼，恶，仇恨；贼，残害。
[2] "刍羊"，毕沅以为"刍羊"当为"刍牛羊"。
[3] 絜，同洁。醴，甜酒。粢盛，粢是米饼；盛，装了祭品的器皿。

【译文】

"可是天所希望的是什么，所厌恶的又是什么呢？天必定希望人相爱相利，不希望人相恨相害。根据什么知道天希望人相爱相利，不希望人相恨相害呢？根据是：天爱一切人，为一切人谋利。怎么知道天爱一切人，为一切人谋利呢？因为天包罗着天下所有的人，享用着普天下的一切祭品。现在天下无论大国小国，都是天的邦国；人无论长幼贵贱，都是天的臣民。因此，天下之人没有不用草料饲养牛羊，用谷米伺养猪狗，干干净净地置备好酒食祭品，来敬奉上天的，岂不正表明天包罗着万民，并享用一切祭品了吗？如果天包罗着万民，并享用万民的一切祭品，那又怎么能够说天不希望人相爱、相利呢！所以说：爱人利人的人，天必定降福给他；恨人害人的人，天必定降祸给他。所以说：残杀无辜之人，会招致不祥。不然，又怎能解释人人相残杀而天会降祸于他们呢？由此可知，天希望人人相爱相利，不希望人人相恨相害。

【原 文】

"昔之圣王禹、汤、文、武，兼爱天下之百姓，率以尊天事鬼，其利人多，故天福之，使立为天子，天下诸侯皆宾事之[1]。暴王桀、纣、幽、厉，兼恶天下之百姓，率以诟天侮鬼[2]，其贼人多，故天祸之，使遂失其国家[3]，身死为僇于天下，后世子孙毁之，至今不息。故为不善以得祸者，桀、纣、幽、厉是也；爱人利人以得福者，禹、汤、文、武是也。爱人利人以得福者有矣，恶人贼人以得祸者亦有矣。"

【注 释】

[1] 宾，敬也。
[2] 诟，诟骂，诋毁。
[3] 遂，通坠，毁灭的意思。

【译 文】

"从前的圣王禹、汤、文王、武王，兼爱天下的百姓，带领百姓尊敬上天、侍奉鬼神，给人民带来很多利益，因此天降福给他们，让他们做天子，天下的诸侯都敬服他们。而残暴的君王夏桀、商纣、周幽王、周厉王，憎恨天下所有的人，带领百姓诋毁上天、侮辱鬼神，残害了很多人，因此天降祸给他们，使他们丧失了自己的国家，死后还要被刑戮以示众于天下，后世子孙对他们的责骂，至今也没有停止。因此，做坏事招致灾祸的，如桀、纣、幽、厉便是；爱人利人得到福佑的，如禹、汤、文、武便是。爱人利人因而得到福佑的，大有人在；恨人害人因而招致灾祸的，也大有人在啊！"

七患 第五

【原文】

子墨子曰："国有七患。"七患者何？城郭沟池不可守，而治宫室，一患也；边国[1]至境，四邻莫救，二患也；先尽民力无用之功，赏赐无能之人，民力尽于无用，财宝虚于待客，三患也；仕者持禄，游者爱佼[2]，君修法讨臣，臣慑而不敢拂，四患也；君自以为圣智而不问事，自以为安强而无守备[3]，四邻谋之不知戒，五患也；所信者不忠，所忠者不信，六患也；畜种菽粟，不足以食之[4]，大臣不足以事之，赏赐不能喜，诛罚不能威，七患也。以七患居国，必无社稷；以七患守城，敌至国倾。七患之所当[5]，国必有殃。

【注释】

[1]"边"当是"适"字之伪，"适"即"敌"。

[2] 佼，同交。

[3] 畜，通蓄，储备；种，种植；菽，豆；粟，黍米，泛指粮食。

[5] 当，碰上，引伸为存在。

【译　文】

　　墨子说："国家的祸患有七种。"是哪七种呢？城池破旧不能用来防守，却大兴土木，修造宫室，这是一患；敌国攻入国境，四方诸侯不肯前来救助，这是二患；把民力耗尽在毫无功利的事情上，赏赐那些没有才能的人，于是，民力穷竭于无用之事上，财宝因招待宾客而空虚无存，这是三患；做官的人只求保住俸禄，游谈之士只图交友谋私，君主制定法律不过是要讨罚臣下，而臣下怕触犯刑法不敢犯颜进谏，这是四患；君主自以为圣明睿智，不问政事，自以为安定强大，没有防御敌人的准备，四方邻国已经在谋划进攻了，仍然不知道警戒，这是五患；君主所信任的人不忠于君主，忠于君主的人却得不到君主的信任，这是六患；储备与种植的粮不够食用，朝中的大臣不能胜任职守，国家的赏赐不能使好人喜悦，惩罚不能威慑坏人，这是七患。治理一国要是有了这七种祸患，必定亡国；守卫城池要是有了这七种祸患，敌兵攻至，国家即遭倾覆。"七患"存在于哪个国家，哪个国家必有祸殃。

【原 文】

　　凡五谷者，民之所仰也，君之所以为养也。故民无仰则君无养，民无食则不可事。故食不可不务也，地不可不力也，用不可不节也。五谷尽收，则五味尽御于主[1]，不尽收则不尽御。一谷不收谓之馑，二谷不收谓之旱[2]，三谷不收谓之凶，四谷不收谓之馈，五谷不收谓之饥。岁馑，则仕者大夫以下皆损禄五分之一。旱，则损五分之二。凶，则损五分之三。馈，则损五分之四。饥，则尽无禄，禀食而已矣[3]。故凶饥存乎国，人君彻鼎食五分之五，大夫彻县[4]，士不入学，君朝之衣不革制，诸侯之客，四邻之使，雍食而不盛[5]，彻骖騑[6]，涂不芸，马不食粟，婢妾不衣帛，此告不足之至也。

【注 释】

[1] 御，御用。
[2] 旱，当为罕，短缺的意思。
[3] 禀食，禀通廪，供给饭食。
[4] 彻县：县同悬，指悬挂的乐器；彻悬即停止听奏乐。
[5] 雍食，即饔飧，指招待外国使节的宴会。
[6] 骖騑，马车前两边的马。

【译 文】

　　五谷，这是人民赖以生活的，也是君主得以俸养的东西。

因此，如果人民失去了赖以生活的五谷，君主也就失去了俸养；如果人民没有粮吃，就什么事也不能做。因此，粮食不能不加紧生产，田地不能不努力耕种，日用不能不节省。如果五谷全获丰收，那么五味就能全部进呈给君主享用；如果五谷不能全获丰收，那么五味就不能全部进呈给君主享用了。一种谷物无收叫做"馑"，两种谷物无收叫做"旱"，三种谷物无收叫做"凶"，四种谷物无收叫做"匮"，五种谷物无收叫做"饥"。遇到馑年，大夫以下官员，都要减去五分之一的俸禄。遇到旱年，就要减去五分之二的俸禄。遇到凶年，就要减去五分之三的俸禄。遇到匮年，就要减去五分之四的俸禄。遇到饥年，就完全没有俸禄，只供给饭食而已。因此，当国家遇到凶饥之灾时，人君便撤去鼎食，大夫停止赏听音乐，读书人暂不入学，君主的朝服不再改制换新；对各国的宾客，四方的使者，不以丰盛的饭肴款待；驷马之车减去旁边的两匹，道路不加修整，马匹不用谷物喂养，婢妾不穿丝绸衣服，这些都表示粮食不足已经严重到了极点。

【原　文】

今有负其子而汲者，队其子于井中[1]，其母必从而道之[2]。今岁凶、民饥、道饿，重其子此疚于队，其可无察邪？故时年岁善，则民仁且良；时年岁凶，则民吝且恶。夫民何常此之有？为者疾[3]，食者众，则岁无丰。

故曰财不足则反之时,食不足则反之用。故先民以时生财,固本而用财,则财足。

【注释】

[1]队,同坠。
[2]道,通导,道引。
[3]"疾",当作"寡"。

【译文】

现在有位背负孩子从井中引水的人,不慎将孩子坠入井中,那么,这位母亲必定要设法从井中救出孩子。如果现在遇到凶年,人民饥困,路途有饿死之人,这比孩子坠入井中更为严重,怎么能够不慎重地予以察知呢?有时年成好,这时的人民也就仁厚贤良;有时年成差,这时的人民也就吝啬凶恶。人民的品性哪有什么一定呢?务农的人很少,而食用的人很多,就不会有丰年。所以说:财用不足的时候,就要反思是否抓紧了农时;粮食不足的时候,就要反思是否注意了节用。因此,古人按时令生产财用,基础牢固后再使用资财,财用就会充足。

【原文】

故虽上世之圣王,岂能使五谷常收,而旱水不至哉!

然而无冻饿之民者何也？其力时急，而自养俭也。故《夏书》曰："禹七年水。"《殷书》曰："汤五年旱。"此其离凶饿甚矣[1]，然而民不冻饿者，何也？其生财密，其用之节也。

【注释】

[1]离，同罹，遭受。"饿"，据孙诒让说，当作"饥"。

【译文】

即便是前世的圣王，又岂能使五谷常丰收而不遇到水旱之灾呢！可是那时并没有受冻挨饿的人，这是为什么呢？这是因为圣王能按时令抓紧生产，而自己的俸养却十分节俭。《夏书》上说："禹在位时有七年大水。"《殷书》上说："汤在位时有五年大旱。"他们遭受的凶饥之灾非常严重，可是人民没有受冻挨饿的，这是为什么呢？是因为他们生产的财物丰足，而用度却十分节俭的缘故。

【原文】

故仓无备粟，不可以待凶饥；库无备兵，虽有义不能征无义；城郭不备全，不可以自守；心无备虑，不可以应卒[1]。是若庆忌无去之心，不能轻出。夫桀无待汤之备，故放；纣无待武之备，故杀。桀、纣贵为天子，富有天下，然而皆灭亡于百里之君者，何也？有富贵而不为备也。故备者，国之重也。食者，国之宝也，兵者，国之爪也，城者，所以自守也，此三者国之具也。

【注释】

[1]卒，同猝，突然。

【译文】

因此，粮仓中没有储备下足够的粮食，不能抵御凶年饥荒；兵库中没有储备下足够的武器，就算正义在我，也没有力量讨伐不道义的国家；城郭不修治完备，就不能自己防守；心中没有防患于未然的谋划，就不能应付突发的事变。这就好像庆忌没有戒备之心，就不应轻率动身（招致杀身之祸）一样。夏桀没有防患商汤的准备，因而被放逐；商纣没有防患武王的准备，因而遭杀戮。夏桀和商纣贵为天子，富有天下，却都被百里方域的小国君主所灭亡，这是为什么呢？是因为他们虽然富有且尊贵，但没有防范敌人的准备。因此，加强守备是国家最重要的大事。粮食，这是国家的财宝；兵器，这是国家的爪牙；城池，这是国家自行防守的屏障。这三种东西，是一个国家必须具备的工具。

【原文】

故曰以其极赏，以赐无功；虚其府库，以备车马衣裘奇怪；苦其役徒，以治宫室观乐；死又厚为棺椁，多为衣裘，生时治台榭，死又修坟墓，故民苦于外，府库单于内[1]，上下厌其乐，下不堪其苦。故国离寇敌则伤[2]，民见凶饥则亡，此皆备不具之罪也。且夫食者，圣人之所宝也。故《周书》曰："国无三年之食者，国非其国也；家无三年之食者，子非其子也。"此之谓国备。

【注释】

[1] 单，是殚，竭尽。
[2] 离，同罹，遭遇。

【译文】

　　所以说：用最高的奖赏，赐给没有功劳的人，倾国库的资财去置备车马、衣裘和珍品奇物，让役卒奴隶劳苦不休，去建造宫庭和游乐之所，君主死后，费巨资装修棺椁，准备大量敛衣，生时，建造亭台楼榭，死后又兴修坟丘高冢，因此，外而人民受尽苦难，内而国库的财宝也消耗一空，上面的人无休止地享乐，下面的人却遭受无法忍受的苦难。那样，国家一旦遇到寇敌，就难免受到损伤；人民一旦遇到凶饥之灾，就难免丧失性命，这就是守备不足的罪过啊！况且，粮食也是圣人所宝贵的东西，所以《周书》说，"国中没有三年的储备粮，国家就不是君主的国家了；家中没有三年的储备粮，子孙就不是其家的子孙了!"这就叫做"国备"。

辞过 第六

【原文】

子墨子曰:"古之民未知为宫室时,就陵阜而居,穴而处,下润湿伤民,故圣王作为宫室。为宫室之法,曰:'室高足以辟润湿[1],边足以圉风寒[2],上足以待雪霜雨露,宫墙之高足以别男女之礼。'谨此则止[3]。凡费财劳力,不加利者,不为也。役[4],修其城郭,则民劳而不伤;以其常正[5],收其租税,则民费而不病。民所苦者非此也,苦于厚作敛于百姓。是故圣王作为宫室,便于生,不以为观乐也;作为衣服带履,便于身,不以为辟怪也。故节于身,诲于民,是以天下之民可得而治,财用可得而足。当今之主,其为宫室则与此异矣。必厚作敛于百姓,暴夺民衣食之财以为宫室台榭曲直之望、青黄刻镂之饰。为宫室若此,故左右皆法象之。是以其财不足以待凶饥,振孤寡[6],故国贫而民难治也。君实欲天下之治而恶其乱也,当为宫室不可不节。

【注释】

[1]辟，同避。

[2]圉，御也。

[3]谨，与厪同，"仅"的意思。

[4]役，毕沅云，上脱三字，当云"以其常役"。

[5]正，同征。

[6]振，当作"赈"。

【译文】

墨子说："古代人还不知道造宫庭屋室时，傍靠山陵安家，在洞穴中居住，地面的潮气很重，伤害了人的身体。因此，圣王开始建造宫室，并制定出建造宫室的原则。这就是说，房屋的高度要足以避开湿气，四周的墙壁要足以挡住风寒，屋顶要足以抵御雪霜雨露，宫墙的高度要能够遮断视线，足以使男女有别，仅此而已。凡是浪费资财、损耗民力而不增加实际利益的事，圣王就不去做。按常规使用劳役、修筑城郭，人民虽然也很辛劳，但不至于伤其根本；按常规征收租税，人民虽然也有破费，但不至于生活困苦。人民所苦的，不是苦于正常的劳役和赋敛，而是苦于过度的劳役和暴敛。所以，圣王建造宫室，只是为了给生活提供便利，而不是为了观赏玩乐；圣王做衣服、腰带、鞋子等，只是为了使身体舒适，而不是为了争奇斗艳。因此圣王自身很节俭，也教诲人民节俭，所以天下的人民可以得到治理，财用可以充足。现在的君主建造宫室，就与古代圣王不同了，他们必定对百姓横征暴敛，强夺百姓的衣食财用来建造宫室亭台楼榭使之形势曲折蜿蜒、雕饰的图案色彩斑斓，如此建造宫室，左右的人也都效法着去做。所以国家的财用困乏，不足以应付凶年饥荒，不能赈济孤儿寡妇，因此国家贫穷，人民也难以治理。如果君主真希望天下得到治理而厌恶天下混乱的话，那么在建造宫室时，就不能不注意节俭。

【原文】

"古之民未知为衣服时，衣皮带茭[1]，冬则不轻而温[2]，夏则不轻而清[3]。圣王以为不中人之情，故作诲妇人治丝麻，捆布绢[4]，以为民衣。为衣服之法：冬则练帛之中[5]，足以为轻且煖；夏则绤绤之中[6]，足以为轻且清。谨此则止。故圣人之为衣服，适身体，和肌肤而足矣，非荣耳目而观愚民也。当是之时，坚车良马不知贵也，刻镂文采不知喜也，何则？其所道之然。故民衣食之财，家足以待旱水凶饥者，何也？得其所以自养之情，而不感于外也[7]。是以其民俭而易治，其君用财节而易赡也。府库实满，足以待不然[8]；兵革不顿，士民不劳，足以征不服，故霸王之业可行于天下矣。

【注 释】

[1] 茭，草索。

[2] 温，《长短经》作"煖"，是。

[3] 清，凉快。

[4] 捆，当作"稇"；绢，当作"绡"。

[5] 中，同衷，内衣。

[6] 缔绤，缔，细葛布；绤，粗葛布。

[7] 感，当作"惑"。

[8] 待不然，抵御非常之变。

【译 文】

"古代人民还不知道制衣服时，身穿着兽皮，腰扎着草索，冬天既不轻便也不暖和，夏天既不轻便也不凉爽。圣王认为这不适合人情，因此教妇女生产丝麻、纺织布匹，用来缝制衣服。（圣人）并制定出缝制衣服的原则：冬天穿丝制内衣，要既轻便又暖和；夏天穿粗细葛布制的内衣，要既轻便又凉爽，仅此而已。所以，圣王缝制衣服，只是为了让身体舒适、肌肤暖和，而不是为了显示华贵，向愚民炫耀。当时，人们不知道坚车良马的贵重，雕刻文采没有人喜欢，那是为什么？是因为圣王就是这样来引导他们的。因此人民的衣食财用，自家足以应付水旱凶饥的灾难，为什么呢？因为人民懂得自养自足的道理，不被身外的东西所诱惑。所以，人民生活节俭，容易治理；君主的用度有节，容易满足。那时国库充实，足以应付突然的事变；兵器衣甲一无损坏，士卒不劳累，足以征讨不顺服的国家，因此能够在天下实现霸王之业。

【原文】

"当今之主，其为衣服，则与此异矣。冬则轻暖，夏则轻清，皆已具矣，必厚作敛于百姓，暴夺民衣食之财，以为锦绣文采靡曼之衣，铸金以为钩；珠玉以为佩，女工作文采，男工作刻镂，以为身服。此非云益暖之情也，单财劳力，毕归之于无用也。以此观之，其为衣服，非为身体，皆为观好。是以其民淫僻而难治，其君奢侈而难谏也。夫以奢侈之君御好淫僻之民，欲国无乱，不可得也。君实欲天下之治而恶其乱，当为衣服不可不节。

【译文】

"现在的君主缝制衣服，就与古代的圣王不同了。尽管冬衣轻便暖和、夏衣轻便凉爽，这些都已经具备了，也必定还要向百姓横征暴敛，强夺百姓的衣食财用来缝制文采华丽而又轻细的锦衣绣服。他们用黄金铸带钩，用珠玉做环佩，让女工刺绣文采，让男工装饰刻雕，用来装点身上的穿戴。这样做并不是为了增加温暖之实，如此耗费资财、损耗民力，全归之于毫无实际用途的事情上。由此看来，他们缝制衣服不是为了让身体舒适，只是为了外观好看。所以，他们的人民淫邪难治，人君自己也奢侈难以劝谏。让奢侈的君主去治理淫邪的人民，却想叫国家不发生混乱，这是无法做到的。如果君主真希望天下得到治理，而厌恶天下混乱的话，那么在缝制衣服时，就不能不注意节俭。

【原文】

"古之民未知为饮食时，素食而分处。故圣人作，诲男耕稼树艺，以为民食。其为食也，足以增气充虚，强体适腹而已矣。故其用财节，其自养俭，民富国治。

【译文】

"古代人民还不知道讲究饮食时，人们只吃素食而分散于各处。因此圣人教男子耕田种地，给人民提供食粮。他们加工饮食的原则是：能够补气充虚、强身养腹就行了。因此他们用财节约，自己的俸养也很俭省，所以人民富裕、国家太平。

【原文】

"今则不然，厚作敛于百姓，以为美食刍豢[1]，蒸炙鱼鳖。大国累百器，小国累十器，前方丈，目不能遍视，手不能遍操，口不能遍味，冬则冻冰，夏则饰饐[2]。人君为饮食如此，故左右象之。是以富贵者奢侈，孤寡者冻馁，虽欲无乱，不可得也。君实欲天下治而恶其乱，当为食饮不可不节。

【注 释】

［1］刍豢，饲养牲畜，这里指牛、羊、猪。
［2］"饰饐"当作"餲饐"，酸坏。

【译 文】

"现在的君主就不是这样了。他们对百姓横征暴敛，用搜刮来的钱财去享受牛羊和蒸鱼烧鳖的美味。大国君主每餐多到上百种菜肴，小国君主也多到上十种菜肴，鲜美的食物摆在面前有一丈见方，以至于眼睛都看不过来，筷子都夹不过来，嘴巴都吃不过来了，冬天饭肴结成了冰，夏天则酸坏。人君像这样去讲究饮食，左右的人也都效法着去做，所以富贵的人生活奢侈，而孤寡的人却在受冻挨饿，虽然你希望国家不发生混乱，也是无法做到了。如果君主真希望天下得到治理，而厌恶天下混乱的话，那么在享用饮食时，就不能不注意节俭。

【原 文】

"古之民未知为舟车时，重任不移，远道不至，故圣王作为舟车，以便民之事。其为舟车也，全固轻利，可以任重致远，其为用财少，而为利多，是以民乐而利之。法令不急而行，民不劳而上足用，故民归之。

【译 文】

"古代人民还不知道制作车和船时，笨重的东西运不走，遥远的地方去不成，因此圣王开始制作车和船，为人民办事提供便利。他们制作车和船的原则是：要坚固轻便、能负载重东西到达远方，所费很少，而所得到的利益很多，所以人民乐于使用它。无需法令催逼，车船就风行于天下了，而且人民不必劳苦，政府也有了充足的财用，因此人民都归附这样的圣王。

【原 文】

"当今之主，其为舟车与此异矣。全固轻利皆已具，必厚作敛于百姓，以饰舟车。饰车以文采，饰舟以刻镂。女子废其纺织而修文采，故民寒；男子离其耕稼而修刻镂，故民饥。人君为舟车若此，故左右象之，是以其民饥寒并至，故为奸衺，奸衺多则刑罚深，刑罚深则国乱。君实欲天下之治而恶其乱，当为舟车不可不节。

【译 文】

"现在的君主制造车和船和古代圣王就不同了。尽管坚固轻便的要求已经具备了，也还必定对百姓横征暴敛，用来装饰车和船。他们用文采装饰车,用雕刻装饰船。他们让女子废弃纺织去绘制文采,人民因此遭受寒冻;让男子废弃耕植去修饰雕刻,人民因此遭受饥饿。人君如此讲究车和船,左右的人也都效法着去做,所以人民饥寒交迫,只好去干奸佞邪恶的事。奸佞邪恶的事一多,刑罚也就相应地繁重起来,刑罚一繁重,国家也就乱了。如果君主真希望天下得到治理,而厌恶天下混乱的话,那么,在制作车和船时,就不能不注意节俭。

【原 文】

"凡回于天地之间[1],包于四海之内,天壤之情,阴阳之和,莫不有也,虽至圣不能更也。何以知其然?圣人有传:'天地也,则曰上下;四时也,则曰阴阳;人情也,则曰男女;禽兽也,则曰牡牝雄雌也。'真天壤之情,虽有先王不能更也。虽上世至圣,必蓄私不以伤行[2],故民无怨,宫无拘女[3],故天下无寡夫。内无拘女,外无寡夫,故天下之民众。

【注 释】

[1] 回,当作"迥"。
[2] 蓄私,指畜养姬妾。
[3] 拘女,拘禁在宫中的女子。

【译文】

"凡是周流于天地之间,包罗在四海之内的存在物,无不禀赋着天地的情性和阴阳的合和,即使是至尊的圣人也无法改变它。根据什么知道是这样呢?圣人的书传道:'天地,即是说上下间的关系;四时,即是说阴阳调和之序;人情,即是说男女交合之性;禽兽,即是说牡牝、雌雄交合之性。'这就是真正的天地之情。即使是先王,也无法改变它。虽然是上古的至圣,也必定要蓄养妻妾,只是不因此败坏品行罢了,所以民间并无怨情,宫中没有拘禁的女子,因此天下也没有鳏夫。既然宫中没有拘禁的女子,天下没有鳏夫,天下人口也就众多了。

【原文】

"当今之君,其蓄私也,大国拘女累千,小国累百,是以天下之男多寡无妻,女多拘无夫,男女失时,故民少。君实欲民之众而恶其寡,当蓄私不可不节。

【译文】

"现在的君主,他们私蓄姬妾,大国拘禁的宫女上千,小国上百,所以天下的男子很多人单身没有妻子,天下的女子很多人被拘禁没有丈夫,男女婚配失时,因此人口寡少。如果君主真希望人口众多，而厌恶人口寡少的话，那么，对于养姬纳妾，就不能不注意节制。

【原文】

"凡此五者，圣人之所俭节也，小人之所淫佚也。俭节则昌，淫佚则亡，此五者不可不节。夫妇节而天地和，风雨节而五谷孰[1]，衣服节而肌肤和。"

【注释】

[1] 孰，同熟。

【译文】

"上面所说的（宫室、衣服、饮食、车船和蓄私）五件事，都是圣人所节俭而小人淫佚放纵的方面。节俭就会昌盛，淫佚放纵就会衰亡。在这五件事上，不能没有节制。夫妇节而天地和，风雨节而五谷熟，衣服节而肌肤和。"

三辩 第七

【原文】

程繁问于子墨子曰:"夫子曰:圣王不为乐[1]。昔诸侯倦于听治,息于钟鼓之乐;士大夫倦于听治,息于竽瑟之乐;农夫春耕夏耘,秋敛冬藏,息于聆缶之乐[2]。今夫子曰'圣王不为乐',此譬之犹马驾而不税[3],弓张而不弛,无乃非有血气者之所不能至邪?"

【注释】

[1] 为乐,作乐。
[2] 聆,当作"瓵",即"瓴",一种瓶形的陶制乐器。缶,瓦盆,可以打击作乐。
[3] 税,通"脱",卸驾的意思。

【译文】

程繁问墨子说:"夫子说:'圣王不创作音乐'。可是从前诸侯处理政务疲倦了,就借赏听钟鼓之乐来休息;士大夫处理政务疲倦了,就借赏听竽瑟之乐来休息;农夫春天耕种,夏天锄草，秋天收获，冬天贮藏，就借赏听瓦盆土器之乐来休息。现在夫子却说：'圣王不创作音乐'，这就好比叫马驾车而不许御驾，让弓张开而不许松弛一样，恐怕不是有血气的生物所能做到的吧？"

【原 文】

子墨子曰："昔者尧舜有茅茨者[1]，且以为礼，且以为乐。汤放桀于大水，环天下自立以为王，事成功立，无大后患，因先王之乐，又自作乐，命曰《护》[2]，又修《九招》[3]。武王胜殷杀纣，环天下自立以为王，事成功立，无大后患，因先王之乐，又自作乐，命曰《象》[4]。周成王因先王之乐，又自作乐，命曰《驺虞》[5]。周成王之治天下也，不若武王；武王之治天下也，不若成汤；成汤之治天下也，不若尧舜。故其乐逾繁者，其治逾寡。自此观之，乐非所以治天下也。"

【注 释】

[1]茅茨，当依旧本作"第期"，人名，尧舜时代作乐之人（刘昶说）。
[2]《护》，据说是伊尹受汤命而作的乐曲。
[3]《九招》，即《九韶》，舜乐。
[4]《象》，周武王时的礼乐。

[5]《驺虞》，周成王时的礼乐。

【译文】

墨子说："从前尧舜时代有位名叫第期的人，用苴杖作礼器，也用苴杖作乐器。汤把桀放逐到大水，统一了天下自立为王，事业成功了，名声也建立了，已经没有什么后患了，于是就继承先王的音乐，自己也创作新音乐，取名叫《护》，并重修了《九招》。武王打败了殷商，杀死了纣王，统一了天下，自立为王，事业完成了，功名也确立了，已经没有什么大后患了，于是就继承先王的音乐，自己又创作新音乐，取名叫《象》。周成王也继承先王的音乐，自己又创作新音乐，取名叫《驺虞》。但是，周成王治理天下，不如武王；武王治理天下，不如成汤；成汤治理天下，不如尧和舜。因此，所创作的音乐愈繁复，所治理的功效也就愈少。由此看来，音乐本身不是治理天下的手段。"

【原文】

程繁曰："子曰'圣王无乐'，此亦乐已，若之何其谓圣王无乐也？"

【译文】

程繁又说："夫子说：'圣王没有音乐'。但是按上面所列举的乐章,也还是音乐呀!这又怎么能说'圣王没有音乐'呢?"

【原 文】

子墨子曰:"圣王之命也,多寡之[1]。食之利也,以知饥而食之者智也,因为无智矣[2]。今圣有乐而少[3],此亦无也。"

【注 释】

[1] 多寡之,"多"后疑脱字,应为"多者寡之"。
[2] 因,当作"固"。"固"上脱"多食"二字。
[3] 圣,当为"圣王"。

【译 文】

墨子说:"圣王的教令,太繁了就要减少它。吃饭是有利的,如果感到饥饿而去吃饭,这是明智的,但是无节制地去吃,就不明智了。现在圣王虽然有音乐,然而力求减少,那也就如同没有音乐了。"

卷 二

尚贤上 第八

【原文】

子墨子言曰:"今者王公大人为政于国家者,皆欲国家之富,人民之众,刑政之治。然而不得富而得贫,不得众而得寡,不得治而得乱,则是本失其所欲[1]得其所恶,是其故何也?"

【注释】

[1]"本失其所欲",一说当作"失其本所欲",非。本,根

本，完全的意思。

【译 文】

墨子说："现在的王公大人治理国家，都希望国家富足，人口众多，刑法政令清明。可是他们没有得到富足，得到的是贫穷；人口未能增多，得到的是寡少；刑政未得治理，得到的是混乱，这就完全失去了他所希望的，反而得到了他所厌恶的，这是什么缘故呢？"

【原 文】

子墨子言曰："是在王公大人为政于国家者，不能以尚贤事能为政也。是故国有贤良之士众，则国家之治厚；贤良之士寡，则国家之治薄。故大人之务，将在于众贤而已[1]。"

【注 释】

[1] 众贤，使贤者增多。

【译 文】

墨子说："这是因为王公大人在治理国家之时，不能把崇尚贤人、使用能者作为政治的根本。所以，国家拥有的贤良之士多，国家就治理得好；国家拥有的贤良之士少，国家就治理得差。因此王公大人的当务之急，在于使贤良之士增多罢了。"

【原文】

曰："然则众贤之术将奈何哉？"子墨子言曰："譬若欲众其国之善射御之士者，必将富之，贵之，敬之，誉之，然后国之善射御之士，将可得而众也。况又有贤良之士厚乎德行，辩乎言谈，博乎道术者乎！此固国家之珍，而社稷之佐也，亦必且富之，贵之，敬之，誉之，然后国之良士，亦将可得而众也。"

【译文】

有人问："那么使贤士增多的办法应是怎样的呢？"墨子说："比如想使国中射箭驾车的能手增多，一定要让他们俸禄优厚、地位高贵、尊敬他们、赞誉他们，然后国中射箭驾车的能手就将会增多起来了。况且贤良之士，又都是些德行纯厚、言谈雄辩、学术广博的人呢！他们本来就是国家的珍宝、社稷的辅弼，更应该让他们俸禄优厚、地位高贵，尊敬他们，赞誉他们，这样，国中的贤良之士，才会增多起来。"

【原文】

是故古者圣王之为政也，言曰：不义不富，不义不贵，不义不亲，不义不近。"是以国之富贵人闻之，皆退而谋曰："始我所恃者，富贵也，今上举义不辟贫贱[1]，然则我不可不为义。"亲者闻之，亦退而谋曰："始我所恃者亲也，今上举义不辟疏，然则我不可不为义。"近者闻之，亦退而谋曰："始我所恃者近也，今上举义不辟远，然则我不可不为义。"远者闻之，亦退而谋曰："我始以远为无恃，今上举义不辟远，然则我不可不为义。"逮至远鄙郊外之臣[2]、门庭庶子[3]、国中之众、四鄙之萌人闻之[4]皆竞为义。是其故何也？曰："上之所以使下者，一物也；下之所以事上者，一术也。譬之富者，有高墙深宫，墙立既谨[5]，上为凿一门，有盗人入，阖其自入而求之，盗其无自出。是其故何也？则上得要也。"

【注释】

[1] 辟，同避。
[2] 远鄙郊外，鄙，远地；郊，周制都城外百里内为郊。
[3] 门庭庶子，卿大夫之子，长子称嫡，余外均为庶子，常任宫中宿卫之职，住在内外朝廷之间，故称门庭庶子。
[4] 萌人，指民众。
[5] 既谨，当作"塈墐"，意为用泥土抹墙（于省吾说）。

【译文】

所以，古代的圣王治理政务，总要说："不义的人不能使他富有，不义的人不能给他高贵的地位，不义的人不能同他相亲，不义的人不能同他接近。"于是，国中富贵的人听到这样说，都私下商议道："起先我所倚仗的是富贵，现在主上不避贫贱，拔举道义的人，那我就不能不行义了"。主上的亲属听到这样说，也都私下商议道："起先我所倚仗的是与主上有亲情关系，现在主上不避远疏，拔举道义的人，那我就不能不行义了。"主上左右的人听到这样说，也都私下商议道："起先我所倚仗的是在主上身边，现在主上不避远臣，拔举道义的人，那我就不能不行义了。"与主上关系疏远之人听到这样说，也都私下商议道："起先我以为与主上疏远没有依靠，现在主上不避远疏，拔举道义的人，那我就不能不行义了。"直到边邑远郊的臣子、宫廷的卫士、都城中的百姓、四方的农民，他们听到这样说，也都争相行义了。这是什么缘故呢？我说："是因为主上驱使臣下，只遵循（崇尚贤人，使用能者）一个原则；臣下效命于主上，只遵循（奉行道义）一个途径。这好比富人家里，有高大的院墙，幽深的宫室，院墙筑成后再上泥加固，墙壁上面只开设一个门，这样，有盗贼从门潜入，只需关掉盗贼所入之门，他就无路可逃了。这是什么缘故呢？是因为君上把握了为政之要领。"

【原文】

　　故古者圣王之为政，列德而尚贤，虽在农与工肆之人，有能则举之，高予之爵，重予之禄，任之以事，断予之令。曰："爵位不高则民弗敬，蓄禄不厚则民不信，政令不断则民不畏。"举三者授之贤者，非为贤赐也，欲其事之成。故当是时，以德就列，以官服事，以劳殿赏[1]，量功而分禄。故官无常贵，而民无终贱，有能则举之，无能则下之，举公义，辟私怨，此若言之谓也。故古者尧举舜于服泽之阳，授之政，天下平；禹举益于阴方之中，授之政，九州成；汤举伊尹于庖厨之中，授之政，其谋得；文王举闳夭、泰颠于罝罔之中[2]，授之政，西土服[3]。故当是时，虽在于厚禄尊位之臣，莫不敬惧而施[4]；虽在农与工肆之人，莫不竞劝而尚意[5]。

【注释】

[1] 殿，通奠，定也。
[2] 罝，捕兽的网；罔，捕鱼的网。
[3] 西土，周民族定居于西，即今陕西关中一带，在殽关以西，故称西土。
[4] 施，当作"惕"。
[5] 意，当作"悳"，即"德"。

【译文】

因此，古时候圣王治理政务，要给有德之人安排职位，崇尚贤能之士，虽然是从事农、工、商的平民，只要他有贤能，就拔举起来，给予他高贵的爵位和优厚的俸禄，委任他处理实际事务，授予他决断的权力。这就是说：爵位不高贵，人民就不尊敬；俸禄不优厚，人民就不信赖；政令不决断，人民就不畏惧。把这三者（爵、禄、权）授予贤能的人，并不是为了他的贤能而加以恩赏，而是希望他能办事成功。因此，那时是按品德的高低安排职位，按职位的尊卑授予处事权限，按功劳的多少确定赏额，按业绩的大小分配食禄。所以做长官的人不一定永远尊贵，做平民的不一定终身卑贱。如果是有贤能的人，就选拔上来；如果是没有贤能的人，就罢免下去，倡导公义，消除私怨，这就是上面所说的意思。因此，古时候尧从服泽北岸选拔了舜，授予他政事，天下就太平了；禹从阴方之地选拔了伯益，授予他政事，九州就划定了；汤从厨房中选拔了伊尹，授予他政事，（灭夏的）计划就实现了；文王从猎人、渔夫中选拔了闳夭、泰颠，授予他们政事，西方的疆土就平服了。因此，那时候即便是俸禄优厚、地位尊贵的大臣，对于职守没有不敬惧而警惕的；即便是从事农工商的平民，也没有不争相勉励、崇尚道德的。

【原文】

　　故士者所以为辅相承嗣也，故得士则谋不困，体不劳，名立而功成，美章而恶不生[1]，则由得士也。是故子墨子言曰："得意贤士不可不举，不得意贤士不可不举，尚欲祖述尧舜禹汤之道[2]，将不可以不尚贤。夫尚贤者，政之本也。"

【注释】

[1]章，同彰。
[2]尚，同倘，倘若，如果。

【译文】

因此，贤良之士是用来做辅佐大臣和君主继承人的，得到了贤良之士，谋事就不会受困阻，身体就不会劳累，就能够名立而功成，使美好的东西更加昭著，使丑恶的东西不再产生，这都是由于得到贤士帮助的结果。所以墨子说："得志的时候，不能不举用贤士；不得志的时候，也不能不举用贤士。如要遵循尧、舜、禹、汤的成功之路，就应懂得不能不崇尚贤能之士。崇尚贤能之士，是国家政治的根本"。

尚贤中 第九

【原文】

子墨子言曰："今王公大人之君人民，主社稷，治国家，欲修保而勿失[1]，故不察尚贤为政之本也[2]？"何以知尚贤之为政本也？曰："自贵且智者为政乎愚且贱者，则治；自愚且贱者为政乎贵且智者，则乱，是以知尚贤之为政本也。

【注释】

[1] 修，长。
[2] 故，一本作"胡"，故与胡同。

【译文】

墨子说："现在的王公大人统治人民、主掌政权、治理国家，既然希望长久保持而不丧失，何不察知尊崇贤才之士是为政的根本呢。"根据什么知道崇尚贤能是为政的根本呢？（墨子）说："由高贵聪慧的人去治理愚蠢下贱的人，国家就得到治理；由愚蠢下贱的人去治理高贵聪慧的人，国家就发生混乱，所以知道崇尚贤能是为政的根本。

【原文】

"故古者圣王甚尊尚贤而任使能，不党父兄[1]，不偏贵富，不嬖颜色[2]，贤者举而上之，富而贵之，以为官长；不肖者抑而废之，贫而贱之，以为徒役。是以民皆劝其赏，畏其罚，相率而为贤，者以贤者众[3]，而不肖者寡。此谓进贤。然后圣人听其言，迹其行，察其所能，而慎予官，此谓事能。故可使治国者，使治国；可使长官者[4]，使长官；可使治邑者，使治邑。凡所使治国家、官府、邑里，此皆国之贤者也。

【注释】

[1]党，偏私。
[2]嬖，宠爱。
[3]者，当作"是"。
[4]长官，长，主持。长官，意为主持官府。

【译文】

"因此，古代的圣王非常尊敬和崇尚贤人，而且重视使用和举任能者，他们不袒护父兄，不偏向富贵，不宠爱美色。如果是贤能的人，就选拔上来，让他富裕尊贵，让他做官长；如果是不肖的人，就罢免下去，让他贫穷卑贱，让他做隶役。于是人民都为赏赐而互勉，畏惧惩罚，争相去做贤能的人，所以贤能的人就多了起来，不肖的人就少了下去。这就叫做'进贤'。然后，圣人听取他的言论，访察他的行为，考核他的能力，谨慎地授予他官职，这就叫做'使能'。因此，凡是可以让他治理国家的，就让他治理国家；凡是可以让他主持官府的，就让他主持官府；凡是可以让他管辖邑里的，就让他管辖邑里。所有这些被举任治理国家、主持官府、管辖邑里的人，都应该是国家的贤良之士。

【原文】

"贤者之治国也,蚤朝晏退[1],听狱治政,是以国家治而刑法正。贤者之长官也,夜寝夙兴[2],收敛关市、山林、泽梁之利,以实官府,是以官府实而财不散。贤者之治邑也,蚤出莫入,耕稼、树艺、聚菽粟,是以菽粟多而民足乎食。故国家治则刑法正,官府实则万民富。上有以洁为酒醴粢盛,以祭祀天鬼;外有以为皮币,与四邻诸侯交接;内有以食饥息劳,将养其万民[3],外有以怀天下之贤人[4]。是故上者天鬼富之,外者诸侯与之[5],内者万民亲之,贤人归之。以此谋事则得,举事则成,入守则固,出诛则强。故唯昔三代圣王尧、舜、禹、汤、文、武,之所以王天下正诸侯者[6],此亦其法已。

【注释】

[1]蚤朝晏退,蚤,通"早";晏,晚也。
[2]夜寝夙兴,晚睡早起。
[3]将养,当作"持养"。
[4]"外有以",此三字涉上文而衍。

[5]与，亲善。

[6]正，长也。

【译文】

"贤人治国理政，早朝晚退，努力审听罪案，处理政务，国家由此得到治理，刑法由此得到端正。贤人主持官府，迟睡早起，努力征收关市、山林、泽梁的税利，以充实国库，国库由此得到充实而资财不再流失。贤人管辖邑里，早出晚归，耕田种菜，积聚豆粟，豆粟由此得到丰收而人民食用充足。因此，国家太平，刑法公正，国库充实，民众富足。上能洁净地置备酒食祭品，祭祀上帝鬼神；对外能置备皮币，与四邻诸侯交接往来；内能使饥饿的人有饭吃，劳累的人得到休息，广大人民得到生养；外能招徕天下的贤能之士。因此，上有天帝鬼神降福给他，外有四方诸侯善待他，内有广大人民亲近他，有贤能之士归顺他。因此，谋事就能达到目的，行事就能成功，在内防守就能安固，对外出征就能强大。所以从前三代的圣王尧、舜、禹、汤、文王、武王等，之所以能够一统天下，成为诸侯之长，正是因为实行了尚贤使能的法则。

【原文】

"既曰若法[1]，未知所以行之术，则事犹若未成。是以必为置三本。何谓三本？曰：爵位不高则民不敬也，蓄禄不厚则民不信也，政令不断则民不畏也。故古圣王高予之爵，重予之禄，任之以事，断予之令。失岂为其臣赐哉，欲其事之成也。《诗》曰：'告女忧恤，诲女予爵，孰能执热，鲜不用濯[2]。则此语古者国君诸侯之不可以不执善，承嗣辅佐也。譬之犹执热之有濯也，将休其手焉。古者圣王唯毋得贤人而使之，般爵以贵之[3]，裂地以封之，终身不厌。贤人唯毋得明君而事之，竭四肢之力以任君之事，终身不倦。若有美善则归之上，是以美善在上而所怨谤在下，宁乐在君，忧戚在臣。故古者圣王之为政若此。

【注释】

[1]既曰若法，当作"既有若法"。
[2]濯，洗也。
[3]般，同"颁"。

【译文】

　　"既然有了这样的法则，可是不知道实行的方法，那么事情还是犹如没有成功。因此，必须订立三项根本的措施。这三项根本措施是什么？答道：'爵位不高贵，人民就不会尊敬；俸禄不优厚，人民就不会信赖；政令不决断，人民就不会畏惧。'因此，古代的圣王给予贤士高贵的爵位、优厚的俸禄，委任以实际事务，授予他决断的权力。这又岂是为了他的贤能而加以恩赐呢？不过是希望他能办事成功罢了。《诗》上说道：'告诉你要忧人之忧，教导你要顺次授爵。有谁能手拿过滚烫的东西，而不放到冷水中去浸洗呢？'这就是说：古代的国君和诸侯，不能不去亲善那些继承和辅佐自己的贤人。这就好比手拿过滚烫的东西后，要在冷水中浸洗一样，是为了使自己的手得到休息啊！古时候圣王得到了贤人，任用他，颁赏爵位使他尊贵，划分土地封赐给他，终身不抛弃。而贤人遇到了明主，就去侍奉他，竭尽全力为君主办事，终身不厌倦。如果有美德善事，就归之于主上。所以美德善事归于主上，百姓的怨谤由臣下承担；安乐由主上享有，忧愁由臣下承担。古代的圣王，就是像这样治理政务。

【原文】

"今王公大人亦欲效人以尚贤使能为政，高予之爵，而禄不从也。夫高爵而无禄，民不信也。曰：'此非中实爱我也，假借而用我也。'夫假借之民，将岂能亲其上哉！故先王言曰：'贪于政者，不能分人以事；厚于货者，不能分人以禄。'事则不与，禄则不分，请问天下之贤人将何自至乎王公大人之侧哉？若苟贤者不至乎王公大人之侧，则此不肖者在左右也。不肖者在左右，则其所誉不当贤，而所罚不当暴。王公大人尊此以为政乎国家，则赏亦必不当贤，而罚亦必不当暴。若苟赏不当贤而罚不当暴,则是为贤者不劝而为暴者不沮矣[1]。是以入则不慈孝父母,出则不长弟乡里,居处无节,出入无度,男女无别,使治官府则盗窃,守城则倍畔[2],君有难则不死,出亡则不从,使断狱则不中,分财则不均,与谋事不得,举事不成,入守不固,出诛不强。故虽昔者三代暴王桀、纣、幽、厉之所以失措其国家,倾覆其社稷者,已此故也[3]。何则?皆以明小物而不明大物也。

【注释】

[1] 沮,止、阻。

[2] 倍畔,背叛。

[3] 已,通"以"。

【译文】

"现在的王公大人,也想效法古代圣王,用尚贤使能来治政。他们也给贤人高贵的爵位,但是不肯给予相应的俸禄。只有高贵的爵位而没有相应的俸禄,人民就不信赖。(贤者)会说:'这不是诚心地爱我呀!只不过是假借虚名来利用我罢了。'既然只是假借虚名,人家又怎么能和主上相亲善呢!因此先王说道:'对权力贪婪的人,不可能把政务分给别人;看重财货的人,不可能把俸禄分给别人。'政务不肯交,俸禄又不肯给,那么请问:天下的贤人又怎么会自动地来到王公大人的身旁呢？假如贤人不肯到王公大人的身旁，那就是一些不肖的人围在左右了。不肖的人在左右，那么，他们所称赞的就不会是真正的贤人，所惩罚的也不会是真正的恶人。王公大人如果按这些不肖之人的主意去治理国家，那么他所奖赏的也一定不是真正的贤人，所惩罚的也一定不是真正的恶人。如果所赏的不是贤人，所罚的不是恶人，那样就使贤人得不到鼓励，使恶人得不到制止了。所以，在家不孝敬父母，出门也不尊重乡亲，家庭生活没有节制，出入交往没有规矩，男女接触没有界线，那么让他治理官府，就会盗窃公财；守御城池，就会投降叛变；而君主遇到灾难，就不会从死；君主出外逃亡，就不会追随；治狱断案，就不会公正；分配财货，就不会均平；与他谋事，就不能达到目的；与他行事，就不能成就功业；让他在内防守，就不能安固；让他对外出征，就不能强大。因此，从前三代的暴王桀、纣、幽王、厉王，之所以丧失了他们的国家，倾覆了他们的社稷，就是这个缘故。为什么会这样呢？都是因为只明白小事情而不明白大事情啊！

【原 文】

"今王公大人，有一衣裳不能制也，必借良工[1]；有一牛羊不能杀也，必借良宰。故当若之二物者，王公大人未知以尚贤使能为政也[2]。逮至其国家之乱，社稷之危，则不知使能以治之，亲戚则使之，无故富贵[3]、面目佼好则使之。夫无故富贵，面目佼好则使之，岂必智且有慧哉！若使之治国家，则此使不智慧者治国家也，国家之乱既可得而知已。

【注释】

[1] 借，借助。
[2] 未，疑"本"之误。
[3] 故，疑"攻"之讹，"攻"即"功"之借字。

【译文】

"现在的王公大人，即使有一件衣裳不能裁制，也一定会借助于高明的衣匠；即使有一牛一羊不能宰杀，也一定会借助于高明的屠夫。因此，遇到这样两种事情时，王公大人未尝不知用尚贤使能的原则去处理。但是当他的国家发生混乱、社稷面临危险时，反倒不知道用尚贤使能的原则去平治它，只要是亲戚，就任用他；无功得到富贵的人、面孔长得好看的人，也任用他们。像这些无功得到富贵、面孔长得好看的人被任用，难道他们就一定很聪明很有智慧吗！如果让这些人去治理国家，那就是让不智慧的人去治理国家。那么国家的混乱，也就可以想象到了。

【原文】

"且夫王公大人有所爱其色而使，其心不察其知而与其爱。是故不能治百人者，使处乎千人之官，不能治千人者，使处乎万人之官。此其故何也？曰处若官者爵高而禄厚，故爱其色而使之焉。夫不能治千人者，使处乎万人之官，则此官什倍也。夫治之法将日至者也，日以治之，日不什修；知以治之，知不什益，而予官什倍，则此治一而弃其九矣。虽日夜相接以治若官，官犹若不治。此其故何也？则王公大人不明乎以尚贤使能为政也。故以尚贤使能为政而治者，夫若言之谓也；以下贤为政而乱者[1]，若吾言之谓也。

【注 释】

[1] 下贤，下脱"不使能"三字。

【译 文】

"况且，王公大人是因为爱其美色而任用他，必定不去考察他的智慧却加以宠爱，因而不能治理百人的，却让他担任治理千人的官；不能治理千人的，却让他担任治理万人的官。这究竟是什么缘故呢？答道：'像这样担任官职的人，爵位又高贵，俸禄又优厚，不过是因为王公大人宠爱他的美色才任用他的呀！'不能治理千人的人，却让他担任治理万人的官职，那么所授予他的官职就是他的能力的十倍了。治国的措施，应当每天去实行它，可是每天去实行它，每天的时间却不能延长十倍；用智慧去实行它，他的智慧也不能增强十倍，可是授予他的官职之大却是他能力的十倍,这就是治理了一成,而废弃了九成啊!即使他夜以继日地工作,但是如此治理官府,仍然等于没有治理。这是什么缘故呢?是为王公大人不知道用尚贤使能的原则来治理政务。因此,用尚贤使能的原则治理政务,国家就得到治理,这就是前面讲到的意思;而用贬低贤人的原则治理政务,国家就发生混乱,这就是这里所讲的意思。

【原 文】

"今王公大人中实将欲治其国家,欲修保而勿失,胡不察尚贤为政之本也?且以尚贤为政之本者,亦岂独子墨子之言哉?此圣王之道,先王之书《距年》之言也。传曰:'求圣君哲人,以裨辅而身。'《汤誓》曰:'聿求元圣[1],与之戮力同心,以治天下。'则此言圣之不失以尚贤使能为政也。故古者圣王唯能审以尚贤使能为政,无异物杂焉,天下皆得其利[2]。

【注 释】

[1]聿,句首语助词。一曰"聿,遂也"。
[2]利,《道藏》本作"列"。

【译 文】

"现在的王公大人,如果真希望治理好他的国家,希望长久保持而不丧失的话，为什么不去察知尚贤使能是执政的根本呢！况且，把尚贤使能作为执政的根本，又岂只是墨子一个人的说法呢？这也是圣人的道术，先王的书传《距年》中所说的啊！古书上说：'寻找圣贤的君子和才识超群的人来辅佐你。'《汤誓》上说：'寻找大圣人，与他同心协力，来治理天下！'这就是说，圣王不放弃尚贤使能的原则来治理政务。因此，古代的圣王能够确实地用尚贤使能的原则治理政务，不受任何干扰，天下都得到利益。

【原文】

"古者舜耕历山，陶河濒[1]，渔雷泽，尧得之服泽之阳，举以为天子，与接天子之政，治天下之民。伊挚，有莘氏之私臣，亲为庖人，汤得之，举以为己相，与接天下之政，治天下之民。傅说被褐带索，庸筑乎傅岩，武丁得之，举以为三公，与接天下之政，治天下之民。此何故始贱卒而贵，始贫卒而富？则王公大人明乎以尚贤使能为政，是以民无饥而不得食，寒而不得衣，劳而不得息，乱而不得治者。

【注释】

[1] 河濒，黄河之濒。

【译文】

"古时候舜在厉山下耕田,在河滨做陶器,在雷泽捕鱼,尧在服泽的北岸得到了他,拔举他做天子,让他接掌天下的政务,治理天下的人民。伊尹原是有莘氏女陪嫁的家奴,曾经做过厨子,汤得到了他,拔举他做自己的宰相,让他接掌天下的政务,治理天下的人民。傅说身穿粗布衣裳,腰扎绳索,曾身为役人在傅岩下修筑城墙,武丁得到了他,拔举他位列三公,让他接掌天下的政务,治理天下的人民。他们为什么出身卑贱而最终显贵、出身贫穷而最终富裕了呢?那是因为王公大人知道用尚贤使能治理政务,所以人民才不至于挨饿没有饭吃,受冻没有衣穿,劳累得不到休息,混乱得不到治理。

【原文】

"故古圣王以审以尚贤使能为政,而取法于天。虽天亦不辩贫富、贵贱、远迩、亲疏,贤者举而尚之,不肖者抑而废之。

【译文】

"因此,古代的圣王能够确实地用尚贤使能治政,并取法于天(的意志)。天也同样不分贫富贵贱、远近亲疏,只要是有贤能的人,就选拔上来;只要是不肖的人,就罢免下去。

【原文】

"然则富贵为贤,以得其赏者谁也?"曰:"若昔者三代圣王尧、舜、禹、汤、文、武者是也。所以得其赏何也?"曰:"其为政乎天下也,兼而爱之,从而利之,又率天下之万民以尚尊天、事鬼、爱利万民,是故天鬼赏之,立为天子,以为民父母,万民从而誉之曰'圣王',至今不已。则此富贵为贤,以得其赏者也。"

【译文】

"可是那些处身富贵、行为贤能,因而得到奖赏的人,都是谁呢?(我)说:'从前三代的圣王尧、舜、禹、汤、文王、武王等便是。'他们得到赏赐的理由何在呢?(我)说:'他们治理天下的政务,爱天下之人如爱己,为天下人谋利如利己,并带领天下民众,崇尚"尊天事鬼、爱民利民"的原则。因此天帝鬼神奖赏他们,立他们做天子,做人民的父母,广大人民从而称赞他们为"圣王",至今不止。这就是处身富贵、行为贤能,因而得到奖赏的人。'

【原文】

"然则富贵为暴,以得其罚者谁也?"曰:"若昔者三代暴王桀、纣、幽、厉者是也。""何以知其然也?"曰:"其为政乎天下也,兼而憎之,从而贼之,又率天下之民以诟天侮鬼,贼傲万民[1],是故天鬼罚之,使身死而为刑戮,子孙离散,室家丧灭,绝无后嗣,万民从而非之曰'暴王',至今不已。则此富贵为暴,而以得其罚者也。"

【注释】

[1] 傲,当作"杀"。

【译文】

"可是那些处身富贵、行为残暴,因而受到惩罚的人,都是谁呢?(我)说:'从前三代的暴王桀、纣、幽王、厉王便是。'根据什么知道是这样呢?(我)说:'他们治理天下的政务,使天下之人互相仇恨,互相残害,并带领天下民众,咒骂天帝、侮辱鬼神,残杀万民,因此,天帝鬼神惩罚他们,让他们丧失性命,被天下共指为刑戮之人,子孙离散,家族破灭,后嗣断绝,于是广大人民斥责他们为"暴王",至今不止。这就是处身富贵、行为残暴,因而受到惩罚的人。'

【原文】

"然则亲而不善,以得其罚者谁也?"曰:"若昔者伯鲧，帝之元子[1]，废帝之德庸[2]，既乃刑之于羽之郊，乃热照无有及也，帝亦不爱。则此亲而不善以得其罚者也。"

【注释】

[1]元子，嫡系子孙。
[2]庸，功。

【译文】

"可是那些血缘亲近而行为不良，因而受到惩罚的人，又是谁呢？（我）说：'从前的伯鲧，身为帝颛顼的宗子，却败坏先帝的功德，于是被放逐到羽山郊野，那是日月所照不到的地方，先帝不再爱他了。这就是血缘亲近而行为不良，因而受到惩罚的人。'

【原文】

"然则天之所使能者谁也？"曰："若昔者禹、稷、皋陶是也。""何以知其然也？""先王之书《吕刑》道之曰：'皇帝清问下民[1]，有辞有苗。曰："群后之肆在下，明明不常，鳏寡不盖。德威维威，德明维明。"乃名三后[2]，恤功于民；伯夷降典，哲民维刑；禹平水土，主名山川；稷隆播种，农殖嘉谷。三后成功，维假于民[3]。'则此言三圣人者,谨其言,慎其行,精其思虑,索天下之隐事遗利,以上事天,则天乡其德,下施之万民,万民被其利,终身无已。故先王之言曰:'此道也,大用之天下则不窕[4],小用之则不困,修用之则万民被其利,终身无已。'《周颂》道之曰:'圣人之德,若天之高,若地之普,其有昭于天下也。若地之固,若山之承,不坼不崩。若日之光,若月之明,与天地同常。'[5]则此言圣人之德,章明博大,埴固[6],以修久也。故圣人之德盖总乎天地者也。

【注释】

[1] 清问,询问。

[2] 三后,三君。

[3] 假,通"碬",大且远也。

[4] 窕,不满。

[5] 俞樾云:"此文疑有错误,当云:圣人之德昭于天下,若天之高,若地之普,若山之承,不坼不崩,若日之光,若月之明,与天地同常。"承,耸立。

[6] 埴固,坚实牢固。

【译文】

"可是天所使用的能者,又都是谁呢?(我)说:'从前的大禹、后稷、皋陶等便是。'根据什么知道是这样呢?先王的书典《吕刑》说：'皇帝尧询问下面的百姓，人人都极力谴责有苗族，于是尧说："各位君主以及在下的人们，让贤明的人显用，不拘常规，即使是鳏夫寡妇也不埋没。由于品德高尚而树立起来的威严，才是真正的威严；由于品德高尚而具有的英明，才是真正的英明。"于是就命令三后（伯夷、禹和稷），亲临和服务于人民。伯益制定刑典，用刑法来制约人民；禹平治水土，主掌高山大川的定名；后稷推行播种，教农民种好谷物。（伯夷、大禹、后稷）三人的成功，大有益于人民。'这就是说：三位圣人能约束自己的言论，慎重自己的行为，精密自己的思考，索求天下尚未显露的事情和遗漏的利益。（他们）对上事奉天帝，天就享用他们的功德；对下施恩于民众，民众就蒙受圣人的好处，终身不止。因此先王说：'这种道术，广泛地用于天下，就不会匮乏了；稍加使用，就不会困塞了；长久地使用，人民就会受益无穷。'《周颂》说道：'圣人的品德，如天一般高，如地一样广；光照天下像大地一样稳固，像高山一样耸立，不会断裂，不会崩塌；像太阳一样光耀，像月亮一样明亮，和天地一样长久。'这就是说：圣人的品德彰明广大，稳固持久。因此，圣人的品德，总和了天地的一切美德。

【原文】

"今王公大人欲王天下，正诸侯，夫无德义将何以哉？其说将必挟震强。今王公大人将焉取挟震威强哉，倾者民之死也？民生为甚欲，死为甚憎，所欲不得而所憎屡至，自古及今未有尝能有以此王天下、正诸侯者也。今大人欲王天下、正诸侯，将欲使意得乎天下，名成乎后世，故不察尚贤为政之本也[1]？此圣人之厚行也。"

【注释】

[1]故，与"胡"同。

【译文】

"现在的王公大人，都希望统一天下，匡正诸侯，但是他们既没有德行，也没有道义，那又将依靠什么呢？他们自称：必当挟持威势和强权。然而现在的王公大人为什么要挟持威势和强权把人民置于死地呢？人民十分渴望生存，十分憎恨死亡，人民得不到所渴望的生存，而所憎恨的死亡却不断降临，从古到今，没有人能用这种办法统一天下匡正诸侯。现在的王公大人，希望统一天下、匡正诸侯，希望自己的意志能在天下实现，希望名传后世，为什么不察知尚贤使能是为政的根本呢？（尚贤使能），这是圣人的崇高德行啊！"

尚贤下 第十

【原 文】

子墨子言曰："天下之王公大人皆欲其国家之富也，人民之众也，刑法之治也，然而不识以尚贤为政其国家百姓。王公大人本失尚贤为政之本也。"若苟王公大人本失尚贤为政之本也，则不能毋举物示之乎？"今若有一诸侯于此，为政其国家也，曰：'凡我国能射御之士，我将赏贵之，不能射御之士，我将罪贱之。'问于若国之士，孰喜孰惧？我以为必能射御之士喜，不能射御之士惧。我赏因而诱之矣[1]，曰：'凡我国之忠信之士，我将赏贵之，不忠信之士，我将罪贱之。'问于若国之士，孰喜孰惧？我以为必忠信之士喜，不忠不信之士惧。今惟毋以尚贤为政其国家百姓，使国为善者劝，为暴者沮；大以为政于天下，使天下之为善者劝，为暴者沮。然昔吾所以贵尧、舜、禹、汤、文、武之道者，何故以哉？以其唯毋临众发政而治民[2]，使天下之为善者可而劝也[3]，为暴者可而沮也。然则此尚贤者也，与尧、舜、禹、汤、文、武之道同矣。

【注释】

[1] 赏，当为"尝"。
[2] 毋，语词。
[3] 可而，可以。

【译文】

墨子说："天下的王公大人，都希望国家富裕，人民众多，刑法政令清明，可是不知道用崇尚贤能的办法去治理自己的国家和百姓。王公大人完全抛弃了尚贤这一治政的根本。"如果王公大人完全抛弃了尚贤这一治政的根本，那么，能不能举出一些事例开导他们呢？现在假定这里有位诸侯，在他的国中治理政务，说：'凡是国中能射箭驾车的士人，我都要加以奖赏，使他们富贵起来；凡是不能射箭驾车的士人，我都要降罪于他们，使他们贫贱下去。'试问这个国家中的士人，谁会欢喜，谁会恐惧呢？我以为一定是能够射箭驾车的士人欢喜，不能够射箭驾车的士人恐惧。我试做进一步的推论，说：'凡是国中忠信的士人，我都要加以奖赏，使他们富贵起来；凡是不忠信的士人，我都要降罪于他们，使他们贫贱下去。'试问这个国家中的士人，谁会欢喜，谁会恐惧呢？我以为一定是忠信的士人欢喜，不忠信的士人恐惧。现在如果用尚贤去治理国家和百姓，就可以使国中行善的人得到勉励，行恶的人得到制止，进而用尚贤去治理天下，就可以使天下行善的人得到勉励，行恶的人得到制止。那么，我们从前看重尧、舜、禹、汤、文王、武王的道术，是什么缘故呢？是因为他们当众发布政令而治理人民，使天下行善的人得到勉励，行恶的人得到制止。那么这里说的崇尚贤能，与尧、舜、禹、汤、文王、武王的道术是一样的啊！

【原 文】

"而今天下之士君子，居处言语皆尚贤，逮至其临众发政而治民，莫知尚贤而使能。我以此知天下之士君子，明于小而不明于大也。何以知其然乎？今王公大人，有一牛羊之财不能杀，必索良宰[1]；有一衣裳之财不能制，必索良工。当王公大人之于此也，虽有骨肉之亲，无故富贵，面目美好者，实知其不能也，不使之也，是何故？恐其败财也。当王公大人之于此也，则不失尚贤而使能。王公大人有一罢马不能治[2]，必索良医；有一危弓不能张[3]，必索良工。当王公大人之于此也，虽有骨肉之亲、无故富贵、面目美好者，实知其不能也，必不使。是何故？恐其败财也。当王公大人之于此也，则不使尚贤而使能。逮至其国家则不然，王公大人骨肉之亲，无故富贵、面目美好者，则举之。则王公大人之亲其国家也，不若亲其一危弓、罢马、衣裳、牛羊之财与！我以此知天下之士君子皆明于小，而不明于大也。此譬犹瘖者而使为行人[4]，聋者而使为乐师。

【注 释】

[1] 索，寻求。
[2] 罢：同"疲"，病不能用的意思。
[3] 危弓，有毛病的弓。
[4] 行人，外交使者。

【译 文】

"而现在天下的士君子，平日在家闲谈，都知道崇尚贤能，可是一旦到了当众发布政令去治理人民时，反而不知道崇尚贤人，使用能者了。我由此知道天下的士君子，只明白小道理，而不明白大道理。根据什么知道是这样呢？现在的王公大人，即使有一牛一羊不能宰杀，也必定寻求高明的屠夫；即使有一件衣裳不能裁制，也必定会寻求高明的衣匠。当王公大人遇到这样的小事时，虽然是自己的亲戚骨肉，无功得到富贵和面孔长得好看的人，只要确信他们没有才能，必定不加以使用。这是什么缘故呢？是因为怕他们做不成事反而会损坏财产。王公大人在这种情况下，尚不失为一个尚贤使能之人。王公大人们，即使有一匹病马不能治愈，也必定会寻求高明的兽医；即使有一张弓坏了不能张开，也必定会寻求高明的工匠。

王公大人遇到这样的小事时，虽然是自己的亲戚骨肉、无功得到富贵和面孔长得好看的人，只要确信他们没有才能，必定不加以使用。这是什么缘故呢？是因为害怕他们做不成事反而会损坏东西。王公大人在这种情况下，尚不失为一个尚贤使能之人。可是一旦到他治理国家时，就不是这样了，只要是王公大人的骨肉亲戚，无功得到富贵和面孔长得好看的人，就举用他。那么，王公大人亲自己国家的程度，还不如亲他的一张坏弓、一匹病马、一件衣裳、一头牛或一头羊啊！我由此知道天下的士君子，只明白小道理，而不明白大道理。这好比明明是一个哑巴，却让他担任外交使臣；明明是一个聋子，却让他担任乐师。

【原　文】

"是故古之圣王之治天下也，其所富，其所贵，未必王公大人骨肉之亲、无故富贵、面目美好者也。是故昔者舜耕于历山，陶于河濒，渔于雷泽，灰于常阳[1]，尧得之服泽之阳，立为天子，使接天下之政，而治天下之民。昔伊尹为莘氏女师仆[2]，使为庖人，汤得而举之，立为三公，使接天下之政，治天下之民。

【注　释】

[1] 灰，当为"贩"字之伪。

[2] 师，当为"私"，私仆即家奴。

【译文】

"所以古代的圣王治理天下，他们所富和所贵的人，不必就是王公大人的骨肉亲戚，以及无功得到富贵和面孔长得好看的人。所以，从前舜在厉山下耕田，在河滨制陶器，在雷泽捕鱼，在常阳做买卖，尧在服泽的北岸得到了他，立他做了天子，让他接掌天下的政事，治理天下的人民。

【原文】

"昔者傅说居北海之洲，圜土之上[1]，衣褐带索，庸筑于傅岩之城；武丁得而举之，立为三公，使之接天下之政，而治天下之民。是故昔者尧之举舜也，汤之举伊尹也，武丁之举傅说也，岂以为骨肉之亲、无故富贵、面目美好者哉？惟法其言，用其谋，行其道，上可而利天，中可而利鬼，下可而利人，是故推而上之。

【注释】

[1] 圜土，商代的牢狱。

【译文】

从前伊尹是有莘氏女的家奴，被派做厨司，汤得到后举用了他，立为三公，让他接掌天下的政事，治理天下的人民。从前傅说居住在北海的河洲之上，牢狱之中，身穿粗布衣，腰扎绳索，身为役人在傅岩下修筑城墙，武丁得到后举用了他，立为三公，让他接掌天下的政事，治理天下的人民。所以，从前尧之举用舜，汤之举用伊尹，武丁之举用傅说，哪里是为了骨肉之亲、无功得到富贵和面孔长得好看的缘故呢？只不过因为按他们的话去做，采用他们的谋略，推行他们的道术，上可以有利于天帝，中可以有利于鬼神，下可以有利于人民，所以才把他们选拔到上面来。

【原　文】

"古者圣王既审尚贤欲以为政，故书之竹帛，琢之盘盂，传以遗后世子孙。于先王之书《吕刑》之书然：'王曰："于！来！有国有土，告女讼刑[1]。在今而安百姓，女何择言人[2]？何敬不刑？何度不及[3]？"能择人而敬为刑，尧、舜、禹、汤、文、武之道可及也。是何也？则以尚贤及之。'于先王之书《竖年》之言然：'晞夫圣武知人[4]以屏辅而身。'此言先王之治天下也，必选择贤者以为其群属辅佐。

【注　释】

[1] 讼，当作"详"。

[2] 言,当作"否"。

[3] 及,当作"分"。

[4] 啼,"睎"之误,望也。

【译文】

"古代的圣王既然明察尚贤的作用,打算用它治理政务,因此书写在竹帛上,刻在盘盂上,流传下来给后世子孙。在先王的书典《吕刑》上这样写着:'先王说:"喂!来呀!有国家有领土的人们,我告诉你们公正的刑法。现在你们要安抚百姓,你不选择人才,还选择什么呢?你不重视刑法,还重视什么呢?你不考虑名分,还考虑什么呢?"'能够选择人才、重视刑法,也就能够追随尧、舜、禹、汤、文王和武王的道术了。这是为什么?这是因为用尚贤的原则去追随先王的缘故啊!在先王的书典《竖年》中这样说道:'希望那圣明、勇武、智慧之人,来辅佐你。'这就是说:先王治理天下,必定选择贤能的人,让他们做自己的臣僚、辅弼。

【原文】

"曰:'今也天下之士君子,皆欲富贵而恶贫贱。'曰:'然。''女何为而得富贵而避贫贱?''莫若为贤。''为贤之道将奈何?'曰:'有力者疾以助人,有财者勉以分人,有道者劝以教人。'若此则饥者得食,寒者得衣，乱者得治。若饥则得食，寒则得衣，乱则得治，此安生生。

【译文】

"（有人）说：'现在天下的士君子，都希望富贵而厌恶贫贱。'（我）说：'是的。''可是你怎样做，才能得到富贵而避免贫贱呢？''不如做个贤人。''做贤人的方法又当怎样呢？'（我）说：'有力量的人，赶紧去帮助别人；有资财的人，尽力去分给别人；有道术的人，努力去劝导别人。'像这样做，就能够使挨饿的人得到饭食，使受冻的人得到衣服，使混乱的社会得到治理。如果挨饿的人得到饭吃，受冻的人得到衣穿，混乱的社会得到治理，人民乃得以生生不息。

【原文】

"今王公大人其所富，其所贵，皆王公大人骨肉之亲、无故富贵、面目美好者也。今王公大人骨肉之亲、无故富贵、面目美好者，焉故必知哉！若不知，使治其国家，则其国家之乱可得而知也。

【译文】

"现在的王公大人，他们所富和所贵的，都是王公大人的骨肉亲戚，无功得到富贵和面孔长得好看的人。这些王公大人的骨肉亲戚、无功得到富贵和面孔好看的人为什么一定都是有智慧的人呢！如果没有智慧，却让他们治理国家，那么，这些国家的混乱，也就可想而知了。

【原 文】

"今天下之士君子皆欲富贵而恶贫贱。然女何为而得富贵，而辟贫贱哉？曰莫若为王公大人骨肉之亲、无故富贵、面目美好者。王公大人骨肉之亲、无故富贵、面目美好者，此非可学能者也。使不知辩，德行之厚，若禹、汤、文、武，不加得也；王公大人骨肉之亲，躄、喑、聋，暴为桀纣，不加失也。是故以赏不当贤，罚不当暴，其所赏者已无故矣[1]；其所罚者，亦无罪。是以使百姓皆攸心解体[2]，沮以为善，垂其股肱之力而不相劳来也[3]，腐臭余财而不相分资也，隐慝良道而不相教诲也[4]。若此，则饥者不得食，寒者不得衣，乱者不得治。推而上之以[5]。

【注 释】

［1］故，"攻"之伪。
［2］攸心，攸通"悠"，悠忽的意思。
［3］劳来，来通"勑"；劳勑；勉励，帮助。
［4］慝，即匿字。

[5]"推而上之以",涉上文而衍。

【译文】

"现在天下的士君子,都希望富贵而厌恶贫贱,可是你怎样做,才能得到富贵而避免贫贱呢?(我)说:不如去做王公大人的骨肉亲戚、无功得到富贵和面孔长得好看的人。不过,王公大人的骨肉亲戚、无功得到富贵和面孔长得好看,这不是通过学习所能做到的。假使不知道辨别,就算你的德行淳厚得如禹、汤、文王、武王一般,也不会得到什么。而王公大人的骨肉亲戚,就算是跛子、哑巴、聋子、瞎子,而品行暴戾得如桀、纣一般,也不会损失什么。所以,如果奖赏的不是真正的贤士,惩罚的不是真正的恶人,那么他所奖赏的,是没有功劳的人;他所惩罚的,也是没有罪过的人。所以就使得百姓人心悠忽,行为涣散,妨害了他们行善,以至于宁肯让四肢的气力闲置,也不愿劳作相助;宁肯让多余的财物腐烂,也不愿分财互济;宁肯让良好的道术埋没,也不愿互相教诲。这样,挨饿的人就得不到饭吃,受冻的人就得不到衣穿,混乱的社会就得不到治理了。

【原 文】

"是故昔者尧有舜,舜有禹,禹有皋陶,汤有小臣,武王有闳夭、泰颠、南宫括、散宜生,而天下和,庶民阜。是以近者安之，远者归之。日月之所照，舟车之所及，雨露之所渐[1]，粒食之所养，得此莫不劝誉。且今天下之王公大人士君子，中实将欲为仁义，求为上士，上欲中圣王之道，下欲中国家百姓之利，故尚贤之为说，而不可不察此者也。尚贤者，天鬼百姓之利，而政事之本也。"

【注释】

[1]渐，浸也。

【译文】

"所以，从前尧有舜，舜有禹，禹有皋陶，汤有小臣，武王有闳夭、泰颠、南宫括、散宜生等，而天下祥和，百姓富足，因此近处的人得以安宁，远处的人都前来归服。凡是日月所照耀的地方，车船所达到的地方，雨露所滋润的地方，粮食所供养的地方，得到贤人治理后，没有不互相劝勉并称赞贤人的。况且，天下的王公大人和士君子，如果诚心奉行仁义之道，要求做高尚的士人，希望上合圣王的道术，下合国家百姓的利益，那么对崇尚贤能的主张，就不能不加以明察了。因为尚贤是天帝、鬼神和百姓的共同利益，是政务的根本啊！"

卷 三

尚同上 第十一

【原 文】

　　子墨子言曰："古者民始生，未有刑政之时，盖其语人异义[1]。是以一人则一义，二人则二义，十人则十义，其人兹众[2]，其所谓义者亦兹众。是以人是其义，以非人之义，故交相非也。是以内者父子兄弟作怨恶，离散不能相和合，天下之百姓，皆以水火毒药相亏害，至有余力不能以相劳，腐巧余财不以相分，隐慝良道不以相教，天下之乱，若禽兽然。

【注释】

[1] 义，指道理。
[2] 兹，同"滋"，更加的意思。

【译文】

墨子说："古代人类刚产生，还没有行政之时，人们所说的道理因人而异。所以，有一个人便有一种道理，有两个人便有两种道理，有十个人便有十种道理，人数越多，道理的数量也就越多。所以人人都肯定自己的道理，而否定别人的道理，所以互相非难。由此，家庭中父子兄弟互相怨恨疏远，不能团结和睦；天下的百姓都用水火、毒药互相残杀，以至于宁让多余的劳力闲置，也不肯劳作相助；宁让富余的财物腐烂，也不肯分给别人；宁让良好的道术埋没，也不肯传授别人。那时候，天下混乱不堪，就像禽兽一样。

【原文】

"夫明虖天下之所以乱者[1]，生于无政长。是故选天下之贤可者[2]，立以为天子。天子立，以其力为未足[3]，又选择天下之贤可者，置立之以为三公。天子三公既以立，以天下为博大，远国异土之民，是非利害之辩，不可一二而明知，故画分万国，立诸侯国君。诸侯国君既已立，以其力为未足，又选择其国之贤可者，置立之以为正长。

【注释】

[1] 虖，借为"乎"。
[2] "选"下当有"择"字，今本脱。
[3] "以其力为不足"，以，以为。

【译文】

"后来人们开始明白，天下之所以混乱，是因为没有行政长官。所以，就选择天下贤良可以当政的人，立他为天子。天子立起来后，考虑到他个人的力量还不能够治好天下，因此又选择天下贤良可以当政的人，立他做三公。天子、三公立起来后，考虑到天下太广大，对于远国异地的人民，是非利害的分别，不可能一一明察知晓，因此又把天下划分为众多的邦国，设置诸侯国君分管。诸侯国君立起来后，考虑到他个人的力量还不能够治好一国，又选择他国中贤良可以当政的人，确立他们做各级行政长官。

【原文】

"正长既已具，天子发政于天下之百姓，言曰：'闻善而不善，皆以告其上。上之所是，必皆是之，所非必皆非之，上有过则规谏之，下有善则傍荐之[1]，上同而不下比者[2]，此上之所赏，而下之所誉也。意若闻善而不善，不以告其上，上之所是，弗能是，上之所非，弗能非，上有过弗规谏，下有善弗傍荐，下比不能上同者，此上之所罚，而百姓所毁也。上以此为赏罚，甚明察以审信[3]。'

【注　释】

[1] 傍荐，傍与"访"通。傍荐，意即查访推荐。
[2] 比，比周。
[3] 甚，旧本伪"其"，据王念孙校改。

【译　文】

"各级行政长官配置好了，于是天子向天下的百姓发布政令说：'凡是听到好事和不好的事，都要把它报告给上面。上面所认为对的，大家必须也都认为对；上面所认为非的，大家必须也都认为非；上面有了过错就加以规劝，下面有了善行就加以察访推荐，服从上面而不迎合下面，这才是上面所要奖赏，百姓所要称赞的人。如果听到好事和不好的事，都不把它报告给上面，上面所认为对的，大家不能也都认为对；上面所认为非的，大家不能也都认为非；上面有了过错不加以规劝，下面有了善行不加以察访推荐；迎合下面而不服从上面，这就

是上面所要惩罚，百姓所要斥责的人了。上面按这个原则去奖善惩恶，将是十分明察和可信的。'

【原 文】

"是故里长者，里之仁人也。里长发政里之百姓，言曰：'闻善而不善，必以告其乡长。乡长之所是，必皆是之，乡长之所非，必皆非之。去若不善言，学乡长之善言；去若不善行，学乡长之善行。'则乡何说以乱哉？察乡之所治者何也？乡长唯能壹同乡之义，是以乡治也。

【译 文】

"里长是一里之中的仁人。里长向里中的百姓发布政令说：'凡是听到好事和不好的事，都必须把它报告给乡长。乡长所认为对的，大家也必须都认为对；乡长所认为非的，大家也必须都认为非。去掉你们的坏言论，学习乡长的好言论；改掉你们的坏行为，学习乡长的好行为。'那么，这一乡还有什么理由会乱呢？考察一乡之所以能得到治理，那是因为乡长能统一全乡的道理，所以一乡才得到治理啊！

【原 文】

"乡长者，乡之仁人也。乡长发政乡之百姓，言曰：

'闻善而不善者，必以告国君。国君之所是，必皆是之，国君之所非，必皆非之。去若不善言，学国君之善言；去若不善行，学国君之善行。'则国何说以乱哉？察国之所以治者何也？国君唯能壹同国之义，是以国治也。

【译文】

"乡长是一乡之中的仁人。乡长向乡里的百姓发布政令说：'凡是听到好事和不好的事，都必须把它报告给国君。国君所认为对的，大家也必须都认为对；国君所认为非的，大家也必须都认为非。去掉你们的坏言论，学习国君的好言论；改掉你们的坏行为，学习国君的好行为。'那么，这一国还有什么理由会混乱呢？考察一国之所以能得到治理，那是因为国君能统一全国的道理，所以一国才得到治理啊！

【原文】

"国君者，国之仁人也。国君发政国之百姓，言曰：'闻善而不善，必以告天子。天子之所是，皆是之，天子是所非，皆非之。去若不善言，学天子之善言；去若不善行，学天子之善行。'则天下何说以乱哉？察天下之所以治者何也？天子唯能壹同天下之义，是以天下治也。

【译文】

"国君是一国之中的仁人。国君向全国的百姓发布政令说：'凡是听到好事和不好的事，都必须把它报告给天子。天子所认为对的，大家也必须都认为对；天子所认为非的，大家也必须都认为非。去掉你们的坏言论，学习天子的好言论；改掉你们的坏行为，学习天子的好行为。'那么，天下还有什么理由会混乱呢？考察天下为什么能得到治理，那是因为天子能统一天下的道理，所以天下才得到治理啊！

【原文】

"天下之百姓皆上同于天子，而不上同于天，则菑犹未去也[1]。今若天飘风苦雨溱溱而至者[2]，此天之所以罚百姓之不上同于天者也。"

【注释】

[1] 菑，同灾。
[2] 飘风苦雨，飘风，暴风。苦雨，久雨。溱溱，频频。

【译文】

"但是，天下的百姓都服从于天子，而不服从于上天，那么灾祸仍然不能免除。假如现在天上的暴风苦雨，溱溱不息地到来，那就是天对不服从它的百姓所施行的惩罚啊！"

【原 文】

是故子墨子言曰:"古者圣王为五刑,请以治其民[1]。譬若丝缕之有纪,罔罟之有纲,所连收天下之百姓不尚同其上者也。"[2]

【注 释】

[1]请,通"诚",确实的意思。
[2]"所"下夺"以"字。连收,约束的意思。

【译 文】

所以,墨子说:"古时候圣王制定了五种刑律,这确实是用来治理人民的。刑律就好比丝缕有纪,渔网有纲,可以用它来约束天下不肯服从于上面的百姓。"

尚同中 第十二

【原 文】

子墨子曰:"方今之时,复古之民始生[1],未有正长之时,盖其语曰'天下之人异义'。是以一人一义,十人十义，百人百义，其人数兹众，其所谓义者亦兹众。是以人是其义，而非人之义，故相交非也[2]。内之父子兄弟作怨仇，皆有离散之心，不能相和合。至乎舍余力不以相劳，隐匿良道不以相教，腐？余财不以相分。天下之乱也，至如禽兽然。无君臣上下长幼之节，父子兄弟之礼，是以天下乱焉。

【注释】

[1]复，回溯、上溯。
[2]相交非，应为"交相非"。

【译文】

墨子说："从当今之世，上溯古代人类刚产生、还没有行政长官之时，他们说：'天下之人各有各的道理。'所以，有一个人便有一种道理，有十个人便有十种道理，有一百个人便有一百种道理，人数越多，所谓的道理也越多。所以人人都肯定自己的道理，而否定别人的道理，由此互相非难。家庭中父子兄弟互相怨恨，都有离散之心，不能团结和睦。以至于宁让多余的劳力闲置，也不肯劳作相助；宁让良好的道术埋没，也不肯教导别人，宁让富余的财物腐烂，也不肯分给别人。那时天下混乱不堪，就像禽兽一样。"那是因为没有君臣、上下、长幼的节度，没有父子、兄弟的礼仪，所以天下才会混乱不堪。

【原文】

"明乎民之无正长以一同天下之义，而天下乱也。是故选择天下贤良圣知辩慧之人，立以为天子，使从事乎一同天下之义。天子既以立矣，以为唯其耳目之请[1]，不能独一同天下之义，是故选择天下赞阅贤良圣知辩慧之人[2]，置以为三公，与从事乎一同天下之义。天子三公既已立矣，以为天下博大，山林远土之民，不可得而一也，是故靡分天下[3]，设以为万诸侯国君，使从事乎一同其国之义。国君既已立矣，又以为唯其耳目之请，不能一同其国之义，是故择其国之贤者，置以为左右将军大夫，以远至乎乡里之长[4]，与从事乎一同其国之义。天子、诸侯之君，民之正长，既已定矣，天子为发政施教曰：'凡闻见善者，必以告其上，闻见不善者，亦必以告其上。上之所是，必亦是之，上之所非，必亦非之。已有善傍荐之[5]，上有过规谏之。尚同义其上[6]，而毋有下比之心，上得则赏之，万民闻则誉之。意若闻见善[7]，不以告其上，闻见不善，亦不以告其上，上之所是不能是，上之所非不能非，已有善不能傍荐之，上有过不能规谏之，下比而非其上者，上得则诛罚之，万民闻则非毁之。'故古者圣王之为刑政赏誉也，甚明察以审信。是以举天下之人，皆欲得上之赏誉，而畏上之毁罚。

【注 释】

［1］请，通"情，"。
［2］赞阅，此二字衍。（王焕镳说）
［3］靡分，分散。
［4］远，当为"逮"。
［5］已，当作"民"。下同。
［6］义，当为"乎"。
［7］意，同"抑"。

【译 文】

"（后来）人们开始明白，没有行政长官来统一天下的道理，才造成天下混乱状况。所以选择天下贤良、圣明、通达的人，立他做天子，让他致力于统一天下之义的事情。天子立起来后，考虑到凭天子个人的耳闻目见，还不能够独自统一天下之义，因此又选择天下贤良、圣明、通达的人，立他们做三公，让他们和天子一起致力于统一天下之义的事情。天子、三公立起来后，考虑到天下太广大，山林深处及远地之民，还无法得到统一，因此又分割天下的土地，设立许多诸侯国君，让他们致力于统一本国之义的事情。诸侯国君立起来后，又考虑到凭他们个人的耳闻目见，还不能够统一本国中的义，所以选择国中的贤良之士，立他们做国君左右将军、大夫以及乡里的长官，让他们和国君一起致力于统一国中之义的事情。天子、三公、诸侯国君、庶民的各级行政长官，都已经确定了，于是天子发布政令，施以训教说：'凡是听到、看到好事，必须把它报告给上面；凡是听到、看到不好的事，也必须把它报告给上面。上面所认为对的，大家必须也认为对；上面所认为非的，大家必须也认为非。民众有了善行，就加以访察推荐；上面有了过错，就加以规劝。与上面保持一致，不要有迎合下面的用心，这样，上面知道了就会奖赏你，民众听到了就会称赞你。假如听到看到好事，不把它报告给上面；听到看到不好的事情，也不把它报告给上面，上面所认为对的，大家不能也认为对；上面所认为非的，大家不能也认为非；民众有了善行，不能加以访察推荐；上面有了过错，不能加以规劝，迎合下面，而非难上面，这样，上面知道了就会惩罚你，民众听到了就会责骂你。'所以，古代圣王制定刑法政令，赏善惩恶，这是十分明察和确实可信的。所以全天下的人，无不希望得到上司的奖赏和称赞，而畏惧上司的惩罚和责骂。

【原　文】

　　"是故里长顺天子政，而一同其里之义。里长既同其里之义，率其里之万民，以尚同乎乡长，曰：'凡里之万民，皆尚同乎乡长，而不敢下比。乡长之所是，必亦是之；乡长之所非，必亦非之。去而不善言[1]，学乡长之善言，去而不善行，学乡长之善行。'乡长固乡之贤者也，举乡人以法乡长，夫乡何说而不治哉？察乡长之所以治乡者何故是以也？曰唯以其能一同其乡之义，是以乡治。

【注　释】

[1]而，同"尔"，你的意思。

【译　文】

"所以，里长服从天子的政令，并去统一其里之义。里长统一了其里之义以后，便率领全里的广大民众去服从乡长，说：'凡是里中的民众，都要对上服从乡长，而不敢迎合下面。乡长所认为对的，大家必须也认为对，乡长所认为非的，大家必须也认为非。去掉你们不好的言论，学习乡长的好言论；改掉你们不好的行为，学习乡长的好行为。'乡长本来就是一乡之中的贤人，如果全乡的人都效法乡长（的言行），那么这一乡还能说治理不好吗？考察乡长之所以能够治理一乡，究竟是为什么？（我的）回答是：因为乡长能够统一全乡之义，所以一乡就得到治理。

【原　文】

"乡长治其乡，而乡既已治矣，有率其乡万民[1]，以尚同乎国君，曰：'凡乡之万民，皆上同乎国君，而不敢下比。国君之所是，必亦是之；国君之所非，必亦非之。去而不善言，学国君之善言；去而不善行，学国君之善行。'国君固国之贤者也，举国人以法国君，夫国何说而不治哉？察国君之所以治国而国治者，何故之以也？曰：唯以其能一同其国之义，是以国治。

【注 释】

[1] 有，同"又"。

【译 文】

"乡长治理一乡，既然已经治理好了，又率领乡里的广大民众去服从国君，说：'凡是乡里的民众，都要对上服从国君，而不敢迎合下面。国君所认为对的，大家必须也认为对；国君所认为非的，大家必须也认为非。去掉你们不好的言论，学习国君的好言论；改掉你们不好的行为，学习国君的好行为。'国君本来就是一国之中的贤人，如果全国的人都效法国君（的言行），那么，这一国还能说治不好吗？考察国君之所以能够治理好一国，究竟是因为什么？（我的）回答是：因为国君能够统一全国之义，所以一国就得到治理。

【原 文】

"国君治其国，而国既已治矣，有率其国之万民，以尚同乎天子，曰：'凡国之万民上同乎天子，而不敢下比。天子之所是，必亦是之；天子之所非，必亦非之。去而不善言，学天子之善言；去而不善行，学天子之善行。'天子者，固天下之仁人也，举天下之万民以法天子，夫天下何说而不治哉？察天子之所以治天下者，何故之以也？曰：唯以其能一同天下之义，是以天下治。

【译文】

　　"国君治理他的国家，既然已经治理好了，又率领国中的广大民众去服从天子，说：'凡是国中的广大民众，都要对上服从天子，而不敢迎合下面。天子所认为对的，大家必须也认为对；天子所认为非的，大家必须也认为非。去掉你们不好的言论，学习天子的好言论；改掉你们不好的行为，学习天子的好行为。'天子本来就是天下的仁人，如果全天下的民众都效法天子（的言行），那么，天下还能说治理不好吗？考察天子之所以能够治理天下，究竟是因为什么？（我的）回答是：因为天子能够统一天下之义，所以天下就得到治理。

【原文】

　　"夫既尚同乎天子，而未上同乎天者，则天菑将犹未止也。故当若天降寒热不节，雪霜雨露不时，五谷不孰，六畜不遂[1]，疾菑戾疫，飘风苦雨，荐臻而至者[2]，此天之降罚也,将以罚下人之不尚同乎天者也。故古者圣王,明天鬼之所欲,而避天鬼之所憎,以求兴天下之害[3]。是以率天下之万民,斋戒沐浴,洁为酒醴粢盛,以祭祀天鬼。其事鬼神也,酒醴粢盛不敢不蠲洁[4],牺牲不敢不腯肥[5],珪璧币帛不敢不中度量,春秋祭祀不敢失时几[6],听狱不敢不中,分财不敢不均,居处不敢怠慢。曰:其为正长若此,是故上者天鬼有厚乎其为政长也,下者万民有便利乎其为政长也。天鬼之所深厚而能强从事焉,则天鬼之福可得也。万民之所便利而能强从事焉,则万民之亲可得也。其为政若此,是以谋事得,举事成,入守固,出诛胜者,广何故之以也?曰:唯以尚同为政者也。故古者圣王之为政若此。"

【注释】

[1] 遂,长的意思。

[2] 荐臻,频繁、反复。

[3] 之害,"害"前脱"利,除天下之"。

[4] 蠲,通"涓",洁也。

[5] 腯,肥硕。

[6] 时几,时期。

【译文】

"如果天下的百姓都已服从天子,而没有服从上天,那么天所降下的灾祸就仍然不会停止。因此，假如天降下的寒冷和炎热不合季节，降下的雪霜雨露不合时令，五谷不成熟，六畜不生长，疾病成灾，瘟疫流行，暴风苦雨频频地到来，那就是天所降下的惩罚，用来惩戒下面不肯服从上天的人。因此，古代的圣王，明察天帝、鬼神所希望的事情，而避免天帝、鬼神所憎恶的事情，以求兴天下之利，除天下之害，所以率领天下的广大人民，斋戒沐浴，干干净净地准备好酒食祭品，来祭祀天帝、鬼神。他们侍奉鬼神，酒食祭品不敢不干净，牛羊牺牲不敢不肥硕，圭璧币帛不敢不合标准，春秋时节祭祀，不敢错过时期，审理狱讼，不敢不公正，分配财货，不敢不均平，平日待人接物，不敢怠慢失礼。（我）说：圣王做行政长官能够如此，所以，上面的天帝鬼神，对他做行政长官十分看重，下面的民众对他做行政长官也给予便利。有天帝鬼神的厚待而自己又能努力去做，那么天帝鬼神的福佑，就可以得到了。有广大民众的拥护而自己又能努力去做，那么广大民众的亲善，就可以得到了。圣王能像这样治理政务，所以谋事就能实现，行事就能成功，对内防守就能安固，对外讨伐就能胜利。这是什么缘故呢？（我的）回答：那仅仅是用同一于上的原则去治理政务的缘故啊！因此，古代的圣王都是这样去治理政务的。"

【原文】

今天下之人曰："方今之时，天下之正长犹未废乎天下也，而天下之所以乱者，何故之以也？"子墨子曰："方今之时之以正长[1]，则本与古者异矣，譬之若有苗之以五刑然。昔者圣王制为五刑，以治天下，逮至有苗之制五刑，以乱天下。则此岂刑不善哉？用刑则不善也。是以先王之书《吕刑》之道曰：'苗民否用练折则刑[2]，唯作五杀之刑，曰法。'则此言善用刑者以治民，不善用刑者以为五杀，则此岂刑不善哉？用刑则不善，故遂以为五杀。是以先王之书《术令》之道曰[3]：'唯口出好兴戎[4]。'则此言善用口者出好，不善用口者以为谗贼寇戎。则此岂口不善哉？用口则不善也，故遂以为谗贼寇戎。

【注　释】

[1] 以正长，为政长。
[2] 否用练，否，不；练，与"命"一声之转。否用练，即不从命。
[3] 《术令》，即《说命》，《尚书》篇名。
[4] 出好兴戎，宣扬好事或兴起争斗。

【译　文】

现在天下的人说："当今之时，天下的行政长官并没有废除，而天下之所以混乱，又是什么缘故呢？"墨子说："当今之时做行政长官的人，根本不同于古代了！这好比有苗族制定五种刑律一样。从前圣王制定出五种刑律，是用它来治理天下，及至有苗族制定出五种刑律，却是用它来扰乱天下。那么，这岂能说是刑法本身不好呢？这是刑法使用得不好啊！所以，先王之书《吕刑》说道：'苗民不用政令治国，而依靠刑杀，制定出五种杀人的刑法，说是法律。'这就是说，善用刑罚可以治理人民，不善用刑罚就变成五杀之刑。这岂能说是刑法本身不好呢！这是用刑不好，所以才变成了五杀之刑。所以，先王的书《术令》说道：'口舌或者倡扬好事，或者引起争斗。'这就是说，善用口舌会说出好话，不善用口舌就出谗言（导致）相互残杀、敌对（乃至）战争。那么，这岂能说是口舌本身不好呢？这是口舌使用得不好，所以口舌才出谗言（导致）残杀、敌对和战争。

【原文】

"故古者之置正长也，将以治民也，譬之若丝缕之有纪，而罔罟之有纲也，将以运役天下淫暴[1]，而一同其义也。是以先王之书《相年》之道[2]：'夫建国设都，乃作后王君公，否用泰也，轻大夫师长[3]，否用佚也，维辩使治天均。'则此语古者上帝鬼神之建设国都，立正长也，非高其爵，厚其禄，富贵佚而错之也[4]，将以为万民兴利除害，富贵贫寡[5]，安危治乱也。故古者圣王之为若此。

【注 释】

[1] 运役,当为"连收"。
[2]《相年》,古逸书名或古逸篇名。
[3] 轻,当作"卿"。
[4] "佚"上脱"游"字;错与"措"同。
[5] 疑当作"富贫众寡"。

【译 文】

"所以,古时候设置行政长官,是用来治理人民的,这好比丝缕有纪,渔网有纲一样,可以用它来约束天下淫暴的人,同一天下的大义。因此,先王之书《相年》上有这样的记载,说:'建立国家,设置都城,于是设立天子和诸侯,这不是叫他们骄泰奢侈的,设立卿大夫和师长,不是叫他们安乐放荡的,而是叫他们分授职责,按公平之道治理天下。'这就是说,古时候上帝鬼神建立国家,设置都城,设立行政长官,不是为了提高他们的爵位,给予他们丰厚的俸禄,让他们过着富贵淫佚的生活,才这样去做的,而是要他们为广大人民兴利除害,使贫贱的富贵,寡少的众多,危险的安定,混乱的平治。所以,古代的圣王治理政务,也都这样去做。

【原文】

"今王公大人之为刑政则反此。政以为便嬖[1]，宗于父兄故旧[2]，以为左右，置以为正长。民知上置正长之非正以治民也[3]，是以皆比周隐匿，而莫肯尚同其上，是故上下不同义。若苟上下不同义，赏誉不足以劝善，而刑罚不足以沮暴。何以知其然也？曰：上唯毋立而为政乎国家，为民正长，曰：人可赏吾将赏之。若苟上下不同义，上之所赏，则众之所非，曰：'人众与处，于众得非。'则是虽使得上之赏，未足以劝乎！上唯毋立而为政乎国家，为民正长，曰：'人可罚吾将罚之。'若苟上下不同义，上之所罚，则众之所誉，曰：'人众于处，于众得誉。'则是虽使得上之罚，未足以沮乎！若立而为政乎国家，为民正长，赏誉不足以劝善，而刑罚不沮暴，则是不与乡吾本言民'始生未有正长之时'同乎？若有正长与无正长之时同，则此非所以治民一众之道。

【注释】

[1] 政以为便嬖，政与"正"同；便嬖，左右得宠之人。
[2] 宗于，当作"宗族"。
[3] "以"上"正"字衍。

【译文】

"现在的王公大人治理刑法政务，却与此相反。他们将宠幸的弄臣作为辅佐，将宗族、父兄、故旧作为左右重臣，立他们做行政长官。民众知道王公大人设置各级行政长官，并不是为了治理好民众，因此都结党营私，蒙蔽（长官），不肯与上面协同一致，所以上下所主张的道理各不相同。如果上下的道理不统一，那么奖赏和称赞就不能勉励人行善，刑罚就不能阻止暴乱。根据什么知道是这样呢？（我的）回答：如果上面管理国家，作为人民行政长官的人说：'某人可奖赏，我将奖赏他。'但是上下的道理不一致，那么上面所奖赏的人，却恰好是众人所非议的人，（众人）说：'这个人与众人相处，大家都非议他。'那么即使得到王公大人的赞赏，也不能起劝导作用啊！如果上面管理国家，作为人民行政长官的人说：'某人可惩罚，我将惩罚他。'但是上下的道理不一致，那么上面所惩罚的人，却恰好是众人所赞誉的人，（众人）说：'这个人与大家相处，大家都称誉他。'那么即使受到王公大人的惩罚，也不能起到阻止作用啊！如果身处上位，管理国家，作为人民行政长官的人，赏誉不能勉励人行善，刑罚不能阻止人行恶，那不是与我前面所说的'人民刚产生，没有行政长官之时'的情况一样了吗？如果有行政长官和没有行政长官时一样，那就不是用来治理人民、统一大众的办法了。

【原文】

"故古者圣王唯而审以尚同[1]，以为正长，是故上下情请为通[2]。上有隐事遗利，下得而利之；下有蓄怨积害，上得而除之。是以数千万里之外，有为善者，其室人未遍知，乡里未遍闻，天子得而赏之。数千万里之外，有为不善者，其室人未遍知，乡里未遍闻，天子得而罚之。是以举天下之人皆恐惧振动惕栗，不敢为淫暴，曰：天子之视听也神。先王之言曰：'非神也，夫唯能使人之耳目助己视听，使人之吻助己言谈，使人之心助己思虑，使人之股肱助己动作。'助之视听者众，则其所闻见者远矣，助之言谈者众，则其德音之所抚循者博矣；助之思虑者众，则其谈谋度速得矣[3]；助之动作者众，即其举事速成矣。

【注释】

[1] 唯而，"而"与"能"通。
[2] "请为"二字衍。
[3] "谈"字疑衍。

【译文】

"所以，古代的圣王，正是因为能够审查使用与上同义之人，立做行政长官，因此上下的情意相通。上面有隐微未见之事和应办而遗忘的利益，下面的人就去兴办；下面有蓄积已久的怨和害，上面的人就消除它。所以，远在千万里之外，如果有人做了好事，他的家人还不全知道，乡里的人也没有全都听说，天子就已经得知并奖赏他了。远在千万里之外，如果有人做了坏事，他的家人还不全知道，乡里的人也没有全都听说，天子就已经得知并惩罚他了。所以普天下的人，都为之恐惧、震动和战栗，不敢做淫佚暴虐的事了，都说：'天子的耳目视听真神奇！'其实，先王有句话说：'这不是什么神奇，只是能够使他人的耳目，帮助自己视听；使他人的口舌，帮助自己言谈；使他人的心，帮助自己的思考；使他人的四肢，帮助自己的行动。'帮助他视听的人多了，那么他的所见所闻也就远大了；帮助他言谈的人多了。那么他的恩诏善言所安抚的区域也就广阔了；帮助他思考的人多了，那么他的谋划与忖度也就能很快实行了；帮助他行动的人多了，那么他的行事也就能很快成功了。

【原　文】

"故古者圣人之所以济事成功，垂名于后世者，无他故异物焉，曰唯能以尚同为政者也。是以先王之书《周颂》之道之曰[1]：'载来见辟王[2]，聿求厥章。'则此语古者国君诸侯之以春秋来朝聘天子之廷，受天子之严教，退而治国，政之所加，莫敢不宾。当此之时，本无有敢纷天子之教者[3]。《诗》曰：'我马维骆，六辔沃若，载驰载驱，周爰咨度。'[4]又曰：'我马维骐，六辔若丝，载驰载驱，周爰咨谋。'即此语也。古者国君诸侯之闻见善与不善也，皆驰驱以告天子，是以赏当贤，罚当暴，不杀不辜，不失有罪，则此尚同之功也。"

【注释】

[1]"之"字衍。
[2]载来见辟王，载，初始。辟王，指周成王。
[3]纷，乱也。
[4]周，普遍；爰，发语词。

【译文】

"所以，古代的圣人之所以能成就功业，名传后代，别无其他的缘故，（我）说，只是因为他们能把统一于上作为为政的根本。所以，先王的书《周颂》说道：'初来见那君王，求取礼仪之制。'这就是说，古代的国君诸侯，在春秋两季入朝见天子，接受天子严厉的训教，然后回去治理他们的国家，天子政令所到之处，没有人敢不服从。在那时，根本就没有敢于扰乱天子教令的人。《诗》上说：'我的马毛白鬣黑，缰绳色泽柔美，骑着它四处奔驰，广泛地询问礼义所宜。'又说：'我的马毛色青黑，缰绳坚韧，骑着它四处奔驰，广泛地询问办事的难易。'这说的就是没有人敢不服从的意思。古代的国君诸侯,不论听到或看到好与不好的事情,都策马赶去报告天子,所以奖赏的确是贤人,惩罚的确是恶人;不枉杀无罪的人,也不放过有罪的人,这就是尚同的功效所在。"

【原　文】

是故子墨子曰:"今天下之王公大人士君子,请将欲富其国家[1],众其人民,治其刑政,定其社稷,当若尚同之不可不察,此之本也。"

【注　释】

[1] 请,与"情"通,诚也,确实的意思。

【译　文】

所以墨子说:"现在天下的王公大人士君子,如果真希望使他们的国家富裕,人民众多,刑法政治得到治理,国家得到安定,那么,如"尚同"这种主张,是不能不加以明察的,它是为政的根本啊!"

尚同下 第十三

【原 文】

子墨子言曰:"知者之事,必计国家百姓所以治者而为之,必计国家百姓之所以乱者而辟之[1]。然计国家百姓之所以治者何也?上之为政,得下之情则治,不得下之情则乱。何以知其然也?上之为政,得下之情,则是明于民之善非也。若苟明于民之善非也,则得善人而赏之,得暴人而罚之也。善人赏而暴人罚,则国必治。上之为政也,不得下之情,则是不明于民之善非也。若苟不明于民之善非,则是不得善人而赏之,不得暴人而罚之。善人不赏而暴人不罚,为政若此,国家必乱。故赏不得下之情[2],而不可不察者也。"

【注 释】

[1] 辟,同"避"。
[2] 赏下脱一"罚"字。

【译 文】

墨子说道:"有智慧的人做事,必定要考虑国家和百姓得到治理的原因，而去实行它；必定要考虑国家和百姓发生混乱的原因，而去避免它。"然而，考虑一下国家和百姓之所以得到治理，之所以发生混乱的原因究竟是什么呢？上面的人治理政务，如果了解下面的实情，就得到治理；如果不了解下面的实情，就发生混乱，怎么知道是这样呢？上面的人治理政务，如果了解下面的实情，就对民众的善与不善清楚了。如果对民众中的善与不善清楚了，就能发现好人而奖赏他，发现恶人而惩罚他。好人得到奖赏，恶人得到惩罚，国家就必定得到治理。上面的人治理政务，如果不了解下面的实情，就对民众中的善与不善不清楚。如果对民众中的善与不善不清楚，就不能发现好人而奖赏他，发现恶人而惩罚他。好人得不到奖赏，恶人得不到惩罚，像这样治理政务，国家和民众必定发生混乱。因此，（如果）赏罚不了解下面的实情，就不能不加以明察。"

【原文】

然计得下之情将奈何可？故子墨子曰："唯能以尚同一义为政，然后可矣。何以知尚同一义之可而为政于天下也[1]？然胡不审稽古之治为政之说乎[2]！古者，天之始生民，未有正长也，百姓为人[3]。若苟百姓为人，是一人一义，十人十义，百人百义，千人千义，逮至人之众不可胜计也，则其所谓义者，亦不可胜计。此皆是其义，而非人之义，是以厚者有斗，而薄者有争。是故天下之欲同一天下之义也[4],是故选择贤者,立为天子。天子以其知力为未足独治天下,是以选择其次立为三公。三公又以其知力为未足独左右天子也,是以分国建诸侯。诸侯又以其知力为未足独治其四境之内也,是以选择其次立为卿之宰。卿之宰又以其知力为未足独左右其君也,是以选择其次立而为乡长家君。是故古者天子之立三公、诸侯、卿之宰、乡长家君,非特富贵游佚而择之也,将使助治乱刑政也[5]。故古者建国设都,乃立后王君公,奉以卿士师长,此非用说也[6],唯辩而使助治天明也[7]。

【注释】

[1] 可而,可以。
[2] 治,当作"始"。
[3] 百姓为人,指百姓各为一人,不相统属。
[4] "下"字疑衍。
[5] "乱"字疑衍。
[6] 说,通"悦"。
[7] 辩,通"辨",此处指分职。

【译文】

　　可是还应该考虑一下,怎么才能了解下面的实情呢?所以墨子说:"只有用统一道理于上去治理政务,然后才行。根据

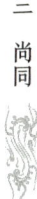

什么知道统一道理于上，就能治理天下的政务呢？那么，何不去考察古代始初治理政务的传说呢？古时候，上天刚刚产生人类之时，没有行政长官，百姓人各为主。如果百姓是人各为主，那么，有一个人就有一种道理，有十个人就有十种道理，有一百个人就有一百种道理，有一千个人就有一千种道理，到了人多得无法统计时，那他们所说的道理，也就多得无法统计。人们都肯定自己的道理，而否定别人的道理，于是分歧大的就引起争斗，分歧小的就发生争吵。所以上天才想统一天下的道理，于是选择贤能的人立做天子。天子认为个人的智慧和力量还不能独自治理天下，所以又选择次于天子的贤人，立做三公。三公又认为个人的智慧和力量还不能独自辅佐天子，所以分封邦国，设置诸侯国君。诸侯国君又认为个人的智慧和力量还不能独自治理四境之内，所以又选择次于自己的贤人，立做卿宰。卿宰又认为个人的智慧和力量还不能独自辅佐国君，所以又选择次于自己的贤人，立做乡长和家君。所以，古时候天子置立三公、诸侯、卿宰、乡长和家君等，不只是让他们富贵、游乐、安逸而加以选择的，而是打算让他们帮助治理刑法政务。因此，古时候建邦立都，确立国君王公，授命于卿士师长，并非想以此来取悦人，只是分授职责，让他们帮助治理以实现天之明道。

【原文】

"今此何为人上而不能治其下，为人下而不能事其上?则是上下相贼也。何故以然?则义不同也。若苟义不同者有党,上以若人为善[1],将赏之,若人唯使得上之赏[2],而辟百姓之毁,是以为善者,必未可使劝,见有赏也。上以若人为暴,将罚之,若人唯使得上之罚,而怀百姓之誉,是以为暴者,必未可使沮,见有罚也。故计上之赏誉,不足以劝善,计其毁罚,不足以沮暴。此何故以然?则义不同也。"

【注释】

[1] 若人,此人。
[2] 唯,通"虽"。

【译文】

"现在为什么身处上位的人不能治理下面的民众,为什么身处下位的人不能侍奉好身处上位的人呢?那是因为上下互相残害啊!为什么会这样呢?那是因为上下所奉行的道理各不相同。假如道理不相同而各自结党,那么,上面认为此人为善,要奖赏他,这个人固然得到上面的奖赏,但是不能避免百姓的诽毁。因此,为善的人,必定不会因为看到奖赏,就使其善行得到勉励。上面认为某人为恶,要惩罚他,这个人固然得到上面的惩罚,但是却受到百姓的赞誉。因此,为恶的人,必定不会因为看到惩罚,就使其恶行得到遏阻。因此,应该思考一下,上面的奖赏和称誉,不能勉励行善;上面的惩罚和人民的诽毁，（也）不能制止行恶。这究竟是什么缘故呢？那就是因为上下的道理不同一啊！"

【原文】

然则欲同一天下之义，将奈何可？故子墨子言曰："然胡不赏使家君试用家君发宪布令其家[1]，曰：'若见爱利家者，必以告，若见恶贼家者，亦必以告。'若见爱利家以告，亦犹爱利家者也，上得且赏之，众闻则誉之；若见恶贼家不以告，亦犹恶贼家者也，上得且罚之，众闻则非之，是以徧若家之人，皆欲得其长上之赏誉，辟其毁罚。是以善言之，不善言之，家君得善人而赏之，得暴人而罚之。善人之赏，而暴人之罚，则家必治矣。然计若家之所以治者何也？唯以尚同一义为政故也。

【注释】

[1]"赏"，当为"尝"。"试用家君"四字衍。

【译文】

那么，要想统一天下的道理，应该怎么做才行呢？因此，墨子说道："那何不试让家长统一全家的义呢？（使家长向全家发布政令）"说："如果发现爱家利家的人，一定要把他的情况报告给家长；如果发现恨家害家的人，也一定要把他的情况报告给家长。"如果发现爱家利家的人,(并)把他的情况报告给家长,这就等于你自己也是爱家利家的人。上面知道了就要奖赏你,大众听到了就要称赞你。如果发现恨家害家的人(而)不把他的情况报告给家长,这就等于你自己也是恨家害家的人。上面知道了就要惩罚你,大众听到了,就要诽毁你。全家的人,都希望得到家长的奖赏和大众的称赞,避免惩罚和诽毁。所以,见到善的事情就报告家长,见到不善的事情也报告家长,家长得到了善人,就奖赏他;得到了恶人,就惩罚他。善人得赏,恶人受罚,那么一家就必定能治理好了。可是思考一下,一家之所以能治理好的原因,究竟是什么呢?不过是用同一道理于上去治理政务的缘故罢了。

【原文】

"家既已治,国之道尽此已邪?则未也。国之为家数也甚多,此皆是其家,而非人之家,是以厚者有乱,而薄者有争。故又使家君总其家之义,以尚同于国君。国君亦为发宪布令于国之众,曰:'若见爱利国者,必以告,若见恶贼国者,亦必以告。'若见爱利国以告者,亦犹爱利国者也,上得且赏之,众闻则誉之。若见恶贼国不以告者,亦犹恶贼国者也,上得且罚之,众闻则非之。是以遍若国之人,皆欲得其长上之赏誉,避其毁罚。是以民见善者言之,见不善者言之,国君得善人而赏之,得暴人而罚之。善人赏而暴人罚，则国必治矣。然计若国之所以治者何也？唯能以尚同一义为政故也。

【译 文】

"一家既然已得到治理，那么治国的办法全在于此吗？还不全在此。一国之中的家为数很多，这许多家都肯定自己的家，而非议别人的家，于是，严重的就发生祸乱，轻微的就发生争执，因此，又使家长统一全家的道理，同一于上面的国君。国君也向全国的大众发布政令说：'如果发现爱国利国的人，一定要把他的情况报告给国君；如果发现恨国害国的人，也一定要把他的情况报告给国君。'如果发现爱国利国的人，（并）把他的情况报告给国君，这就等于你自己也是爱国利国的人，上面知道了就要奖赏你，大众听到了就要称赞你。如果发现恨国害国的人（而）不把他的情况报告给国君，这就等于你自己也是恨国害国的人，上面知道了，就要惩罚你，大众听到了，就要诽毁你。全国的人，都希望得到国君的奖赏和大众的称赞，避免惩罚和诽毁。所以，见到善的事情就报告国君，见到不善的事情也报告国君，国君得到了善人，就奖赏他；得到了恶人，就惩罚他。善人得赏，恶人受罚，那么一国就必定能治理好了。可是思考一下，一国之所以能治理好的原因，究竟是什么呢？不过是用同一道理于上去治理政务的缘故罢了。

【原文】

"国既已治矣,天下之道尽此已邪?则未也。天下之为国数也甚多,此皆是其国,而非人之国,是以厚者有战,而薄者有争。故又使国君选其国之义[1],以尚同于天子。天子亦为发宪布令于天下之众,曰:'若见爱利天下者,必以告,若见恶贼天下者,亦以告。'若见爱利天下以告者,亦犹爱利天下者也,上得则赏之,众闻则誉之。若见恶贼天下不以告者,亦犹恶贼天下者也,上得且罚之,众闻则非之。是以遍天下之人,皆欲得其长上之赏誉,避其毁罚,是以见善不善者告之。天下得善人而赏之,得暴人而罚之,善人赏而暴人罚,天下必治矣。然计天下之所以治者何也?唯而以尚同一义为政故也。

【注释】

[1]选,通"总"。

【译文】

"一国既然能得到治理,那么治天下的办法全在于此吗?还不全在此。天下之中的国为数很多,这些国家都肯定自己,而非议别人的国家,于是,严重的就发生战争,轻微的就发生争执,因此,又使国君统一全国的道理,同一于上面的天子。天子也向天下大众发布政令说:'如果发现爱天下利天下的人，一定要把他的情况报告给天子；如果发现恨天下害天下的人，也一定要把他的情况报告给天子。'如果发现爱天下利天下的人，(并)把他的情况报告给天子，这就等于你自己也是爱天下利天下的人，上面知道了，就要奖赏你，大众听到了，就要称赞你。如果发现恨天下害天下的人(而)不把他的情况报告给天子，这就等于你自己也是恨天下害天下的人，上面知道了，就要惩罚你，大众听到了，就要诽毁你。全天下的人，都希望得到天子的奖赏和大众的称赞，避免惩罚和诽毁。所以，有好事情就报告天子，有不好的事情也报告天子。天子得到了善人，就奖赏他；得到了恶人，就惩罚他，善人得赏，恶人受罚，那么天下就必定能治理好了。可是思考一下，天下之所以能治理好的原因，究竟是什么呢？不过是用同一道理于上去治理政务的缘故罢了。

【原文】

"天下既已治，天子又总天下之义，以尚同于天。故当尚同之为说也，尚用之天子，可以治天下矣；中用之诸侯，可而治其国矣；小用之家君，可而治其家矣。是故大用之，治天下不窕，小用之，治一国一家而不横者[1]，若道之谓也。"

【注释】

[1] 横，充塞、阻塞。

【译 文】

"天下既然得到治理,天子又统一天下的道理,向上同一于天。因此,'同一道理于上'作为一种主张,如果上用于天子,就可以治理天下;中用于诸侯,就可以治理他的国家;下用于家长,就可以治理他的家庭。所以,广泛地用于治天下,不会不完满;小范围地用于治国治家,不会受阻滞,这说的就是(同一道理于上)这种主张。"

【原 文】

故曰治天下之国若治一家,使天下之民若使一夫。意独子墨子有此,而先王无此其有邪[1]?则亦然也。圣王皆以尚同为政,故天下治。何以知其然也?于先王之《书》也《大誓》之言然,曰:"小人见奸巧乃闻,不言也,发罪钧[2]。"此言见淫辟不以告者,其罪亦犹淫辟者也。

【注 释】

[1]"无此其有邪"疑当作"无有此邪"。
[2]发罪钧,当作"厥罪钧"。

【译 文】

所以说:治理天下之国,如同治理一家;役使天下之民,如同役使一个人。抑或只是墨子有这种主张,而先王没有这种主张吧?先王亦如墨子有这种主张。圣王用"同一道理于上"去治理政务,因此天下才得到治理。根据什么知道是这样呢?在先王的书《太誓》有这样的话:"小人发现了奸佞巧诈之人就要报告,如不报告上面,他的罪恶与奸佞巧诈的人一样。"这就是说,发现淫邪的人,不报告给上面,那他的罪恶,也就同淫邪的人一样了。

【原　文】

故古者之圣王治天下也,其所差论[1],以自左右羽翼者皆良,外为之人[2],助之视听者众。故与人谋事,先人得之;与人举事,先人成之;光誉令闻[3],先人发之。唯信身而从事,故利若此。古者有语焉,曰:"一目之视也,不若二目之视也。一耳之听也,不若二耳之听也。一手之操也,不若二手之强也。"夫唯能信身而从事,故利若此。是故古之圣王之治天下也,千里之外有贤人焉,其乡里之人皆未之均闻见也,圣王得而赏之。千里之内有暴人焉,其乡里未之均闻见也,圣王得而罚之。故唯毋以圣王为聪耳明目与?岂能一视而通见千里之外哉,一听而通闻千里之外哉!圣王不往而视也,不就而听也。然而使天下之为寇乱盗贼者,周流天下无所重足者[4],何也？其以尚同为政善也！

【注 释】

[1] 差论,选择。
[2] "外为"疑误。
[3] 光誉令闻,光,通"广",广誉,即声誉广传；令,善也,美也。
[4] 重足,叠足而立；无所重足,即无处立足。

【译 文】

因此,古代圣王治理天下,他们选择做自己左右辅佐的人,都很贤良,四周帮助他察视、倾听的人很多。所以,与人谋事,总先于人家得到；与人行事,总先于人家成功；荣誉和美名,总是先于人家而得到广泛传扬。只有以身诚信地去做事,所以才有这么多的利益。古时候有句话说："一只眼看东西,不如双眼看东西明亮。一只耳听事情,不如双耳听事情灵敏。一只手操作,不如双手操作力强。"只有以身诚信地去做事,所以才有这么多的利益。因此,古代的圣王治理天下,如果在千里之外有贤人,他乡里的人还没有听说或看见,圣王就已经得知而奖赏了他。如果在千里之内有恶人,他乡里的人还没有听说或看见,圣王就已经得知而惩罚了他。能够说圣王的耳朵很灵敏,眼睛很明亮吗？不然他怎么能一眼就通观千里之外呢！怎么能一下就听到千里之外呢！圣王并不曾亲自前去察看,也不曾亲自前去闻听。然而使天下那些寇敌、乱臣、盗贼,走遍天下也无立足之地,这是为什么呢?是因为圣王用"尚同"的办法治理政务的缘故啊!

【原文】

是故子墨子曰:"凡使民尚同者,爱民不疾[1],民无可使。"曰:必疾爱而使之,致信而持之。富贵以道其前,明罚以率其后。为政若此,唯欲毋与我同,将不可得也。

【注释】

[1]疾,力也。

【译文】

所以墨子说:"凡要使人民同一于上,爱民如果不用力的话,人民是无法驱使的。"这就是说:必须用力地去爱人民,才能驱使他们;必须对人民信任,才能拥有他们。用富贵在前面诱导,用严明的处罚在后面督率。像这样去治理政务,即使想要人民与自己不一致,也将是不可能的了。

【原文】

是以子墨子曰:"今天下王公大人士君子,中情将欲为仁义，求为上士，上欲中圣王之道，下欲中国家百姓之利，故当尚同之说，而不可不察，尚同为政之本，而治要也！"

【译文】

所以墨子说："现在的王公大人和士君子，内心里真想奉行仁义、希望做高尚的士人，上想符合圣王的道术，下想符合国家和百姓的利益的话，那么，对于尚同这种主张，是不能不加以明察的，尚同是政治的根本、治世的要务啊！"

卷　四

兼爱上 第十四

【原　文】

　　圣人以治天下为事者也，必知乱之所自起，焉能治之[1]，不知乱之所自起，则不能治。譬之如医之攻人之疾者然[2]，必知疾之所自起，焉能攻之，不知疾之所自起，则弗能攻。治乱者何独不然！必知乱之所自起，焉能治之，不知乱之所自起，则弗能治。

【注释】

[1] 焉，乃。
[2] 攻，治。

【译文】

圣人以治理天下为己任，必须知道世乱是由什么引起的，才能够治理它；如果不知道世乱是由什么引起的，就不能够治理它。这好比医生要诊治病人的疾病，必须知道疾病是由什么引起的，才能够治好它，如果不知道疾病是由什么引起的，就不能治好它。治理世乱又何尝不是这样！必须知道世乱是由什么引起的，才能够治理它，不知道世乱是由什么引起的，就不能够治理它。

【原文】

圣人以治天下为事者也，不可不察乱之所自起。当察乱何自起[1]，起不相爱。臣子之不孝君父，所谓乱也。子自爱不爱父，故亏父而自利；弟自爱不爱兄，故亏兄而自利；臣自爱不爱君，故亏君而自利，此所谓乱也。虽父之不慈子，兄之不慈弟，君之不慈臣，此亦天下之所谓乱也。父自爱也不爱子，故亏子而自利；兄自爱也不爱弟，故亏弟而自利；君自爱也不爱臣，故亏臣而自利。是何也？皆起不相爱。虽至天下之为盗贼者亦然。盗爱其室不爱其异室[2]，故窃异室以利其室；贼爱其身不爱人，故贼人以利其身。此何也？皆起不相爱。虽至大夫之相乱家，诸侯之相攻国者亦然。大夫各爱其家，不爱异家，故乱异家以利其家；诸侯各爱其国，不爱异国，故攻异国以利其国。天下之乱物，具此而已矣。察此何自起？皆起不相爱。

【注释】

[1] 当，为"尝"之假借。
[2] "爱"下"其"字衍。

【译文】

　　圣人以治理天下为己任，不能不明察世乱是由什么引起的。试察一下，世乱是由什么引起的？世乱起自人与人不相爱。臣子不孝顺君父，这就叫做乱。儿子只爱自己，不爱父亲，因此损害父亲而自己得利；弟弟只爱自己，不爱兄长，所以损害兄长而自己得利；臣下只爱自己，不爱君主，所以损害君主而自己得利，这就叫做乱。另一方面，即使只是父亲不慈爱儿子，兄长不慈爱弟弟，君主不慈爱臣下，这也算是天下所说的乱。父亲只爱自己，不爱儿子，所以损害儿子而自己得利；兄长只爱自己，不爱弟弟，所以损害弟弟而自己得利；君主只爱自己，不爱臣下，所以损害臣下而自己得利，这都是因为什么呢？都是起因于人与人不相爱。即使世上做盗贼的人，也是如此，窃贼只爱自己的家，不爱别人的家，所以盗窃别人的家而使自己的家得利；强盗只爱自身，不爱人身，所以残害人身而使自身得利。这都是因为什么呢？都是起因于人与人不相爱。进而至于大夫互相扰乱家室，诸侯互相攻占国土也是这样。大夫只爱自己的家，不爱别人的家，所以扰乱别人的家，而使自己的家得利；诸侯只爱自己的国家，不爱别人的国家，所以攻取别人的国家，而使自己的国家得利。天下的动荡混乱，全部在这里了。考察这些世乱是如何引起的？都是由人与人不相爱引起的。

【原文】

若使天下兼相爱[1]，爱人若爱其身，犹有不孝者乎？视父兄与君若其身，恶施不孝？犹有不慈者乎？视弟子与臣若其身，恶施不慈？故不孝不慈亡有。犹有盗贼乎？故视人之室若其室，谁窃？视人身若其身，谁贼？故盗贼亡有。犹有大夫之相乱家、诸侯之相攻国者乎？视人家若其家，谁乱？视人国若其国，谁攻？故大夫之相乱家，诸侯之相攻国者亡有。若使天下兼相爱，国与国不相攻，家与家不相乱，盗贼无有，君臣父子皆能孝慈，若此则天下治。故圣人以治天下为事者，恶得不禁恶而劝爱？故天下兼相爱则治，交相恶则乱。故子墨子曰：

"不可以不劝爱人者,此也。"

【注释】

[1]兼相爱,"兼"就"别"而言,意为人人全都相亲相爱。其密意当为爱人如爱己。

【译文】

如果使天下的人彼此相爱,爱别人就像爱自己一样,那么还会有不孝的人吗?如果人人看待父亲、兄长和君主,就像看待他自己一样,从何处去施行不孝的事呢?那么还会有不仁慈的人吗?如果人人看待儿子、弟弟和臣下,就像看待他自己一样,从何处去施行不仁慈的事呢?所以,不孝和不仁慈的人也就没有了。那么还会有盗贼吗?(如果)人人看待别人的家,就像看待他自己的家一样,谁还会去偷窃呢?(如果)人人看待别人的身体,就像看待他自己的身体一样,谁还会去残害人呢?所以,窃贼和强盗也就没有了。那么还会有大夫互相扰乱家室、诸侯互相攻占国土的事吗?如果人人看待别人的家,就像看待他自己的家一样,谁还会去扰乱别人的家呢?如果人人看待别人的国家,就像看待他自己的国家一样,谁还会去攻占别人的国土呢?所以,大夫互相谋取家室、诸侯互相攻占国土的也就没有了。如果使天下人与人彼此相爱,国与国不互相攻伐,家与家不互相扰乱,没有窃贼和强盗,君臣父子都能你孝我爱,如果是像这样去做,天下就得到治理了。所以,圣人既然以治理天下为己任，又怎么能不去禁止人与人互相仇恨，而劝勉人与人彼此相爱呢？所以，天下的人彼此相爱就得到治理，彼此仇恨就混乱。所以墨子说："不能不劝勉人去爱别人。"说的就是这个意思。

兼爱中 第十五

【原文】

子墨子言曰："仁人之所以为事者，必兴天下之利，除去天下之害，以此为事者也。"然则天下之利何也？天下之害何也？子墨子言曰："今若国之与国之相攻，家之与家之相篡，人之与人之相贼，君臣不惠忠，父子不慈孝，兄弟不和调，此则天下之害也。"

【译文】

墨子说："仁人要做的事情，必定是兴天下之利，除天下之害，把这作为自己的职责。"那么，天下的利是什么，天下的害是什么呢？墨子说："国与国互相攻伐，家与家互相篡夺，人与人互相残害，君主不恩惠，臣下不忠诚，父亲不慈爱，儿子不孝顺，兄弟不和睦，这些就是天下的祸害。"

【原 文】

然则崇此害亦何用生哉[1]？以不相爱生邪？子墨子言："以不相爱生。今诸侯独知爱其国，不爱人之国，是以不惮举其国以攻人之国[2]。今家主独知爱其家，而不爱人之家，是以不惮举其家以篡人之家。今人独知爱其身，不爱人之身，是以不惮举其身以贼人之身。是以诸侯不相爱则必野战，家主不相爱则必相篡，人与人不相爱则必相贼，君臣不相爱则不惠忠，父子不相爱则不慈孝，兄弟不相爱则不和调。天下之人皆不相爱，强必执弱，富必侮贫，贵必敖贱[3]，诈必欺愚。凡天下祸篡怨恨，其所以起者，以不相爱生也，是以仁者非之。"

【注 释】

[1] 崇，当作"察"。

[2] 举，发动。

[3] 敖，同傲。

【译 文】

那么，考察一下，这些害处是何以产生的？是因为人与人不相爱产生的吗？墨子说："是因为人与人不相爱产生的。现在的诸侯，只知道爱自己的国家，不爱别人的国家，所以不顾一切地发动全国的力量，去攻打别人的国家。现在的大夫，只知道爱自己的家，不爱别人的家，所以不顾一切地发动全家的力量，去篡夺别人的家。现在的人，只知道爱自己的身体，不爱别人的身体，所以不顾一切地用尽全身的力量，去残害别人的身体。因此，诸侯不相爱，就必然发动野战；家主不相爱，就必然互相篡夺；人与人不相爱，就必然互相残害，君臣不相爱，就必然是君主不仁惠臣下，臣下不忠诚君主；父子不相爱，就必然是父亲不慈爱儿子，儿子不孝顺父亲；兄弟不相爱，就必然互相不和睦。天下人人都不相爱，强者必然会压制弱者，人多的必然劫掠人少的，富人必然会欺辱穷人，高贵的必然会轻视卑贱的，诡诈的必然会欺骗忠厚的。天下的一切祸乱、篡夺、仇怨、憎恨等情况之所以会发生，都是由人与人不相爱引起的，所以仁人要反对它。"

【原文】

既以非之，何以易之？子墨子言曰："以兼相爱交相利之法易之。"然则兼相爱交相利之法将奈何哉？子墨子言曰："视人之国若视其国，视人之家若视其家，视人之身若视其身。是故诸侯相爱则不野战，家主相爱则不相篡，人与人相爱则不相贼，君臣相爱则惠忠，父子相爱则慈孝，兄弟相爱则和调。天下之人皆相爱，强不执弱，众不劫寡，富不侮贫，贵不傲贱，诈不欺愚。凡天下祸篡怨恨可使毋起者，以相爱生也，是以仁者誉之。"

【译文】

既然要反对它，那么用什么来代替它呢？墨子说："用人与人之间兼相爱、交相利的方法来代替它。"那么人与人之间兼相爱、交相利的方法又是怎样的呢？墨子说："看待别人的国家，就像看待自己的国家一样；看待别人的家，就像看待自己的家一样；看待别人的身体，就像看待自己的身体一样。因此，诸侯彼此相爱，就不会发动野战；家主彼此相爱，就不会互相篡夺；人与人彼此相爱，就不会互相残害；君与臣彼此相爱，君主就会对臣下仁惠，臣下就会对君主忠诚；父与子彼此相爱，父亲就会对儿子慈爱，儿子就会对父亲孝顺；兄弟之间彼此相爱，就会互相和睦团结。天下人人都彼此相爱，强者不压制弱者，人多的不劫掠人少的，富人不欺辱穷人，高贵的不轻视卑贱的，诡诈的不欺骗忠厚的。天下的一切祸患、篡夺、怨仇、憎恨等情况之所以可以避免，都是由人与人彼此相爱而来的，所以仁人要赞美它。"

【原文】

然而今天下之士君子曰："然！乃若兼则善矣。虽然，天下之难物于故也[1]。"子墨子言曰："天下之士君子，特不识其利，辩其故也。今若夫攻城野战，杀身为名，此天下百姓之所皆难也，苟君说之，则士众能为之。况于兼相爱，交相利，则与此异。夫爱人者，人必从而爱之；利人者，人必从而利之；恶人者，人必从而恶之；害人者，人必从而害之。此何难之有！特上弗以为政，士不以为行故也。

【注释】

[1] 于故，"于"当为"迂"的假借字；故，事也。迂故，即远离实际之事。

【译文】

可是，现在天下的士君子都说："是的。像这样人人能彼此相爱当然好，但这是一件难以实现、远离实际的事情。"墨子说："天下的士君子，只是没有懂得实行它的益处，不明白为什么要实行它罢了。现在如攻城征战，牺牲生命以求名，这也是天下百姓都认为难以做到的事情，但是，如果君主喜欢这样做，那么大家就会跟着做。况且，彼此相爱、互相得利和这完全不同。爱别人的人，别人必然也相应地去爱他；为别人谋利的人，别人必然也相应地为他谋利；恨别人的人，别人必然也相应地去恨他；残害别人的人，别人必然也相应地残害他。这又有什么难做的呢？只不过君主不把人人相爱相利作为施政的根本，士君子不把它作为行为的准则罢了。

【原 文】

昔者晋文公好士之恶衣,故文公之臣皆牂羊之裘[1],韦以带剑[2],练帛之冠,入以见于君,出以践于朝。是其故何也?君说之,故臣为之也。

【注 释】

[1] 牂羊,牝羊也。
[2] 韦,软皮。

【译 文】

从前,晋文公喜好士君子身穿粗劣的衣服,因此晋文公的臣下,都身穿老羊皮衣裘,腰系简陋的皮条挂剑,头上戴着粗绸帽子,进宫去见国君,站立在朝廷之中。这是什么缘故呢?这就是因为主上喜好这样,因此臣下就能照着做。

【原 文】

昔者楚灵王好士细要,故灵王之臣皆以一饭为节,胁息然后带[1],扶墙然后起。比期年[2],朝有黧黑之色。是其故何也?君说之,故臣能之也。

【注 释】

[1] 胁息,胁下吸气。

［2］比期年，比，到；期年，一周年。

【译　文】

　　从前，楚灵王喜好士君子生得腰细，因此楚灵王的臣下，每天只吃一顿饭，胁下吸气（收腹），然后用腰带束紧，以致扶着墙壁才能站起来。一年后，满朝的官员个个面孔消瘦黧黑。这是什么缘故呢？这是因为主上喜欢这样，因此臣下就能照着做。

【原　文】

　　"昔越王勾践好士之勇，教驯其臣，和合之焚舟失火[1]，试其士曰：'越国之宝尽在此！'越王亲自鼓其士而进之。士闻鼓音，破碎乱行[2]，蹈火而死者左右百人有余，越王击金而退之。"

【注　释】

［1］"和合之"，疑当作"私令人"。
［2］行，阵列、行列。

【译　文】

　　"从前，越王勾践喜欢武士勇敢，所以常常训练他们（好勇）。（一次）他私下叫人把一只船烧着了，用来试验他的臣下是否勇敢，于是说道：'越国的珍宝全在这里面！'他亲自击鼓催众人上前救火。众人听到鼓声，不按行列争相向前，冲入火中，被烧死的有一百多人，越王这才鸣金召他们退回来。"

【原文】

是故子墨子言曰："乃若夫少食恶衣，杀身而为名，此天下百姓之所皆难也，若苟君说之，则众能为之，况兼相爱，交相利，与此异矣。夫爱人者，人亦从而爱之；利人者，人亦从而利之；恶人者，人亦从而恶之；害人者，人亦从而害之。此何难之有焉，特士不以为政而士不以为行故也。"

【译文】

因此，墨子说："像那样节食少餐，衣服粗陋，舍命求名，都是天下百姓难做到的事情，但是，如果君主喜欢，大家就能做得到，况且，彼此相爱，互相得利和这完全不同。爱别人的人，别人也相应地爱他；为别人谋利的人，别人也相应地为他谋利；恨别人的人，别人也相应地恨他；残害别人的人，别人也相应地残害他。（兼爱）这有什么难做到的呢？只不过君主不把人人相爱相利作为执政的根本，士君子不把它作为行为的准则罢了。"

【原文】

然而今天下之士君子曰:"然。乃若兼则善矣。虽然,不可行之物也。譬若挈太山越河济也。"子墨子言:"是非其譬也。夫挈太山而越河济,可谓毕劼有力矣[1],自古及今未有能行之者也。况乎兼相爱,交相利,则与此异,古者圣王行之。何以知其然?古者禹治天下,西为西河渔窦,以泄渠孙皇之水;北为防原、派[2],注后之邸[3]、嘑池之窦,洒为底柱[4],凿方龙门,以利燕、代、胡、貉与西河之民;东方漏之陆[5],防孟诸之泽,洒为九浍[6],以楗东土之水[7],以利冀州之民;南为江、汉、淮、汝,东流之,注五湖之处,以利荆、楚、干、越与南夷之民。此言禹之事,吾今行兼矣。昔者文王之治西土,若日若月,乍光于四方于西土,不为大国侮小国,不为众庶侮鳏寡,不为暴势夺穑人黍、稷、狗、彘。天屑临文王慈,是以老而无子者,有所得终其寿;连独无兄弟者[8],有所杂于生人之间;少失其父母者,有所放依而长。此文王之事,则吾今行兼矣。昔者武王将事泰山,隧传曰[9]:'泰山,有道曾孙周王有事,大事既获,仁人尚作,以只商、夏[10],蛮夷丑貉。虽有周亲[11],不若仁人,万方有罪,维予一人!'此言武王之事，吾今行兼矣。"

【注释】

[1] 毕劼，劼，当作"劲"。毕，疾也。毕劲，强有力的意思。
[2] 派，当为"泒"。
[3] "后"，当为"召"。
[4] 底当作"厎"。
[5] 方当作"为"。"漏之陆"疑当作"漏大陆"。
[6] 洒，分流。
[7] 楗，门限，此处是限制的意思。
[8] 连独，连当为"连"；连独，孤独。
[9] 隧，当作"遂"，于是。
[10] 只，当作"振"，拯救的意思。
[11] 周亲，至亲。

【译文】

可是，现在天下的士君子却说："像这样人人能彼此相爱当然好，但这是一件行不通的事。这就好比举着泰山要越过黄河、济水一样。"墨子说："这不是恰当的比喻。举着泰山越过黄河、济水，可以说是十分强劲有力的，从古到今，没有人能这样做。况且，彼此相爱，互相得利和这不一样，古代圣王曾经实行过它。根据什么知道实行过呢？古时候大禹治理天下，西面开掘西河和渔窦，用来排泄渠、孙、皇之河的水；北面为筑堤防使原水和泒水注入召之邸和滹沱河，分流底柱山，开通龙门山，给燕、代、胡、貉与西河的人民带来便利；东面疏导大陆的积水，修筑孟诸之泽围堤，并分为九条河水，来限制东土之水，给冀州的人民带来利益；南面修治长江、汉水、淮河和汝水，使东流注入五湖区域，给荆、楚、干、越与南夷的人民带来利益。这里说的就是大禹的事业，即我们现在所要奉行的"兼相爱"啊！从前，周文王治理西方之地，光明有如日月，照耀在四方和西方之地，不做那大国欺辱小国的事情，不做那仗恃人多欺负鳏寡孤独之人的事情，不做那用强暴势力夺取农夫粮食家畜的事情。上天观察到文王的仁慈，所以，年老无子的人，得以寿终；孤独无兄弟的人，得以安聚在人们中间；幼小丧失父母的人，得到依靠而长大成人。这里说的就是周文王治理西方土地的事业，即我们现在所要奉行的"兼相爱"啊！从前，周武王要祭祀泰山，于是述说道：'神灵的泰山啊！有道曾孙周王我有事祷告，现在讨伐商纣王的战事，已经获得胜利，又得到仁人起来相助，来拯救商、夏人民以及蛮、夷、丑、貉四裔之民。虽然我有至亲，但是不如仁人来相助，四方百姓们如果有过错，由我一个人来承当吧！'这里说的就是周武王的事业，即我们现在所要奉行的'兼相爱'啊！"

【原文】

是故子墨言曰:"今天下之君子,忠实欲天下之富[1],而恶其贫,欲天下之治,而恶其乱,当兼相爱,交相利,此圣王之法,天下之治道也,不可不务为也。"

【注释】

[1]忠,同中,心里。

【译文】

所以,墨子说道:"现在天下的士君子们,心里真想使天下富裕,而厌恶天下贫穷,真想使天下得到治理,而厌恶天下混乱的话,那么就应该去实行'兼相爱、交相利'的原则。这是圣王的法则,天下的治政之道,不能不努力去做。"

兼爱下 第十六

【原文】

子墨子言曰:"仁人之事者,必务求兴天下之利,除天下之害。"然当今之时,天下之害孰为大?曰:"若大国之攻小国也，大家之乱小家也，强之劫弱，众之暴寡，诈之谋愚，贵之敖贱，此天下之害也。又与为人君者之不惠[1]也，臣者之不忠也，父者之不慈也，子者之不孝也，此又天下之害也。又与今人之贼人[2]，执其兵刃、毒药、水、火，以交相亏贼，此又天下之害也。姑尝本原若众害之所自生，此胡自生？此自爱人利人生与？即必曰：非然也，必曰从恶人贼人生。分名乎天下恶人而贼人者，兼与？别与？即必曰别也。然即之交别者，果生天下之大害者与！是故别非也。"

【注释】

[1] 与，如也。
[2] 今人，"人"字衍。

【译文】

墨子说："仁人要做的事情，必定是兴天下之利，除天下之害。"可是当今之时，天下的祸害哪些最大呢？（墨子）说："如大国攻打小国，大家篡夺小家，力强的威逼力弱的，势众的虐待势孤的，诡诈的欺骗愚钝的，高贵的轻视卑贱的，这些就是天下的大害。又如：做人君的不仁惠，做人臣的不忠诚，做父亲的不慈爱，做儿子的不孝顺，也都是天下的大害。又如：现在的贱民，拿刀枪、毒药、水火等互相伤害残杀，这也是天下的大害。我们且试着推究一下产生这些祸害的根源。这许多祸害是从哪儿产生的?是从爱人利人产生的吗?(大家)必定要说不是,必定要说是从恨人害人产生的。我们不妨分辨一下名位,天下恨人害人的人,究竟是出于'兼'还是出于'别'呢?(大家)必定要说是出于'别'。那么,人与人相别的情况,实在就是天下大害的根源啊!所以'别'是不对的"。

【原文】

子墨子曰:"非人者必有以易之,若非人而无以易之,譬之犹以水救火也[1],其说将必无可焉。"是故子墨子曰:"兼以易别。"

【注释】

[1] 俞樾曰:"疑《墨子》原文本作'犹以水救水,以火救火也'。"

【译文】

墨子说:"认为人家的不对,就必须有对的东西代替它。如果认为人家的不对,自己却没有对的东西代替它,就好比用水去救水,用火去救火一样,那你的主张一定站不住脚。"所以墨子说:"要用'兼'代替'别'。"

【原 文】

然即兼之可以易别之故何也？曰："借为人之国[1]，若为其国，夫谁独举其国以攻人之国者哉？为彼者由为己也。为人之都，若为其都，夫谁独举其都以伐人之都者哉？为彼犹为己也。为人之家，若为其家，夫谁独举其家以乱人之家者哉？为彼犹为己也。然即国、都不相攻伐，人家不相乱贼，此天下之害与？天下之利与？即必曰天下之利也。

【注 释】

[1]借，假"借"。

【译 文】

"兼"能代替"别"的理由是什么呢？（墨子）说："假如为了别人的国家，就如同为了自己的国家一样，那么，还会有谁去发动全国的力量，攻打别人的国家呢？因为在这种情况下，为对方，犹如为自己啊！又假如为了别人的都城，就如同为了自己的都城一样，那么，还会有谁去发动全城的力量，攻打别人的都城呢？因为在这种情况下，为对方犹如为自己啊！又假如为了别人的家，就如同为了自己的家一样，那么，还会有谁去发动全家的力量，扰乱别人的家呢？因为在这种情况下，为对方犹如为自己啊！那么，国与国、城与城不互相攻打征伐，人与人、家与家不互相扰乱残杀，这究竟是天下的大害呢？还是天下的大利呢？那一定要说是天下的大利。

【原　文】

　　姑尝本原若众利之所自生，此胡自生？此自恶人贼人生与？即必曰非然也，必曰从爱人利人生。分名乎天下爱人而利人者，'别'与？'兼'与？即必曰'兼'也。然即之交兼者，果生天下之大利者与！"是故子墨子曰："'兼'是也。且乡吾本言曰：'仁人之事者，必务求兴天下之利，除天下之害。'今吾本原'兼'之所生，天下之大利者也；吾本原'别'之所生，天下之大害者也。"是故子墨子曰："'别'非而'兼'是者，出乎若方也。"

【译　文】

　　"我们且试着推究一下产生这些利益的根源，这许多利益是从哪儿产生的？是从恨人害人产生的吗？则必定要说不是，必定要说是从爱人利人产生的。我们不妨分辨一下名位，天下爱人利人的人，究竟是'别'，还是'兼'呢？那必定要说是'兼'。那么，这种交相利兼相爱，不正是产生天下之大利的吗！"所以墨子说："'兼'是对的。并且我原本说过：'仁人的事业必定是追求兴天下众人之利，除天下众人之害。'现在我已经探求到由'兼'所生的，都是天下的大利，我已经探求到由'别'所生的，都是天下的大害。"所以墨子说："'别'是错误的，'兼'是对的就是根据这个道理。"

【原文】

今吾将正求与天下之利而取之[1]，以"兼"为正，是以聪耳明目相与视听乎，是以股肱毕强，相为动宰乎[2]，而有道肆相教诲[3]。是以老而无妻子者，有所侍养以终其寿，幼弱孤童之无父母者，有所放依以长其身。今唯毋以"兼"为正，即若其利也，不识天下之士，所以皆闻"兼"而非者，其故何也？

【注释】

[1] 与，当作"兴"。
[2] 孙诒让曰："宰，疑当作'举'。"
[3] 肆，勤勉。

【译文】

现在我得寻求一个兴天下之利的办法来采用它，用"兼"去治理政务，于是大家都用聪耳明目去助人视听，于是大家都用强劲有力的手足去互相协助，于是大家都用道义勤力相教诲。所以，老年没有妻子的人，都有所供养而得以寿终；幼弱孤童没有父母的人，都有所依靠而得以成长。现在只要用"兼"的办法去治理政务，就可以得到这些利益，不知道天下的士人们，为什么一听到"兼"的主张都加以反对，这究竟是什么缘故呢？

【原文】

然而天下之士非"兼"者之言，犹未止也。曰："即善矣。虽然，岂可用哉？"子墨子曰："用而不可，虽我亦将非之。且焉有善而不可用者？姑尝两而进之。谁以为二士[1]，使其一士者执别，使其一士者执'兼'。是故'别'士之言曰：'吾岂能为吾友之身，若为吾身，为吾友之亲，若为吾亲'；是故退睹其友，饥即不食，寒即不衣，疾病不侍养，死丧不葬埋。'别'士之言若此，行若此。'兼'士之言不然，行亦不然。曰：'吾闻为高士于天下者，必为其友之身，若为其身，为其友之亲，若为其亲，然后可以为高士于天下。'是故退睹其友，饥则食之，寒则衣之，疾病侍养之，死丧葬埋之。'兼'士之言若此，行若此。若之二士者，言相非而行相反与？当使若二士者[2]，言必信，行必果，使言行之合犹合符节也，无言而不行也，然即敢问，今有平原广野于此，被甲婴胄将往战[3]，死生之权未可识也[4]；又有君大夫之远使于巴、越、齐、荆，往来及否未可识也，然即敢问：不识将恶也家室[5]，奉承亲戚，提挈妻子，而寄托之？不识于'兼'之有是乎？于'别'之有是乎？我以为当其于此也，天下无愚夫愚妇，虽非'兼'之人，必寄托之于'兼'之有是也。此言而非'兼'，择即取'兼'，即此言行费也[6]。不识天下之士，所以皆闻'兼'而非之者，其故何也？

【注释】

[1] 谁，当为"设"。

[2] 当，孙诒让以为当作"尝"。

[3] 婴，同"撄"，动词。

[4] 权，疑当作'机'。

[5] "恶"下脱"从"字。

[6] 费，与"拂"同，背反的意思。

【译文】

可是，天下士人反对"兼"的言论，依然没有停止。他们说："'兼'的主张虽然很好，但是哪能行得通呢？"墨子说："如果真行不通，就是我也要反对它了。况且，哪里会有好主张而行不通的道理呢？（我们）姑且摆出正反不同的两种主张推论一下。假设这里有二位士人，一位士人主张'别'，另一位士人主张'兼'。于是主张'别'的士人说：'我怎么能把我朋友的身体，视为我自己的身体一样呢？怎么能把我朋友的双亲，视为我自己的双亲一样呢？'因此他看待自己的朋友，饥饿的不给他饭吃，寒冷的不给他衣穿，生病了也不帮助侍养，死了也不帮助安葬。主张'别'的士人言论是这样，行为也是这样。主张'兼'的士人言论不同，行为也不同。他说：'我听说要做一个天下高士，必须把朋友的身体，视为自己的身体一样；把朋友的双亲，视为自己的双亲一样，那才能称得上是天下高士。'所以他看待朋友，饥饿的就给他饭吃，寒冷的就给他衣穿，生病了就帮助侍养，死了就帮助安葬。主张'兼'的士人言论是这样，行为也是这样。像这样两位士人不是言论不同、行为相反吗？试让这两位士人，各自的言论必定讲信用，行为必定有结果，让他们各自的言行，就像符节一样契合，没有一句话不实行。那么敢问：现在这里有一块平原旷野，人们披甲戴盔将前往作战，生死的变化，不可预知；又有个大夫，奉命出使那遥远的巴、越、齐、荆之地，能否重返故乡，也不可预知，那么敢问：对于他的家室，不知是托付给主张'兼'的朋友好呢？还是托付给主张'别'的朋友好呢？我认为在这种情况下，世上无论怎样愚蠢的男女，即使是不主张'兼'的人，也一定把自己的亲人托付给主张'兼'的朋友。在言论上反对'兼'，在选择朋友时又以'兼'取人，这就是言论和行动相反了。不知道天下的士人，为什么一听到'兼'的主张都加以反对，这究竟是什么缘故呢？

【原 文】

"然而天下之士非'兼'者之言，犹未止也。曰：'意可以择士[1]，而不可以择君乎？''姑尝两而进之。谁以为二君，使其一君者执'兼'，使其一君者执'别'。是故'别'君之言曰：'吾恶能为吾万民之身，若为吾身？此泰非天下之情也。人之生乎地上之无几何也，譬之犹驷驰而过隙也。'是故退睹其万民，饥即不食，寒即不衣，疾病不侍养，死丧不葬埋。'别'君之言若此，行若此。兼君之言不然，行亦不然。曰：'吾闻为明君于天下者，必先万民之身，后为其身，然后可以为明君于天下。'是故退睹其万民，饥即食之，寒即衣之，疾病侍养之，死丧葬埋之。兼君之言若此，行若此。然即交若之二君者[2]，言相非而行相反与？常使若二君者[3]，言必信，行必果，使言行之合犹合符节也，无言而不行也，然即敢问：今岁有疠疫，万民多有勤苦冻馁，转死沟壑中者既已众矣，不识将择之二君者，将何从也？我以为当其于此也，天下无愚夫愚妇，虽非'兼'者，必从'兼'君是也。言而非'兼'，择即取'兼'，此言行拂也。不识天下所以皆闻'兼'而非之者，其故何也？"

【注释】

[1] 意，与"抑"通，或许之意。

[2] "然即交"三字衍。

[3] 常，通尝。

【译文】

"可是，天下士人反对'兼'的言论，仍然没有停止。他们说：'也许可以这样选择士人，但是不可以这样选择国君。'我们姑且摆出正反不同的两种主张推论一下。假设这里有两位国君，让一位国君主张'兼'，让另一位国君主张'别'，于是主张'别'的国君说：'我怎么能把我万民的身体，视为我自己的身体一样呢？这太不符合天下的常情了。人生在世，没有多少时光，就好比四匹马拉的车奔驰过缝隙那样一闪而过。'所以他看待万民，饥饿的不给他们饭吃，寒冷的不给他们衣穿，生病了也不帮助侍养，死了也不帮助安葬。主张'别'的国君言论是这样，行为也是这样。主张'兼'的国君，言论不同，行为也不同。他说：'我听说要做天下圣明的君主，必须先为万民之身着想，后为自身着想，然后才能做天下圣明的君主。'所以他看待民众，饥饿的就给他们饭吃，寒冷的就给他们衣穿，生病了就帮助侍养，死了就帮助安葬。主张'兼'的国君言论是这样，行为也是这样。那么，像这样两位国君，不是言论不同，行为相反吗？试让这两位国君，各自的言论必定诚信，行为必定兑现，让他们各自的言行，就像符节一样契合，没有一句话不实行，那么敢问：如果今年瘟疫流行，民众因勤劳辛苦，受冻挨饿，辗转陈尸于沟坑之中的人已经很多，不知道要从这两位国君中选择一位时，你将追随哪一位呢？我认为在这种情况下，世上无论怎样愚蠢的男女，即使是不主张'兼'的人，也一定追随主张'兼'的国君。在言论上反对'兼'，在选择国君时又以'兼'取人，这就是言论与行为相反了。不知道天下的士人，为什么一听到'兼'的主张都加以反对，这究竟是什么缘故呢？"

【原文】

然而天下之士非"兼"者之言也，犹未止也。曰："'兼'即仁矣，义矣。虽然，岂可为哉？吾譬'兼'之不可为也，犹挈泰山以超江河也。故'兼'者直愿之也[1]，夫岂可为之物哉？"子墨子曰："夫絜泰山以超江河，自古之及今，生民而来未尝有也。今若夫兼相爱，交相利，此自先圣六王者亲行之。"何知先圣六王之亲行之也？子墨子曰："吾非举之并世同时，亲闻其声，见其色也；以其所书于竹帛，镂于金石，琢于盘盂，传遗后世子孙者知之。《泰誓》曰：'文王若日若月，乍照，光于四方于西土。'即此言文王之兼爱天下之传大也，譬之日月兼照天下之无有私也。"即此文王"兼"也，虽子墨子之所谓"兼"者，于文王取法焉。

【注释】

[1]直，只。

【译文】

可是，天下士人反对"兼"的言论，还是没有停止。他们说："'兼'的主张，虽然算得上是仁，算得上是义了。但是怎么能行得通呢？我打个比方说，'兼'是行不通的，就好比提举起泰山要越过江河一样。因此，'兼'的主张不过是一种良好的愿望罢了，哪里能行得通呢？"墨子说："提举起泰山以越过江河，从古到今，自有人类以来，没有过这种事。但是，现在说的互爱互利，这自古代的六位圣王就已经身体力行地实行过了。"根据什么知道古代六位圣王实行过呢？墨子说："我并非和他们同一时代，亲耳听到他们的声音，亲眼看到他们的容貌；我是从他们书写在竹帛上、镂刻在金石上、雕琢在盘盂器皿上留传给后代子孙的记载中知道的。《泰誓》上说：'文王像日月一样光辉，照耀在四方以及西方的土地上。'这就是说：文王爱天下之人如爱己的博大精神，就好比日月，普照天下而没有偏私。"这便是文王的"兼"。就是墨子所说的"兼"，也是从文王那取法的呢！

【原 文】

　　且不唯《泰誓》为然，虽《禹誓》，即亦犹是也。禹曰："济济有众，咸听朕言，非惟小子[1]，敢行称乱，蠢兹有苗，用天之罚，若予既率尔群对诸群[2]，以征有苗。"禹之征有苗也，非以求以重富贵、干福禄、乐耳目也，以求兴天下之利，除天下之害。即此禹兼也，虽子墨子之所谓兼者，于禹求焉[3]。

【注 释】

[1] 惟，同"台"，即"我"。
[2] 群对诸群，孙诒让以为当作"群对诸君"。
[3] 求，以上下文校之，当作"取法"。

【译 文】

　　况且，不仅《泰誓》有这样的记载，就是《禹誓》也有这样的记载。禹说："众多的百姓，你们都听我说，并不是我小子敢发动战乱，而是有苗族蠢蠢欲动，所以我只有替上天施行惩罚。今天，我就率领你们各邦的君长，去征讨有苗族。"禹征讨有苗族，并不是看重富贵，也不为追求福禄，让耳目享受声色之乐，而是要兴天下之利，除天下之害，这便是大禹的"兼"。就是墨子所说的"兼"，也是从禹那取法的呢！

【原 文】

　　且不唯《禹誓》为然，虽《汤说》即亦犹是也。汤曰："惟予小子履，敢用玄牡，告于上天后曰[1]：'今天大旱，即当朕身履。未知得罪于上下，有善不敢蔽，有罪不敢赦，简在帝心[2]。万方有罪，即当朕身；朕身有罪，无及万方。'"即此言汤贵为天子，富有天下，然且不惮以身为牺牲，以祠说于上帝鬼神。即此汤"兼"也，虽子墨子之所谓"兼"者，于汤取法焉。

【注 释】

[1]"后"下疑脱"土"字。
[2]简，为"简"的假借字。

【译 文】

　　况且，不仅《禹誓》有这样的记载，就是《汤说》也有这样的记载。汤说："我小子履敢用黑色的公牛，祭告上天后土：现在天下大旱，罪责由我个人承当。我不知道因为什么得罪了天地，我对那有善行的人不敢掩盖，对那有罪行的人不敢赦免，这一切，上帝心里明白。如果万方的人有罪过，我愿意一个人承当；如果是我自己有罪，请不要连累万方之人。"这就是说，汤贵为天子，富有天下，然而不惜把自己作为牺牲，向天帝鬼神祈祷。这便是汤的"兼"，就连墨子所说的"兼"，也是从汤那里取法的呢!

【原文】

　　且不惟《誓命》与《汤说》为然[1]，《周诗》即亦犹是也。《周诗》曰："王道荡荡，不偏不党，王道平平，不党不偏。其直若矢，其易若厎[2]。君子之所履，小人之所视。"若吾言非语道之谓也，古者文、武为正，均分赏贤罚暴，勿有亲戚弟兄之所阿。即此文武"兼"也，虽子墨子之所谓"兼"者，于文武取法焉。不识天下之人，所以皆闻"兼"而非之者，其故何也？

【注释】

[1]《誓命》当作《禹誓》。
[2] 易，平也；厎，与"砥"同，磨石。

【译文】

　　况且，不仅文王和大禹的誓命，也不仅《汤说》有这样的记载，就是《周诗》也有记载。《周诗》说："王道荡荡宽广，没有偏爱，没有私党。王道平平公正，没有私党，没有偏心，它平直如箭矢，它平坦如磨石。这是君子所践履，小人所仰望和追随的。"如果我引称的这些，还不算是"兼"的道理，那就看看古时候文王、武王治理政务的情况吧!他们分配公允，赏贤罚暴，绝不偏袒父母兄弟，这就是文王和武王的"兼"。就连墨子所说的"兼"，也是从文王和武王那取法的呢！不知道天下的士人，为什么一听到"兼"的主张都加以反对，这究竟是什么缘故呢？

【原文】

　　然而天下之非兼者之言，犹未止。曰："意不忠亲之利，而害为孝乎？"子墨子曰："姑尝本原之孝子之为亲度者。吾不识孝子之为亲度者，亦欲人爱利其亲与？意欲人之恶贼其亲与？以说观之，即欲人之爱利其亲也。然即吾恶先从事即得此？若我先从事乎爱利人之亲，然后人报我爱利吾亲乎[1]？意我先从事乎恶人之亲[2]，然后人报我以爱利吾亲乎？即必吾先从事乎爱利人之亲，然后人报我以爱利吾亲也。然即之交孝子者，果不得已乎，毋先从事爱利人之亲者与？意以天下之孝子为遇[3]，而不足以为正乎？姑尝本原之先王之所书《大雅》之所道曰：'无言而不雠[4]，无德而不报，投我以桃，报之以李。'即此言爱人者必见爱也，而恶人者必见恶也。不识天下之士，所以皆闻兼而非之者，其故何也？"

【注释】

［1］"我"下脱"以"字。

[2]"恶"下脱"贼"字。

[3]遇,"愚"的假借字。

[4]仇,应答。

【译文】

可是,天下士人反对"兼"的言论,还是没有停止。他们说:"也许这不符合双亲的利益而有害于子女行孝吧?"墨子说:"我们且试探孝子为双亲打算的本意。我不知道孝子为双亲打算,是希望人家爱他利他的双亲呢?还是希望人家恨他害他的双亲呢?从常情来说,当是希望人家爱他利他的双亲。那么,我先做什么事,才能达到目的呢?我先从事于爱人利人之双亲,然后人家也报以爱我利我之双亲呢?还是我先从事于恨人害人之双亲,然后人家也报之以爱我利我之双亲呢?那必定是我先从事于爱人利人之双亲,然后人家也报之以爱我利我之双亲。那么,这种爱利人家双亲如同爱利自己双亲的情况,果真是出于不得已才先从事于爱人利人之双亲呢,还是以为天下之孝子都是愚人而不足以辨邪正呢?(我们)且试着推原一下先王所写《大雅》所说的话。《大雅》说:"没有什么话我会不应答,没有什么恩德我会不回报,你投给我一颗桃子,我会回报你一颗李子。"这就是说:爱别人的人,必定也为别人所爱;而恨别人的人,必定也为别人所恨。不知道天下的士人,为什么一听到'兼'的主张都加以反对,这究竟是什么缘故呢?

【原 文】

"意以为难而不可为邪？尝有难此而可为者。昔荆灵王好小要，当灵王之身，荆国之士饭不逾乎一固[1]，据而后兴，扶垣而后行。故约食为其难为也[2]，然后为灵王说之[3]，未逾于世而民可移也，即求以乡其上也。昔者越王句践好勇，教其士臣三年，以其知为未足以知之也，焚舟失火，鼓而进之。其士偃前列，伏水火而死有[4]，不可胜数也。当此之时，不鼓而退也，越国之士可谓颤矣[5]。故焚身为其难为也，然后为之[6]，越王说之，未逾于世而民可移也，即求以乡上也。昔者晋文公好苴服[7]，当文公之时，晋国之士，大布之衣，牂羊之裘，练帛之冠，且苴之履[8]，入见文公，出以践之朝。故苴服为其难为也，然后为而文公说之，未逾于世而民可移也，即求以乡其上也。是故约食、焚舟[9]、苴服，此天下之至难为也，然后为而上说之，未逾于世而民可移也。何故也？即求以乡其上也。今若夫兼相爱，交相利，此其有利且易为也，不可胜计也。我以为则无有上说之者而已矣。苟有上说之者，劝之以赏誉，威之以刑罚，我以为人之于就兼相爱交相利也，譬之犹火之就上，水之就下也，不可防止于天下。

【注释】

[1] 固，当作"臽"，盛一升之籚。

[2] 其，当作"甚"。

[3] 后，疑当作"众"。

[4] 有，当作"者"。

[5] 颤，殚也。

[6] "之"字衍。

[7] 苴，通"粗"。

[8] 且苴之履，粗麤的鞋子。

[9] 焚舟，当作"焚身"。

【译文】

"或许人们会认为这太困难而无法做到吧？但是，曾有比这更困难却可以做到的事。从前，楚灵王喜欢细腰，他在位的时候，楚国的士人，每日吃饭不超过一升，撑着木杖才能站立，扶着墙壁才能行走。本来减少饭量是很难做到的事，但是众人为了讨楚灵王喜欢，人们还是做到了，时间未过一世，而人民的风俗却可以改变，这就是为了以此去迎合君主的结果。从前，越王勾践喜欢勇敢，他训教下面的将士三年，但凭他的智慧，还不能预知训教的效果，于是放火烧船，击鼓令将士向前。他的将士前排倒下，落入水火之中而死的人，不计其数。当时，如果不停止击鼓下令退下的话，越国的将士，恐怕要死光了。本来焚火烧身是很难做到的事，但是为了讨越王喜欢，人们还是做到了。时间未过一世，而人民的风俗却可以改变，这就是为了以此迎合君主的结果。从前，晋文公喜欢穿粗布衣服，文公在位时，晋国的士人，都身穿大布衣服和母羊皮裘，头戴粗绸帽子，脚登粗笨的鞋子，去见文公，出来后照样上朝。本来穿粗劣的衣服是很难做到的事，但是为了讨晋文公喜欢，人们还是做到了。时间未过一世，而人民的风俗却可以改变，这就是为了以此去迎合君主的结果。因此，减少食量，焚身救火，身穿粗服，这都是天下极难做到的事情，但是为了讨君主喜欢，人们还是做到了，时间未过一世，而人民的风俗却可以改变，这是什么缘故？这就是为了以此去迎合君主的结果。现在，如'兼相爱、交相利'，它带来的好处不可胜计，而且很容易做到。我以为：如果没有君主喜欢它也就罢了，如果有君主喜欢它，用奖赏来鼓励大家实行，用刑罚来威胁大家实行，那么我以为：人们趋向'兼相爱、交相利'，就好比火焰向上升腾，水奔流向下，势不可挡于天下。

【原 文】

"故'兼'者，圣王之道也，王公大人之所以安也，万民衣食之所以足也。故君子莫若审'兼'而务行之，为人君必惠，为人臣必忠，为人父必慈，为人子必孝，为人兄必友，为人弟必悌。故君子莫若欲为惠君[1]、忠臣、慈父、孝子、友兄、悌弟，当若兼之不可不行也，此圣王之道而万民之大利也。"

【注释】

［1］"莫"字衍。

【译文】

"因此，'兼'正是圣王治国之道，是王公大人得以安宁、人民大众衣食得以满足的法则。因此，君子最好详审'兼'的道理，而努力去推行它，这样，做人君的必定仁惠，做人臣的必定忠诚，做人父的必定慈爱，做人子的必定孝顺，做人兄的必定友爱，做人弟的必定敬悌。因此，君子如果想做仁惠的君主、忠诚的臣下、慈爱的父亲、孝顺的儿子、友爱的兄长、敬悌的弟弟，那么，像'兼相爱，交相利'这样的主张，就不能不努力实行，这是圣王治国之道，是广大人民最大的利益。"

卷　五

非攻上第十七

【原文】

今有一人，入人园圃[1]，窃其桃李，众闻则非之，上为政者得则罚之。此何也？以亏人自利也[2]。至攘人犬豕鸡豚者，其不义又甚入人园圃窃桃李。是何故也？以亏人愈多[3]，其不仁兹甚，罪益厚。至入人栏厩，取人马牛者，其不仁义又甚攘人犬豕鸡豚[4]。此何故也？以其亏人愈多。苟亏人愈多，其不仁兹甚，罪益厚。至杀不辜人也，扡其衣裘[5]，取戈剑者，其不义又甚入人栏厩取人马牛。此何故也？以其亏人愈多。苟亏人愈多，其不仁兹甚矣，罪益厚。当此，天下之君子皆知而非之，谓之不义。今至大为攻国，则弗知非，从而誉之，谓之义。此可谓知义与不义之别乎？

【注释】

［1］园圃，园种果，圃种菜。此处指果园。
［2］以，因为。
［3］下当有"苟亏人愈多"五字。
［4］"仁"字疑衍。攘，夺取。
［5］扡，同"拖"，夺取。

【译文】

现在有一个人，进入人家的果园，偷窃人家的桃李，大家知道了就会责备他，上面当政的官员抓住了就会处罚他。这是什么缘故呢？这是因为他损人利己。至于抢夺人家鸡狗猪崽的人，他的不义，又超过进入人家果园偷窃桃李的人。这是什么缘故呢？这是因为损人越多，他的不仁就越深，罪责就越重。至于进入人家的牛栏马圈，强取人家牛马的人，他的不仁义，又超过偷窃别人鸡狗猪崽的人。这是什么缘故呢？这是因为他损人越发多了。如果损人越多，他的不仁就越深，罪责就越重。至于杀害无罪的人，剥取人家的衣服，抢夺人家剑戈的人,他的不义,又超过进入人家的牛栏马圈、强取人家牛马的人。这是什么缘故呢?这是因为他损人越多了。如果损人越多,他的不仁就越深,罪责就越重。对此,天下的君子都知道责备,说那太不仁义了。然而现在最大的不义,是进攻别国,反而不知道责备,那么,还能说他们懂得义与不义的区别吗?

【原文】

杀一人谓之不义,必有一死罪矣。若以此说往[1],杀十人十重不义,必有十死罪矣;杀百人百重不义,必有百死罪矣。当此,天下之君子皆知而非之,谓之不义。今至大为不义攻国,则弗知非,从而誉之,谓之义,情不知其不义也,故书其言以遗后世。若知其不义也,夫奚说书其不义以遗后世哉?今有人于此,少见黑曰黑,多见黑曰白,则以此人不知白黑之辩矣[2];少尝苦曰苦,多尝苦曰甘,则必以此人为不知甘苦之辩矣。今小为非,则知而非之。大为非攻国,则不知非,从而誉之,谓之义。此可谓知义与不知义之辩乎?是以知天下之君子也[3],辩义与不义之乱也。

【注释】

[1] 说往,推论下去。
[2] "则"下疑脱"必"字;"人"下疑脱"为"字。

[3]"也"字疑衍。

【译文】

　　杀害一个人，就说他不义，必定有一条死罪。如果以此推论下去，那么杀害十个人，就有十倍的不义，就必定有十条死罪；杀害一百个人，就有百倍的不义，就必定有一百条死罪。对此，天下的君子都知道责备，说那太不仁义了。然而现在有人竟至于大行不义去进攻别国，人们却不知道责备，反倒跟着赞美，说是仁义之举。他们实在不懂得，进攻别人的国家是不义之举，所以记载下那些（夸耀战功的）话，把它留传给后世。如果他们懂得进攻别人国家是不义之举，那又怎么解释他们记载自己的不义之举并留传给后世的做法呢？假如现在这里有一个人，看到的黑不多，还能说那是黑，看到的黑很多，却又说那是白，那么人家一定会认为这个人不懂得黑色与白色的区别；假如他尝到的苦不多，还能说那是苦，尝到的苦很多，却又说那是甜，那么人家一定会认为这个人不懂得苦味与甜味的区别。现在有人犯了小过失，大家都知道去责备他，然而有人犯了攻战别人国家的大罪过，却不知道去责备他，反倒跟着赞美为仁义之举了。这还能说他们懂得义与不义的区别吗？由此可知，天下的君子们，对义与不义的分辨是多么混乱啊！

非攻中 第十八

【原 文】

子墨子言曰:"古者王公大人[1],为政于国家者,情欲誉之审,赏罚之当,刑政之不过失。"是故子墨子曰:"古者有语:'谋而不得,则以往知来,以见知隐。'谋若此,可得而知矣。

【注 释】

[1] 古,当作"今"。

【译 文】

墨子说道:"现在国中治理政务的王公大人,确实希望做到毁誉审慎,赏罚得当,刑法和政令没有过失。"所以墨子说:"古人有句话说:'思考不能得出结果,就从过去发生的事推知未来的趋势,从已然明显的事推知隐微的事物。'像这样思考问题,就可以得知结果了。

【原 文】

"今师徒唯母兴起,冬行恐寒,夏行恐暑,此不可以冬夏为者也。春则废民耕稼树艺,秋则废民获敛。今唯毋废一时,则百姓饥寒冻馁而死者,不可胜数。今尝计军上[1],竹箭羽旄幄幕,甲盾拨劫[2],往而靡毙腑冷不反者[3],不可胜数;又与矛戟戈剑乘车,其列住碎折靡毙而不反者[4],不可胜数;与其牛马肥而往,瘠而反,往死亡而不反者,不可胜数;与其涂道之修远,粮食辍绝而不继,百姓死者,不可胜数也;与其居处之不安,食饭之不时,饥饱之不节,百姓之道疾病而死者,不可胜数。丧师多不可胜数,丧师尽不可胜计,则是鬼神之丧其主后[5],亦不可胜数。"

【注 释】

[1]"上"误,疑当作"出"。
[2]拨劫,拨音伐,大盾牌;劫,疑当作"劤",刀柄也。
[3]腑冷,腑即"腐",冷当为"烂"。
[4]列住,疑当作"往则"。
[5]主后,后嗣。

【译 文】

"现在如果率军出征,冬季行军担心寒冷,夏季行军担心暑热，率军出征是不能在冬夏两季进行的。而春季出征就会耽误人民耕田种地，植树种菜；秋季出征就会耽误人民收藏粮食。现在如果耽误了一个节令，那么百姓因饥饿和寒冻而死的，就会多得无法统计。现在试算一下军队的支出：竹箭、旌旗、军帐、铠甲、盾牌、刀柄等，发出去、用坏、腐烂收不回来的，多得无法统计；还有矛、戟、戈、剑、战车等，相继发出被破碎毁坏收不回来的，也多得无法统计；还有牛和马匹，肥壮时征用、瘦弱时归来，出去连死带丢收不回来的，也多得无法统计；还有因为路途遥远，粮食断绝供应不上，士兵死亡的，也多得无法统计；还有因战时居住不安宁，饮食不能按时，饥饱不能节度，百姓逃亡病死在途中的，也多得无法统计。伤亡的士兵多得无法统计，全军覆没的也多得无法统计，就是那祖先神位断了祭祀的，也多得无法统计。"

【原　文】

国家发政，夺民之用，废民之利，若此甚众，然而何为为之？曰："我贪伐胜名，及得之利，故为之。"子墨子言曰："计其所自胜，无所可用也。计其所得，反不如所丧者之多。今攻三里之城，七里之郭，攻此不用锐，且无杀而徒得，此然也？杀人多必数于万，寡必数于千，然后三里之城、七里之郭，且可得也。今万乘之国，虚数于千[1]，不胜而入；广衍数于万，不胜而辟。然则土地者，所有余也，王民者，所不足也。今尽王民之死[2]，严上下之患[3]，以争虚城，则是弃所不足，而重所有余也。为政若此，非国之务者也。"

【注释】

[1] "虚"下疑脱"城"。
[2] 王民，王当作"士"。
[3] 严，加重。

【译文】

　　国家发布政令，剥夺民众的财用，损害民众的利益，诸如此类情况很多，然而人们为什么要这样做呢？有人说："我贪图进攻胜利的威名和所获得的好处，所以才这样做的。"墨子说："计算自己所得到的胜利，并没有什么用处；计算自己所获得的好处，反而不如所丧失的多。如今攻打一座方圆三里之城、七里之郭，进攻时不动用精锐的部队，没有杀伤而白白占领，那是可能的吗？被杀之人多者必然在万数之上，少者也必然在千数之上，然后方圆三里之城、七里之郭，才可能得到。如今兵车万乘的大国，统辖之下的小城数以千计，治理都治理不过来；土地广延万里，开垦都开垦不完。那么土地是（君王）所有余的，而士兵百姓则是（君王）所不足的。可是，现在却让士兵百姓全部战死沙场，加重举国上下的灾难，而去争夺荒废的城邑和土地，那就是丢弃自己所不足的（民众），而增加本来已经有余的（土地）。像这样治理政事，并不是国家的要务啊！"

【原文】

饰攻战者言曰："南者荆、吴之王，北则齐、晋之君，始封于天下之时，其土地之方，未至有数百里也；人徒之众，未至有数十万人也，以攻战之故，土地之博至有数千里也；人徒之众至有数百万人。故当攻战而不可为也[1]"子墨子言曰："虽四五国则得利焉，犹谓之非行道也。譬若医之药人之有病者然。今有医于此，和合其祝药之于天下之有病者而药之[2]，万人食此，若医四五人得利焉，犹谓之非行药也。故孝子不以食其亲，忠臣不以食其君。古者封国于天下，尚者以耳之所闻，近者以目之所见，以攻战亡者，不可胜数。何以知其然也？东方有莒之国者，其为国甚小，问于大国之间，不敬事于大，大国亦弗之从而爱利。是以东者越人夹削其壤地，西者齐人兼而有之。计莒之所以亡于齐越之间者，以是攻战也。虽南者陈、蔡，其所以亡于吴越之间者，亦以攻战。虽北者且、不一著何[3]，其所以亡于燕、代、胡、貊之间者，亦以攻战也。"是故子墨子言曰："古者王公大人，情欲得而恶失，欲安而恶危，故当攻战而不可不非。"

【注释】

［1］为，明万历本作"已"。但据下文意，疑当作"非"。
［2］祝药，可能指用药的同时祝祷。
［3］且、不一著何，且，疑"柤"之借字；"一"字衍。

【译文】

那些替攻伐征战辩解的人说道："南面吴、楚的国君，北面齐、晋的国君，起初受封号于天下时，它们的土地面积都没有数百里；人口的数字都没有数十万，因为攻伐征战的缘故，土地扩大到数千里；人口增加到数百万。因此，不应当停止攻伐征战。"墨子说："虽然有四五个国家，因攻伐征战得到好处，但是仍要说他们毕竟没有奉行治国的正道。这就好比医生给病人吃药一样。假如现在这里有一位医生，为天下的病人调和药剂并（向神）祝祷，一万个人吃了这种药，如果只有四五个人因此得救，那仍要说这毕竟不是可以通行的良药。因此，孝子不会拿这种药给他的双亲吃，忠臣不会拿这种药给他的国君吃。古时候受封号于天下的国家，年代久远的，（大家）耳所听到，年代较近的，（大家）眼所看到，因攻伐征战而亡国的，多得无法统计。根据什么知道是这样呢？东方的莒国，它作为一个国家是很小的，处于大国之间，不能恭敬地顺从大国，大国也不肯爱护和援助它。所以，东面有越国削减它的版图，西面有齐国兼并它的土地。分析莒国之所以夹在齐越两国之间被灭亡的原因，正是因为攻伐争战的缘故。还有南面的陈国和蔡国，它们之所以被吴、越两国所消灭，也是因为攻伐争战的缘故。还有北面的祖国和不屠何国，它们之所以被燕、代、胡、貊等族所消灭，也是因为攻伐征战的缘故。"所以墨子说道："当今之王公大人，如果真想得到收益而厌恶损失，真想得到安宁而厌恶危乱的话，那么，对于攻伐征战，就不能不加以反对。"

【原文】

饰攻战者之言曰："彼不能收用彼众，是故亡。我能收用我众，以此攻战于天下，谁敢不宾服哉？"子墨子言曰："子虽能收用子之众，子岂若古者吴阖闾哉？古者吴阖闾教七年，奉甲执兵，奔三百里而舍焉，次注林，出于冥隘之径，战于柏举，中楚国而朝宋与（及）鲁[1]。及至夫差之身，北而攻齐，舍于汶上，战于艾陵，大败齐人而葆之大山；东而攻越，济三江五湖，而葆之会稽，九夷之国莫不宾服。于是退不能赏孤，施舍群萌，自恃其力，伐其功，誉其智，怠于教，遂筑姑苏之台，七年不成。及若此，则吴有离罢之心[2]。越王句践视吴上下不相得，收其众以复其仇，入北郭，徙大内[3]，围王宫，而吴国以亡。昔者晋有六将军，而智伯莫为强焉。计其土地之博，人徒之众，欲以抗诸侯，以为英名。攻战之速，故差论其爪牙之士[4]，皆列其舟车之众[5]，以攻中行氏而有之。以其谋为既已足矣，又攻兹范氏而大败之[6]，并三家以为一家，而不止，又围赵襄子于晋阳。及若此，则韩、魏亦相从而谋曰：'古者有语：唇亡则齿寒。赵氏朝亡，我夕从之；赵氏夕亡，我朝从之。'诗曰：'鱼水不务[7]，陆将何及乎！'是以三主之君，一心戮力，辟门除道，奉甲兴士，韩、魏自外，赵氏自内，击智伯大败之。"

【注　释】

[1]"及鲁"二字倒，"及"字属下句读。
[2]罢，疲怠。
[3]大内，当作"大舟"。
[4]差论，挑选。
[5]皆，当作"比"。
[6]"兹"字衍。
[7]务，与"骛"通，指很快地游走。

【译　文】

那些替攻伐征战辩解的人说道："他们不能收聚利用他的民众，因此才败亡的。我能收聚利用我的民众，凭此攻伐征战于天下，谁敢不服从呢？"墨子说道："你虽然能收聚利用你的民众,但你哪能比得古时候的吴王阖闾呢?古时候的吴王阖闾,教练士兵七年,士兵们身披铠甲,手持兵器,急行军三百里才休息。他们驻扎在注林,又通过冥隘狭道,与楚国在柏举交战,占领了楚国的都城,使宋、鲁两国都来朝拜。到了吴王夫差这一代,向北攻打齐国,在汶上驻军,与齐国在艾陵交战,大败齐国军队,迫使齐国退守泰山;又向东攻打越国,渡过三江五湖,迫使越国退守会稽,九夷之国没有不服从他的。但夫差撤军之后,不能够抚恤死者的家属,也不能够施恩给民众,自恃自己的武力,夸耀自己的战功,称赞自己的聪明才智,松懈对军队的训练,于是修筑姑苏台,历时七年尚未完工。到了这般地步,吴王的百姓便有了离叛怠慢之心。越王勾践看见吴国朝野上下离心离德,就组织起他的军队进行复仇,攻占吴国的北城,拖走吴王的大船,包围了吴王的宫殿,吴国就此灭亡了。从前,晋国有六个将军,而智伯最为强大。他企图凭借土地广大、军队众多,抗拒诸侯,以此成就英名。他以为攻战能快速(达到目的),所以挑选属下勇猛的士兵,排列他众多的战车和战船,用来攻打中行氏,并且占领了它。由于他的谋略已完全实现,又去攻打范氏,并且也占领了它。兼并三家为自己一家所有,还是不肯停止,又在晋阳包围了赵襄子。到了这般地步,韩、魏两家就聚在一起商量:'古人有句话说:嘴唇失去了,牙齿也将受寒。赵氏如果清早被消灭,我们晚上也会跟着灭亡;赵襄子晚上被消灭,我们第二天清早也会跟着灭亡。《诗经》中说道:"鱼儿在水中,不快快地游走,被人捉到陆地上，那就来不及了。"所以，三家君主同心协力，各自打开自己的城门，接通相互之间的道路，披上铠甲出发了。韩氏和魏氏从外面攻击，赵氏在城中作内应，痛击智伯，彻底打败了他。"

【原文】

是故子墨子言曰："古者有语曰：'君子不镜于水而镜于人。镜于水，见面之容；镜于人，则知吉与凶。'今以攻战为利，则盍尝鉴之于智伯之事乎？此其为不吉而凶，既可得而知矣。"

【译文】

所以，墨子说道："古人有句话说：'君子不以水为镜，而以人为镜。以水为镜，那只能够照见人的面容；以人为镜，却能够预知吉凶。'如今人们既然认为攻伐征战有利可图，那么，为什么不尝试着借鉴一下智伯失败的教训呢？攻伐征战是不吉利的凶灾之事，这已经可以知道了。"

非攻下第十九

【原 文】

子墨子言曰："今天下之所誉善者，其说将何哉？为其上中天之利，而中中鬼之利，而下中人之利，故誉之与？意亡非为其上中天之利[1]，而中中鬼之利，而下中人之利，故誉之与？虽使下愚之人，必曰：'将为其上中天之利，而中中鬼之利，而下中人之利，故誉之。'今天下之所同义者，圣王之法也。今天下之诸侯将犹多皆免攻伐并兼，则是有誉义之名，而不察其实也。此譬犹盲者之与人，同命白黑之名，而不能分其物也，则岂谓有别哉？是故古之知者之为天下度也，必顺虑其义[2]，而后为之行。是以动则不疑，速通成得其所欲[3]，而顺天鬼百姓之利，则知者之道也。是故古之仁人有天下者，必反大国之说[4]，一天下之和，总四海之内，焉率天下之百姓，以农臣事上帝山川鬼神。利人多，功故又大，是以天赏之，鬼富之，人誉之，使贵为天子，富有天下，名参乎天地，至今不废。此则知者之道也，先王之所以有天下者也。

【注释】

[1] 意亡，即"抑无"，"无"为语助词，无义。
[2] 顺，慎也。
[3] 速通成得其所欲，疑当作"远近咸得其所欲"。
[4] 反，当作"交"。

【译文】

墨子说道："对当今天下所赞美的善行，应当作何种解释呢？是因为它上合天帝的利益，中合鬼神的利益，下合人民的利益，所以才得到赞誉的呢，还是由于它并非上合天帝的利益，中合鬼神的利益，下合人民的利益，所以才得到赞誉的呢？就算是下贱愚笨的人，也一定会说：'那当然是因为善行上合天帝的利益，中合鬼神的利益，下合人民的利益，所以才得到赞誉的呀！'当今天下所共同遵守的道义，是圣王的法则。可是现在天下的诸侯，似乎大多都正尽力于攻伐征战，兼并别国，这就徒有称赞道义的虚名，而没有明察道义的实质了。这就好比盲人与正常人，同样能叫出黑和白的名称，但盲人不能分辨出黑和白两种不同的实物，这又怎么能说他具有分辨出黑和白的能力呢？因此，古代的智士，在为天下谋划时，必定要慎重地考虑其是否合乎道义，然后才去行事。（既然是按照道义行事，）所以一旦做起来后，就毫不迟疑，迅捷通达，既能实现自己的愿望，又能顺应天帝、鬼神和百姓的利益，这便是有智慧的人所遵循的法则。所以，古代执掌天下的仁人，必定主张大小国之间交相悦，而使天下之人和睦相处，统一四海之内的国家，率领天下的百姓，去致力于农田种植和侍奉上帝、山川、鬼神。由于他们使人民得到的利益多，因此功劳也很大，所以上天奖赏他，鬼神使他富足，人民都称赞他，使他贵为天子，富有天下，美名与天地同存，至今不废止。这就是有智慧的人所遵循的法则，这就是先王所以能拥有天下的原因。

【原 文】

"今王公大人、天下之诸侯则不然。将必皆差论其爪牙之士，皆列其舟车之卒伍，于此为坚甲利兵，以往攻伐无罪之国。入其国家边境，芟刈其禾稼，斩其树木，堕其城郭[1]，以湮其沟池，攘杀其牲牷，燔溃其祖庙[2]，劲杀其万民[3]，覆其老弱[4]，迁其重器。卒进而柱乎斗[5]，曰：'死命为上，多杀次之，身伤者为下，又况失列北桡乎哉[6]，罪死无赦！'以譂其众[7]。夫无兼国覆军[8]，贼虐万民，以乱圣人之绪[9]。意将以为利天乎？夫取天之人，以攻天之邑，此刺杀天民，剥振神之位[10]，倾覆社稷，攘杀其牺牲，则此上不中天之利矣。意将以为利鬼乎？夫杀之人[11]，灭鬼神之主，废灭先王,贼虐万民,百姓离散,则此中不中鬼之利矣。意将以为利人乎?夫杀之人,为利人也博矣[12]。又计其费此[13],为周生之本,竭天下百姓之财用,不可胜数也,则此下不中人之利矣。

【注释】

[1] 堕,毁也。

[2] 溃,当作"燎"。

[3] 劲,刺也。

[4] 覆,灭也。

[5] 柱,当作"极","亟"之借字。

[6] 北桡,北,败北;桡,逗留。

[7] 譚,同"惮",胁迫。

[8] 夫无,发声词,无义。

[9] 绪,业。

[10] 剥振,剥,裂也;振,"振"之形误,裂也。剥振即毁坏。

[11] "夫杀之人"当作"夫杀天之人","天"字脱。

[12] 博,当作"薄"。

[13] 费此,当作"费赀"。

【译文】

"现在的王公大人以及天下的诸侯,就不是这样了。他们必定都分别挑选自己的精兵猛将,排列各自的战车和战船队伍,在国中置备坚固的铠甲和锐利的兵器,来攻打讨伐无罪的国家。越过人家的边境,割走人家的谷物,砍伐人家的林木,摧毁人家的城郭,而且还要填平人家的护沟护渠,掠夺宰杀人家的牲畜,焚烧人家的祖庙,劫杀人家的民众,歼灭人家的老弱,抢走人家的国宝。(他们)冲杀急进,恶斗不止,还说:'为国家战死的,是最出色的士兵;杀人多的稍次,身负战伤的,只能算是下等的士兵,更何况那些落伍败逃的士兵呢,他们都该论罪处死,绝不赦免!'用这样的话来胁迫他们的士兵,兼并人家的国土,消灭人家的军队,残害虐待人民大众,败坏圣人的功业。也许人们认为这是有利于上天吧?用上天的人民攻打征伐上天的邑城,乃是杀死上天的人民,毁坏神位,覆灭宗庙社稷,掠夺牛羊供品,那就不合上天的利益了。也许人们认为攻打征伐有利于鬼神吧?杀害上天的人民,灭绝鬼神的祭主,抛弃先王的后裔,残害虐待人民大众,使百姓流离失散,那就不合鬼神的利益了。那么,也许人们认为攻打征伐有利于人民吧?如果认为杀害人家的百姓是有利于人民的,那这种'利'未免也太淡薄了。况且,计算一下战争的费用,都是人民济养生存的衣食之本,(攻战)竭尽天下百姓的财用,以至于多得无法统计,那就不合人民的利益了。

【原文】

"今夫师者之相为不利者也,曰:将不勇,士不分,兵不利，教不习，师不众，率不利和[1]，威不围，害之不久[2]，争之不疾，孙之不强[3]，植心不坚，与国诸侯疑。与国诸侯疑，则敌生虑而意羸矣。偏具此物，而致从事焉，则是国家失卒，而百姓易务也。今不尝观其说好攻伐之国，若使中兴师，君子[4]，庶人也必且数千，徒倍十万，然后足以师而动矣。久者数岁，速者数月。是上不暇听治，士不暇治其官府，农夫不暇稼穑，妇人不暇纺绩织纴，则是国家失卒，而百姓易务也。然而又与其车马之罢弊也，幔幕帷盖，三军之用，甲兵之备，五分而得其一，则犹为序疏矣[5]。然而又与其散亡道路，道路辽远，粮食不继傺[6]，食饮之时[7]，厕役以此饥寒冻馁疾病而转死沟壑中者，不可胜计也。此其为不利于人也，天下之害厚矣。而王公大人乐而行之，则此乐贼灭天下之万民也，岂不悖哉！今天下好战之国，齐、晋、楚、越，若使此四国者得意于天下，此皆十倍其国之众，而未能食其地也，是人不足而地有余也。今又以争地之故，而反相贼也，然则是亏不足而重有余也。"

【注释】

[1]"利"字衍。
[2]害，当作"围"。
[3]孙，当作"系"。

[4]"君子"下脱"数百"二字。

[5]序疏,当作"厚余",多余的意思。

[6]俞樾云,"傺"即"际",接也。"继"字衍。

[7]"之",当作"不"。

【译文】

"现在,军队中都认为不利的事是:将领不勇敢,士兵不振奋,兵器不锐利,训练不扎实,队伍不壮大,将士不和睦,遇到威胁不能抵御,遭受围困不能久战,两军交锋不能速胜,维系民心不够有力,树立决心不能坚定,而且与盟国互相猜疑。既与盟国互相猜疑,于是产生敌对心理,共同对敌的意志也就消沉了。如果这些不利的情况都存在,还要极力从事于攻伐征战,国家就失去了法度,百姓就失去了本业。现在试看那些喜好攻伐征战的国家,如果发动一场中等规模的战争,必须征用君子几百人,公卿大夫的庶子几千人,至于普通士兵,也必定以十万数,然后才能组建军队出征。时间长一点的战争,需要好几年;快一点的战争,也需要好几个月。这样,上面当政的人无暇主持政务,士大夫无暇管理官府,农夫无暇耕种田地,妇女无暇纺衣织布,于是国家就失去了法度,百姓就失去了本业。此外,还有车马的耗费和损坏;帐幕帷盖,三军所有的用度,铠甲和兵器等装备,如果能收回五分之一,就算是收回很多了。然而,还有离散逃亡于途中的士兵百姓,因道路遥远,粮食供给不上,饮食不能按时,厮徒民役因饥寒、冻饿、患病，辗转死于沟壑之中的，也多得无法统计。这就是不利于人民啊，且天下所遭受的祸害也太深重了。然而王公大人们却乐于这样做，这是乐于残灭天下的广大民众啊，这难道不是违背常理吗！现在天下好战的国家，是齐、晋、楚、越，如果让这四个国家的意愿得逞于天下，那么，就算他们的人民十倍于现在的数字，也种不完所得到的土地，这是因为人不足而地有余啊！现在却又因争夺土地的缘故，互相残杀，这就是亏损不足而增加有余的东西了。"

【原文】

今逯夫好攻伐之君，又饰其说以非子墨子曰："以攻伐之为不义，非利物与？昔者禹征有苗，汤伐桀，武王伐纣，此皆立为圣王，是何故也？"子墨子曰："子未察吾言之类，未明其故者也。彼非所谓攻，谓诛也。昔者三苗大乱，天命殛之，日妖宵出[1]，雨血三朝，龙生于庙，犬哭乎市，夏冰，地坼及泉，五谷变化，民乃大振[2]。高阳乃命玄宫[3]，禹亲把天之瑞令[4]，以征有苗。四电诱只[5]，有神人面鸟身，若瑾以侍[6]，搤矢有苗之祥[7]，苗师大乱，后乃遂几[8]。禹既已克有三苗，焉磨为山川[9]，别物上下，卿制大极[10]，而神民不违，天下乃静。则此禹之所以征有苗也。逯至乎夏王桀[11]，天有酷命[12]，日月不时，寒暑杂至，五谷焦死，鬼呼国[13]，鹤鸣十夕余。天乃命汤于镳宫：'用受夏之大命。夏德大乱，予既卒其命于天矣，往而诛之，必使汝堪之[14]。'汤焉敢奉率其众，是以乡有夏之境，帝乃使阴暴毁有夏之城[15]。少少有神来告曰：'夏德大乱，往攻之，予必使汝大堪之。予既受命于天，天命融隆火于夏之城间西北之隅[16]。'汤奉桀众以克有属诸侯于薄[17]，荐章天命[18]，通于四方，而天下诸侯莫敢不宾服。则此汤之所以诛桀也。逮至乎商王纣，天不序其德[19]。祀用失时，兼夜中[20]，十日雨土于薄，九鼎迁止，妇妖宵出，有鬼宵吟，有女为男，天雨肉，棘生乎国道，王兄自纵也。赤鸟衔珪，降周之岐社，曰：'天命周文王伐殷有国。'泰颠来宾，河出《绿图》，地出乘黄。武王践功[21]，梦见三神曰：'予既沈渍殷纣于酒德矣[22]，往攻之，予必使汝大堪之。'武王乃攻狂夫，反商之周，天赐武王黄鸟之旗。王既已克殷，成帝之来[23]，分主诸神，祀纣先王，通维四夷[24]，而天下莫不宾，焉袭汤之绪，此即武王之所以诛纣也。若以此三圣王者观之，则非所谓攻也，所谓诛也。"

【注释】

［1］妖，疑衍。
［2］振，同"震"。

［3］"命"下脱"禹于"二字。

［4］瑞令，瑞，以玉为信；瑞令即玉制的信物。

［5］四，当作"雷"。诱只，当作"悖振"，震动的意思。

［6］若瑾，疑当为"奉珪"。

［7］祥，当作"将"。有苗之将，即有苗的大将。

［8］几，微也。

［9］磨为山川，磨当作"厤"，通"历"、"离"。"离为山川"即分别治理山川。

［10］卿制大极，疑当为"乡制四极"。

［11］逮，同"逮"，及也。

［12］辂，当作"酷"。

［13］呼下脱"于"字。

［14］堪，胜也。

［15］阴，当作"降"。

［16］隆，当作"降"。

［17］"有"下脱"夏"字。

［18］荐，进也；章，明也。

［19］序，当作"享"。

［20］"兼夜中"下有脱误。

［21］功，疑当作"阼"。

［22］沈渍，水浸曰绩。沈渍，沈溺。

［23］来，当作"赉"，赏赐。

［24］维，当作"于"。

【译 文】

　　现在那些喜好攻伐的君主，还粉饰他们的主张来非难墨子，说："你把攻伐称之为不义之举，难道不是有利的事情吗？古时候大禹征伐有苗族，商汤征伐夏桀，武王征伐纣王，他们都被尊立为圣王，这是什么缘故呢？"墨子说："你们没有细审我所说的究竟是哪一类战争，没有弄明白其中的缘故。那不能叫做'攻'，而应该叫做'诛'。从前，三苗族大乱，上天命令诛杀他们。当时，太阳怪异地出现于夜间，接连下了三天的血雨，祖庙中有龙显现，集市上有狗啼哭，水在夏日结成了冰，大地开裂，地泉涌出，五谷成熟期反常，人民大为惊骇。于是，天帝（高阳）在玄宫向大禹授命，而大禹亲自握着天帝所授予的玉制信物，前去征伐有苗族。这时，四方雷电震动，有一个人面鸟身的天神，手持镇邪的玉符侍立在旁，制服了有苗的大将，有苗族的军队大乱，有苗族从此衰落了下去。大禹既然战胜了有苗族，于是，分别治理山川，区分事物的上下之位，节制四方，而鬼神和百姓互不违逆，天下才安定下来。这就是大禹所以要征伐有苗族的原因。及至夏桀，上天降下严命，日月出没无常，寒暑季节错乱，五谷焦枯而死，鬼在城中呼叫，鹤鸣十几天之久。于是，天帝在镳宫向汤授命，告诉他：'你接受夏朝的国祚。夏朝的德行淫乱，我在天上已将夏朝的命数断绝，你去诛杀他罢，我一定让你战胜他。'于是，汤才敢率领他的军队，开向夏朝的辖境，天帝命令降下天灾，毁坏夏朝的城郭。不多时，有位神人来告诉汤说：'夏朝的德纪已乱，你去进攻他，我一定让你彻底战胜他。我已经受命于天，命令火神祝融降下大火于夏都城的西北角。'汤率领夏桀倒戈的军队，战胜了夏，在薄地召集诸侯，宣明上天的命令，通告天下四方，而天下的诸侯，没有敢不服从的。这就是汤所以要诛杀桀的原因。及至商纣，上天不再延续他的德运。由于纣王不按时令举行祭祀，天在薄地下了十几天的尘土，国家的宝器九鼎自己迁离了原址，妖女晚间出现，有鬼夜半悲吟，竟有女子变成了男人，天上下了一场肉雨，国道上忽然长出荆棘，纣王自己也更加纵欲无度。有一天，一只红鸟衔着一块珪玉，降落在周地岐社，玉上写着：'上天命周文王攻伐殷，并占有这一国家。'贤臣泰颠来归顺文王；河中浮现《图录》，地下奔出神马乘黄。武王继位的时候，梦见三位神人向他说：'我们已经让纣王沉溺于酒色之中了。你去攻伐他，我们一定让你彻底战胜他。'武王于是去攻伐狂夫纣王，推翻了商朝，建立周朝，上天赐给武王黄鸟之旗。武王既已攻克殷商，承受上天的赏赐，便命令诸侯分别主祭诸神，并祭祀商纣的先王，政令通达于四方，天下没有不服从的，于是，武王就承继了商汤的基业，这就是武王所以要诛杀纣王的原因。如果从这三位圣王所进行的战争看，那不应该叫做'攻'，而应该叫做'诛'啊！"

【原 文】

则夫好攻之君，又饰其说以非子墨子曰："子以攻伐为不义，非利物与？昔者楚熊丽，始讨此睢山之间[1]；越王繄亏，出自有遽，始邦于越；唐叔与吕尚邦齐晋。此皆地方数百里，今以并国之故，四分天下而有之，是故何也？"子墨子曰："子未察吾言之类，未明其故者也。古者天子之始封诸侯也，万有余；今以并国之故，万国有余皆灭，而四国独立。此譬犹医之药万有余人，而四人愈也，则不可谓良医矣。"

【注 释】

[1] 讨，当作"封"字。

【译 文】

那些喜好攻伐的君主，又粉饰他们的主张来非难墨子，说："你认为攻伐是不义之举，难道不是有利的事情吗？从前楚世子熊丽初封于睢山之间，越王繄亏出自有遽，开始建国于越；而唐叔建国于晋、吕尚建国于齐。当时，他们的地域不过方圆数百里，如今因吞并他国的缘故，竟占据了天下的四分之一，这又是什么缘故呢？"墨子说："你没有细审我所说的是哪一类战争，没有弄明白其中的缘故。古时候，天子刚开始分封诸侯，受封的诸侯国家多达一万多；如今，因兼并别国的缘故，一万多个国家被灭亡，只有这四个国家独自留存下来。这就好比医生给一万多人吃药，而只有四个人痊愈，那就不能说他是良医了。"

【原文】

则夫好攻伐之君又饰其说曰："我非以金玉、子女、壤地为不足也，我欲以义名立于天下，以德求诸侯也。"子墨子曰："今若有能以义名立于天下，以德求诸侯者，天下之服可立而待也。夫天下处攻伐久矣，譬若傅子之为马然[1]。今若有能信效先利天下诸侯者[2]，大国之不义也，则同忧之；大国之攻小国也，则同救之；小国城郭之不全也，必使修之；布粟之绝[3]，则委之；币帛不足，则共之。以此效大国[4]，则小国之君说。人劳我逸，则我甲兵强。宽以惠，缓易急，民必移。易攻伐以治我国，攻必倍[5]。量我师举之费，以争诸侯之毙，则必可得而序利焉[6]。督以正，义其名，必务宽吾众，信吾师，以此授诸侯之师[7]，则天下无敌矣，其为下不可胜数也[8]。此天下之利，而王公大人不知而用，则此可谓不知利天之巨务矣。"

【注释】

[1] 傅，当为"僮"。

[2] 效,当作"交"字。

[3] 之,当为"乏"。

[4] 效,"校"之借字,校犹抗也。

[5] 攻,"功"之借字。

[6] 序,当作"厚"。

[7] 授,当为"援"。

[8] "其为下",当作"其为利天下"。

【译 文】

那些喜好攻伐的君主,又粉饰他们的主张说:"我(之所以攻伐)并不是出于金玉、人民、土地不足,我只是想树立仁义之名于天下,是想用仁德来求得诸侯的归服。"墨子说:"现在假如有人能树立正义之名于天下,能用仁德来求得诸侯的归服,那么,天下的归服,就可以唾手而得。因为天下处于攻伐状态已经很久了,这就好比把童子当作马骑一样。现在假如有人能用信义相交,先为天下诸侯谋利,那么,大国做不义的事时,就共同为此担忧;大国攻打小国时,就共同出兵救援它;小国的城郭不完固,一定要使它修整好;布匹和粮食困乏了,就想法周济它;钱币不足了,就想法供给它。如果像这样去抗御大国的攻伐,那小国的君主是会很欢喜的。人劳我逸,我的兵力就会强大。既宽厚又仁惠,使人民从急难中解救出来,民心就必定能归向我方。把花费在战争上的财力,转向治理国内,功利就必定能成倍增加。估量好我军出征的费用,去攻伐已经危困的诸侯，就一定能赢得极大的利益。用正道去率领民众，用正义来树立出师之名，（加之）必定用宽厚的态度对待人民大众，取信于自己的军队，能凭借这些去援助诸侯的军队，就将是天下无敌了。这样做给天下带来的利益，多得无法统计。这是天下的大利，王公大人却不知道用，真可以说，他们不知道什么是对天下有利的要务啊！"

【原文】

是故子墨子曰："今且天下之王公大人士君子，中情将欲求兴天下之利，除天下之害，当若繁为攻伐，此实天下之巨害也。今欲为仁义，求为上士，尚欲中圣王之道，下欲中国家百姓之利，故当若非攻之为说，而将不可不察者此也。"

【译文】

所以，墨子说："现在天下的王公大人和士君子们，心里确实想求得兴天下之利，除天下之害，但是如果频繁地进行攻伐战争，那就实在是兴天下之大害了。如果现在要奉行仁义，争当高尚的士人，希望上合圣王的道理，下合国家百姓的利益，那么，对此反对攻伐征战的主张，当不能不加以明察的，就是我上面说的意思。"

卷 六

节用上 第二十

【原文】

圣人为政一国，一国可倍也；大之为政天下，天下可倍也。其倍之，非外取地也，因其国家，去其无用之费，足以倍之。圣王为政，其发令兴事，使民用财也，无不加用而为者。是故用财不费，民德不劳，其兴利多矣！

【译文】

圣人主持一国政务，一国的财利就可以成倍地增长；（进而言之），大到主持天下政务，天下的财利也可以成倍地增长。这种财利的成倍增长，不是凭借对外掠夺土地得来的，而是凭借立足于国内，省去无效用的花费，就能得到加倍的利益了。圣王治理政务，发布政令去兴办事业和让人民支出用度，绝不做那不增加实际利益的事情。所以使用资财不浪费，民众不觉得劳苦，这样，增加的利益就会很多了。

【原文】

其为衣裘何？以为冬以圉寒，夏以圉暑。凡为衣裳之道，冬加温，夏加清者芊䋣[1]，不加者去之。其为宫室何？以为冬以圉风寒，夏以圉暑雨，有盗贼加固者芊䋣，不加者去之。其为甲盾五兵何？以为以圉寇乱盗贼，若有寇乱盗贼，有甲盾五兵者胜，无者不胜，是故圣人作为甲盾五兵。凡为甲盾五兵，加轻以利、坚而难折者芊䋣，不加者去之。其为舟车何？以为车以行陵陆，舟以行川谷，以通四方之利。凡为舟车之道，加轻以利者芊䋣，不加者去之。凡其为此物也，无不加用而为者。是故用财不费，民德不劳，其兴利多矣。

【注　释】

[1] 芊䖒，洪颐煊以为当作"则止"，可从，下同。

【译　文】

　　圣人制作衣服，是根据什么原则进行的呢？衣服冬天可以御寒，夏天可以防暑。大凡做衣服的原则，只要冬天能增加温暖，夏天能保持凉爽就行了，超出了这些而无所补益的，就省去。圣人建造宫室，是根据什么原则进行的呢？宫室冬可以御风防寒，夏天可以防雨避暑，如有盗贼，加固一点就行了，超出了这些而无所补益的，就省去。圣人打制铠甲、盾牌和各种兵器，是根据什么原则进行的呢？铠甲、盾牌和各种兵器，可以防御乱寇盗贼，如果遇到乱寇盗贼，准备好铠甲、盾牌和各种兵器的就胜利，没有准备好的就失败，所以圣人才要打制铠甲、盾牌和各种兵器。大凡打制甲、盾和各种兵器，只要能做到轻便锐利、结实不易折损就行了，超出了这些而无所补益的，就省去。圣人制造车和船，是根据什么原则进行的呢？车行山陵陆路，船走河川水道，用来沟通四方水陆的便利。大凡制造车和船的原则，只要轻巧快捷就行了，超出了这些而无所补益的，就省去。凡是营造上述之类东西，无一不是因为能增加实际效用，然后才去做的。所以使用资财不浪费，百姓得到了利益，但不觉得劳苦，这样，增加的利益也就多了。

【原 文】

　　有去大人之好聚珠玉、鸟兽、犬马，以益衣裳、宫室、甲盾、五兵、舟车之数于数倍乎！若则不难，故孰为难倍？唯人为难倍。然人有可倍也。昔者圣王为法曰："丈夫年二十，毋敢不处家；女子年十五，毋敢不事人。"此圣王之法也。圣王既没，于民次也[1]。其欲蚤处家者，有所二十年处家；其欲晚处家者，有所四十年处家。以其蚤与其晚相践[2]，后圣王之法十年。若纯三年而字[3]，子生可以二三年矣[4]。此不惟使民蚤处家，而可以倍与？且不然已。

【注 释】

［1］次，通"恣"。
［2］践，比较。
［3］纯，皆。字，生子。
［4］年，当作"人"。

【译 文】

　　如果削去王公大人们喜好搜集的珠玉、鸟兽、犬马等物品的花费，来增加衣服、宫室、铠甲、盾牌、各种兵器以及车船的数目，那么这个数目当增加数倍吧！要想让这些东西成倍增加并不难。那么，什么东西是难以成倍增加的呢？只有人口是难以成倍增加的。然而人口也是有办法成倍增加的。古时候圣王制定法律说:"男子年二十,不敢不成家;女子年十五,不敢不嫁人。"这就是圣王的法律。圣王谢世后,人民开始自流放任。那些想早成家的,年仅二十岁就结婚了;那些想晚成家的,也有到四十岁才结婚的。把早婚的人和晚婚的人平均计算,比圣王法定的年龄向后推迟了十年。假定成婚后都是三年生一个孩子,那么十年里可以生育两到三个孩子。这不是让百姓早婚而使人口增加一倍吗?而且不仅仅是这样。

【原文】

今天下为政者,其所以寡人之道多。其使民劳,其籍敛厚,民财不足,冻饿死者不可胜数也。且大人惟毋兴师以攻伐邻国,久者终年,速者数月,男女久不相见,此所以寡人之道也。与居处不安,饮食不时,作疾病死者,有与侵就援橐[1],攻城野战死者,不可胜数。此不令为政者[2],所以寡人之道数术而起与?圣人为政特无此,不圣人为政[3],其所以众人之道亦数术而起与?

【注释】

[1] 就,疑当作"掠";援,疑是"俘"之讹;"橐"疑是"虏"之讹。
[2] 令,当作"今"。

[3]不,当作"夫",发端词。

【译文】

现在天下主持政务的人,他们之所以会使人口减少的原因,实在太多了。他们使人民劳累辛苦,税收也太重,人民大众因财力不足,冻死饿死的人多得无法统计。况且王公大人兴兵攻打邻国,时间长的要一年之久,快的也要有几个月,男女因战争而长期不能相会,这就是人口所以减少的原因。又加上因战时居住不安,饮食不定时,发作疾病而死人,还有因侵掠俘虏以及攻城、野战而死的人,也多得无法统计。这不是由当今那些治理政务的人采用各种使人口减少的政策造成的吗?而圣人主持政务,独独没有这种情况。圣人治理政务,其所以使人口增加,不也是因为采用了各种使人口增加的政策吗?

【原文】

故子墨子曰:"去无用之费,圣王之道,天下之大利也。"

【译文】

所以,墨子说:"省去不能增加实际利益的费用,这是圣王的道理,是天下最大的利益。"

节用中 第二十一

【原文】

子墨子言曰:"古者明王圣人,所以王天下、正诸侯者,彼其爱民谨忠,利民谨厚,忠信相连,又示之以利,是以终身不餍,殁世而不卷[1]。古者明王圣人,其所以王天下正诸侯者,此也。

【注释】

[1]卷,今"倦"字。

【译文】

墨子说:"古时候的明王圣人,之所以能称王于天下,成为诸侯之长,是因为他们忠心地爱护人民,淳厚地为人民谋利。由于他们的忠心是和信义连接在一起的,又使人民看到了利益,所以人民(对于明王圣人)终身不厌弃,毕生不怠倦。古时候的明王圣人,之所以能称王于天下,成为诸侯之长,原因就在于此。

【原文】

"是故古者圣王,制为节用之法曰:'凡天下群百工,轮车、鞼匏、陶、冶、梓匠[1],使各从事其所能。'曰:'凡足以奉给民用则止。'诸加费不加于民利者,圣王弗为。

【注释】

[1]鞼匏,鞼,当作"鞞",攻皮治鼓工。匏,当作"鲍",柔革工。

【译文】

"因此,古代的圣王订出节制用度的法规,说:'凡是天下的百工:造车轮的、制皮革的、烧陶器的、铸五金的、做木器的,让他们各自去做自己专长的工作。'又说:'所有这些生产,能够供给民用就行了。'各种只增加费用而不能增加人民实际利益的事,圣王绝不去做。

【原文】

"古者圣王制为饮食之法曰:'足以充虚继气,强股肱,耳目聪明则止,不极五味之调,芬香之和,不致远国珍怪异物。'何以知其然?古者尧治天下,南抚交阯,北降幽都[1]，东西至日所出入，莫不宾服。逮至其厚爱[2]，黍稷不二，羹胾不重[3]，饭于土塯[4]，啜于土形[5]，斗以酌[6]。俛仰周旋威仪之礼，圣王弗为。

【注释】

[1]降，当作"际"。
[2]爱，此处引申为享受（愿意爱好）。
[3]羹胾，羹，肉汤；胾，大块肉。
[4]土塯，盛饭的陶器。
[5]土形，用土烧制成的饮具。
[6]斗以酌，斗，舀取的意思；酌，即勺。

【译文】

"古时候圣王订出节制饮食的法规，说：'能够充实饥肠，增补血气，强健四肢，聪耳明目就行了。不要过分追求五味调和，气息芳香，不要去罗致远方的奇珍异品。'根据什么知道是这样呢？古时候尧治理天下，南面安抚交趾，北面连接着幽都，东面和西面直到日出日落的地方，没有不归顺的。至于他的最大享受，黍与稷一顿饭只吃一种，肉块与肉汤只吃一样，盛饭用瓦器塯，盛汤用瓦盆，饮酒用木勺。那些俯仰周旋、威仪繁重的礼节，圣王是不去做的。

【原文】

"古者圣王制为衣服之法曰:'冬服绀緅之衣[1],轻且暖;夏服絺绤之衣,轻且清,则止。'诸加费不加于民利者,圣王弗为。

【注释】

[1] 绀緅,绀,帛,深青中透着红色;緅,当作"才",一种帛,其色近雀头的颜色。

【译文】

"古时候圣王制定了穿衣服的法规,说:'冬天穿深青中透红色的衣服,轻便而又暖和;夏天穿葛布衣,轻巧而又凉爽,这就可以了。'各种只增加费用而不能增加人民实际利益的事,圣王是不去做的。

【原文】

"古者圣人为猛禽狡兽,暴人害民,于是教民以兵行、日带[1]。剑为刺则入,击则断,旁击而不折,此剑之利也。甲为衣则轻且利,动则兵且从[2],此甲之利也。车为服重致远,乘之则安,引之则利,安以不伤人,利以速至,此车之利也。古者圣王为大川广谷之不可济,于是利为舟楫[3]，足以将之则止[4]。虽上者三公诸侯至，舟楫不易，津人不饰，此舟之利也。

【注释】

[1] 兵行日带，疑当作"兵甲车舟"。（王焕镳说）
[2] 兵，当作"弁"，通"变"。
[3] 利，当作"制"。
[4] 将，行也。

【译文】

"古时候圣王因为凶禽猛兽伤害人民，于是教人民做兵器、铠甲、车和船。剑用来刺击就能刺入（禽兽躯体），用来劈斩就能斩断，向旁边砍击也不会断折，这是剑的用处。铠甲作为护衣，轻巧而便利，行动时舒适自如，这是铠甲的用处。车用来负载重物到达远方，坐上去很安稳，拉起来很便利，安稳就不致于伤人，便利就能迅速到达目的地，这是车的用处。古时候圣王因为大川宽谷不能渡过，于是制造船和桨，只要能用来渡河就行了。就是王公诸侯到来，既不需要更换船和桨，也不需要船工打扮修饰，这是船的用处。

【原文】

"古者圣王制为节葬之法曰：'衣三领，足以朽肉；

棺三寸，足以朽骸；堀穴，深不通于泉，流不发泄则止[1]。死者既葬，生者毋久丧用哀。'

【注释】

[1] 流，当作"气"。

【译文】

"古时候圣王制定了节制丧葬的法规，说：'衣服三套，能穿到肉体腐烂；棺木三寸，能用到尸骨腐烂；挖掘墓坑不要深至地泉，也不至于让腐气散发出地面，这就行了。'死去的人既然已经安葬，活着的人就不必长久服丧、致哀追悼了。

【原文】

"古者人之始生，未有宫室之时，因陵丘堀穴而处焉。圣王虑之，以为堀穴，曰'冬可以辟风寒'，逮夏，下润湿，上熏烝[1]，恐伤民之气，于是作为宫室而利。"然则为宫室之法将奈何哉？子墨子言曰："其旁可以圉风寒，上可以圉雪霜雨露，其中蠲洁[2]，可以祭祀，宫墙足以为男女之别，则止。诸加费不加民利者，圣王弗为。"

【注释】

[1] 烝，通蒸，指太阳烤晒。

[2] 蠲，洁。

【译文】

"古时候，人类刚刚产生，还没有宫室之时，人们靠近丘陵，挖掘洞穴居住。圣王考虑此事，认为这样挖掘洞穴为家，虽说冬天可以躲避风寒，但到了夏天，地下十分潮湿，而上面却热气蒸人，（圣王）担心会损伤人民的体质，于是建造宫室，从而给人民带来便利。"那么，建造宫室的原则应当是怎样的呢？墨子说道："宫室的四壁要能够抵御风寒，宫室的房顶要能够抵御雪霜雨露，宫室的里面要清洁干净，能够祭祀祖先，宫墙要能够隔绝男女，使之有别，这就行了。各种只增加费用而不能增加人民实际利益的事，圣王是不去做的。"

节用下 第二十二（缺）
节葬上 第二十三（缺）
节葬中 第二十四（缺）
节葬下 第二十五

【原文】

子墨子言曰："仁者之为天下度也，辟之无以异乎孝子之为亲度也[1]。"今孝子之为亲度也，将奈何哉？曰：

"亲贫则从事乎富之,人民寡则从事乎众之,众乱则从事乎治之。当其于此也,亦有力不足,财不赡,智不智,然后已矣。无敢舍余力,隐谋遗利,而不为亲为之者矣。若三务者,孝子之为亲度也,既若此矣[2]。

【注释】

[1] 辟,同譬。
[2] 既,尽、全。

【译文】

墨子说:"仁人替天下打算,好比孝子替双亲打算没有什么不同。"现在孝子替双亲打算,将是怎样的呢?(墨子)说:"双亲贫困,就做些使他们富裕的事情;人口稀少,就做些使人口增多的事情;众人动乱,就做些治理众人的事情。"当他致力于这些事情时,也有因力量不够、财力不足、智力不及,然后作罢的。但是,绝不敢放弃余存的气力,隐藏自己的智慧,留下富余的财物,而不替双亲办事情。这三件事,就是孝子替双亲做的打算,凡孝子无不如此。

【原文】

"虽仁者之为天下度,亦犹此也。曰:天下贫则从事乎富之,人民寡则从事乎众之,众而乱则从事乎治之。

当其于此，亦有力不足，财不赡，智不智，然后已矣，无敢舍余力，隐谋遗利，而不为天下为之者矣。若三务者，此仁者之为天下度也，既若此矣。

【译 文】

"就是仁人替天下打算，也是如此。（仁者）说：天下贫困，就做些使天下富裕的事情；人口稀少，就做些使人口增多的事情；民众动乱，就做些治理民众的事情。当仁人致力于这些事情时，也有因力量不够，财力不足，智力不及，然后作罢的，但是，绝不敢放弃余存的气力、隐藏自己的智慧，留下富余的财物，而不替天下办事情。这三件事，就是仁人替天下做的打算，凡仁人无不如此。

【原 文】

"今逮至昔者。三代圣王既没，天下失义。后世之君子，或以厚葬久丧以为仁也，义也，孝子之事也；或以厚葬久丧以为非仁义，非孝子之事也。"曰："二子者，言则相非，行即相反，皆曰：'吾上祖述尧舜禹汤文武之道者也。'而言即相非，行即相反，于此乎后世之君子，皆疑惑乎二子者言也。若苟疑惑乎之二子者言，然则姑尝传而为政乎国家万民而观之[1]。计厚葬久丧，奚当此三利者我[2]？意若使法其言，用其谋，厚葬久丧，实可以富贫众寡，定危治乱乎，此仁也义也，孝子之事也。为人谋者，不可不劝也。仁者将兴之天下[3]，谁贾而使民誉之[4]，终勿废也。意亦使法其言，用其谋，厚葬久丧，实不可以富贫众寡，定危理乱乎，此非仁非义，非孝子之事也。为人谋者，不可不沮也。仁者将求除之天下，相废而使人非之[5]，终身勿为。且故兴天下之利[6]，除天下之害，令国家百姓之不治也，自古及今，未尝之有也。"

【注释】

[1] 传，通"转"。
[2] 我，当为"哉"字。
[3] "将"下疑脱"求"字。
[4] 谁贾，义不可通，当为"设置"。
[5] 相，当作"措"。
[6] 且故，当作"是故"。

【译文】

"现在回顾往昔的情况。三代的圣王去世之后，天下丧失了道义。后世的君子，或者认为厚葬久丧即仁即义，是孝子所应该做的事情；或者认为厚葬久丧不仁不义，不是孝子所应该做的事情。"（墨子）说："这两种人言论相反，行为相背，却都说：'我遵循的是尧、舜、禹、汤、文王、武王的道理。'

可实际上各自言论相反，行为相背，于是乎后世的君子，都为这两人的主张而感到困惑。假如为这两种人的主张而感到困惑，那我们且转而从为国家民众治理政务的角度来考察吧。考虑一下，厚葬久丧在哪一方面符合上面三种利益？假如效法他们的说法，采纳他们的主张，去实行厚葬久丧，要是真能使穷的变富，使人口少的增多，使危难得到平定，使混乱得到治理的话，那便是仁，是义，是孝子应该做的事了。（要是）替别人谋划，那是不能不劝他这样做的。而仁人也会为天下人广泛地兴办它，设置厚葬久丧的制度让人民称赞它，永远不废止。假如效法久丧的说法，采纳他们的主张，去实行厚葬久丧，的确不能使穷的变富，使人口少的增多，使危难得到平定，使混乱得到治理的话，那便是不仁不义，不是孝子应该做的事了。（要是）替别人谋划，那是不能不阻止他这样做的。而仁人也将设法为天下人除去它，将它废止并教导人们反对它，永远不去做。因此，兴办对天下有利的事，废除对天下有害的事，反倒使国家百姓得不到治理，这样的情况，从古到今不曾有过。"

【原文】

何以知其然也？今天下之士君子，将犹多皆疑惑厚葬久丧之为中是非利害也。故子墨子言曰："然则姑尝稽之，今虽毋法执厚葬久丧者言，以为事乎国家。此存乎王公大人有丧者，曰棺椁必重[1]，葬埋必厚，衣衾必多，文绣必繁，丘陇必巨[2]。存乎匹夫贱人死者，殆竭家室。〔存〕乎诸侯死者[3]，虚车府[4]，然后金玉珠玑比乎身，纶组节约[5]，车马藏乎圹，又必多为屋幕、鼎鼓、几梴、壶滥、戈剑羽旄齿革，寝而埋之，满意，若送从[6]。曰天子杀殉，众者数百，寡者数十；将军大夫杀殉，众者数十，寡者数人。处丧之法将奈何哉？曰：哭泣不秩声翁[7]，缞绖垂涕，处倚庐，寝苫枕凷[8]，又相率强不食而为饥，薄衣而为寒，使面目陷䫉，颜色黧黑，耳目不聪明，手足不劲强，不可用也。又曰：上士之操丧也，必扶而能起，杖而能行，以此共三年。若法若言，行若道，使王公大人行此，则必不能蚤朝，五官六府[9]，辟草木，实仓廪。使农夫行此，则必不能蚤出夜入，耕稼树艺。使百工行此，则必不能修舟车为器皿矣。使妇人行此，则必不能夙兴夜寐，纺绩织纴。细计厚葬，为多埋赋之财者也[10]！计久丧，为久禁从事者也！财以成者，扶而埋之[11]；后得生者，而久禁之。以此求富，此譬犹禁耕而求获也，富之说无可得焉。

【注释】

[1] 棺椁必重：棺，内棺，椁，外棺。《檀弓》："天子之棺四重。"郑注："诸公三重，诸侯再重，大夫一重，士

不重。"

[2] 丘陇，坟冢。

[3] "存"原脱，据毕沅校补。

[4] 车，当作"库"。

[5] 纶组节约，纶组，盖在尸体上的丝絮；节约，约束，指丝带。

[6] 若送从，当作"送死若徙"。

[7] 不秩声翁，秩，常也；不秩，不停的意思。翁，当作"翕"，收敛的意思。

[8] 甴，即块字。

[9] "五官六府"上疑有脱文，当为"使大夫为此，则必不能治五官六府"。

[10] "之"字疑衍。

[11] 扶，当作"挟"。

【译文】

根据什么知道是这样呢？现在天下的士君子，对厚葬久丧的是非利弊，还有很多疑惑。所以墨子说："那么，（我们）姑且试着听从主张厚葬久丧之人的言论，把它实行于国家中并考察其结果吧。这种主张在有丧事的王公大人家里实行，内外棺必定要多几重，下葬的礼品必定厚重，衣服被褥必定要很多，文彩锦绣必定要花色繁复，坟冢必定要高大。这种主张在死了人的平民百姓家里实行，几乎要用尽家里的资财。而在死了人的诸侯家里实行，必定会使库存空虚，然后才能做到金玉珠玑盖满身，用丝絮组带装束尸体，把车马埋入坟中陪葬，还必定大量地置备帐幕、鼎、鼓、几案、壶、鑑、戈、剑、羽、旄、象牙、皮革等，都放入坟里埋葬，才能心满意足，就如同送人迁徙一般。而天子杀人殉葬，多的几百人，少的几十人；将军大夫杀人殉葬，多的几十人，少的几个人。居丧的规矩，又将是怎样的呢？他们说：要哭泣不停，泣不成声，要披麻戴孝，垂涕流泪，住在中门外侧的茅草屋中，睡在草垫上，头枕着土块，还要争相强忍不食使自己饥饿，使衣服单薄而受冻，致使脸颊干瘦，眼窝深陷，面色黑黄，耳不聪，目不明，手足无力，不听使唤。他们还说：上等人士办丧事时，一定要别人搀扶着才能站得起来，要挂着拐杖才能行走，照这样服丧，需三年的时间。如果效法他们的言论，实行他们的办法，那么，叫王公大人这样做了，就必定不能早起上朝（审听刑狱和治理政务）；（叫士大夫这样做了）就必定不能管理好五官六府、开垦荒地、充实仓库。叫农夫这样做了，就必定不能早出晚归，耕田种菜。叫百工这样做了，就必定不能修造车船和制作器皿了。叫妇女这样做了，就必定不能早起晚睡，纺纱织布，缝制衣裳。仔细思量这厚葬，实在是大量地埋葬那征收来的资财啊！思量这久丧，实在是长久地不让人致力于工作啊！把得来的财富，拿去埋掉；干活过日子的人，长久地不许工作。像这样去致富，就好比禁止耕种却想求取收获一样，所谓的致富之说，是无法得到实现的。

【原 文】

"是故求以富家,而既已不可矣,欲以众人民,意者可邪?其说又不可矣。今唯无以厚葬久丧者为政,君死,丧之三年,父母死,丧之三年,妻与后子死者[1],五皆丧之三年[2];然后伯父叔父兄弟孽子其[3];族人五月,姑姊甥舅,皆有月数[4]。则毁瘠必有制矣,使面目陷隰,颜色黧黑,耳目不聪明,手足不劲强,不可用也。又曰上士操丧也,必扶而能起,杖而能行。以此共三年。若法若言,行若道,苟其饥约,又若此矣,是故百姓冬不仞寒[5],夏不仞暑,作疾病死者,不可胜计也。此其为败男女之交多矣。以此求众,譬犹使人负剑而求其寿也[6],众之说无可得焉。

【注 释】

[1] 者,衍。后子,父后之子,即长子。
[2] "五"下脱"者"字。
[3] 其,同"期",一年的意思。
[4] 月数,当作"数月"。
[5] 仞寒,"仞"通"忍"。
[6] 负,同"伏"。

【译文】

"用（厚葬久丧）使国家富裕，已经不可能了。那么，要用厚葬久丧增加人口，或许还可以吧？可是这种说法也行不通啊！现在如果让主张厚葬久丧的人去治理国政，君主死了，服丧三年，父母死了，服丧三年，妻子与长子死了，也都服丧三年；然后是伯父、叔父、兄弟、庶子等死了，均服丧一年；同族人死了服丧五个月，姑姊甥舅死了都服丧几个月。那么，居丧期间由哀伤而致毁坏身体也必定有制度了，它使人们脸颊干瘦，眼窝深陷，面色黑黄，耳不聪，目不明，手脚无力，不听使唤。他们还说：上等人士办丧事时，一定要别人搀扶着才能站得起来，要拄着拐杖才能行走。照这样服丧，须三年的时间。如果效法他们的言论，实行他们的办法，假如他们也像上面说的那样忍饥缩食。结果是百姓冬天耐不住寒冷，夏天耐不住暑热，因发病而死的人，会多得无法统计。这就大大地败坏了男女之间的交合。像这样去求得人口众多，就好比使人伏在剑刃上自杀而求得长寿一样，所谓的增加人口之说，是无法得到的。

【原文】

"是故求以众人民，而既以不可矣，欲以治刑政，意者可乎？其说又不可矣。今唯无以厚葬久丧者为政，国家必贫，人民必寡，刑政必乱。若法若言，行若道，使为上者行此，则不能听治；使为下者行此，则不能从事。上不听治，刑政必乱；下不从事，衣食之财必不足。若苟不足，为人弟者，求其兄而不得，不弟弟必将怨其兄矣；为人子者，求其亲而不得，不孝子必是怨其亲矣；为人臣者，求之君而不得，不忠臣必且乱其上矣。是以僻淫邪行之民，出则无衣也，入则无食也，内续奚吾[1]，并为淫暴，而不可胜禁也，是故盗贼众而治者寡。夫众盗贼而寡治者，以此求治，譬犹使人三睘而毋负已也，治之说无可得焉。

【注　释】

[1] 内续奚吾，此不可解，俞樾以为当为"内积奚后"，"奚后"即'謑诟'之假音。王焕镳认为"奚吾"当作"抵牾"，今从王说。

【译　文】

"因此，用（厚葬久丧）使人口众多，已经不可能了，那么，要用（厚葬久丧）来治理刑法政务，或许还可以吧？可是这种说法也行不通啊！现在如果让主张厚葬久丧的人去治理政务，国家必定贫困，人口必定稀少，刑政法令必定混乱。如果效法他们的言论，实行他们的办法，那么叫上面的人这样做了，就不能处理政务；叫下面的人这样做了，就不能致力于工作。上面的人不处理政务，刑法政令就必定混乱；下面的人不致力于工作，衣食财用就必定不足。如果衣食财用不足，做弟弟的向兄长求告而得不到接济，不守本分的弟弟就必定会怨恨他的兄长；做儿子的向双亲求告而得不到接济，不孝顺的儿子就必定会怨恨他的双亲了；做臣下的向君主求告而得不到恩泽，不忠诚的臣下就必定会犯上作乱。因此，行为邪恶淫僻的人，出门没衣穿，回家没饭吃，心中抵触不平，就一起去做那邪恶暴虐的事情，而不能禁止，因此，去做盗贼的人多，顺从治理的人少。如果使做盗贼的人多，顺从治理的人少，而借此去求得天下太平的话，就好比让人在自己前面旋转三次，只许他面向自己而不许他背向自己一样，所谓的'治'，是无法得到的。"

【原文】

"是故求以治刑政，而既已不可矣，欲以禁止大国之攻小国也，意者可邪？其说义不可矣。是故昔者圣王既没，天下失义，诸侯力征。南有楚、越之王，而北有齐、晋之君，此皆砥砺其卒伍，以攻伐并兼为政于天下。是故凡大国之所以不攻小国者，积委多，城郭修，上下调和，是故大国不耆攻之。无积委，城郭不修，上下不调和，是故大国耆攻之。今唯无以厚葬久丧者为政，国家必贫，人民必寡，刑政必乱。若苟贫，是无以为积委也；

若苟寡，是城郭沟渠者寡也；若苟乱，是出战不克，入守不固。

【译文】

"用（厚葬久丧）使刑法政令得到治理，已经不可能了，那么，要用（厚葬久丧）来禁止大国攻打小国，或许还可以吧？可是这种说法也行不通啊！从前，圣王已经谢世，天下丧失了道义，诸侯互相用武力征伐。南面有楚、越两国的君主，北面有齐、晋两国的君主，这些君主都训练自己的军队，用攻伐兼并治政于天下。因此，凡大国之所以不攻打小国，是因为小国的储备充足，城池修建得坚固，朝野上下和谐一致，所以大国不去出兵攻打它。（因为）储备不充足，城池修建得不完好，朝野上下不能和谐一致，所以大国才出兵攻打它。现在如果让主张厚葬久丧的人治理政务，国家必定贫穷，人口必定稀少，刑法政令必定混乱。如果国家贫穷，就没有财用来储备；如果人口稀少，修城廓沟池的人就少；如果刑法政令混乱，出城作战就不能取胜，入内防守就不能坚固。

【原文】

"此求禁止大国之攻小国也，而既已不可矣，欲以干上帝鬼神之福，意者可邪？其说又不可矣。今唯无以厚葬久丧者为政，国家必贫，人民必寡，刑政必乱。若苟贫，是粢盛酒醴不净洁也；若苟寡，是事上帝鬼神者寡也；若苟乱，是祭祀不时度也。今又禁止事上帝鬼神，为政若此，上帝鬼神，始得从上抚之曰：'我有是人也，与无是人也，孰愈？'曰：'我有是人也，与无是人也，无择也。'则惟上帝鬼神降之罪厉之祸罚而弃之，不亦乃其所哉！

【译文】

"用（厚葬久丧）去求得禁止大国攻打小国，已经不可能了，那么，要用（厚葬久丧）来请求上帝鬼神赐福，或许还可以吧？可是这种说法也行不通啊！现在如果让主张厚葬久丧的人治理政务，国家必定贫穷，人口必定稀少，刑法政令必定混乱。如果国家贫穷，祭祀用的酒食礼品就不能洁净；如果人口稀少，侍奉上帝鬼神的人也就会减少；如果刑法政令混乱，祭祀就不能按时令如期举行。现在又禁止人们侍奉上帝鬼神，像这样治理政务，上帝鬼神恐怕要在上天憎恶他们，说：'我有这些人和没有这些人，哪一种情况更好一些呢？'接着又说：'我有这些人和没有这些人，是没有什么区别的。'虽然上帝鬼神降下灾祸惩罚他们，抛弃他们，难道不也是他们罪有应得的吗？

【原文】

"故古圣王制为葬埋之法，曰：'棺三寸，足以朽体；

衣衾三领，足以覆恶[1]；以及其葬也，下毋及泉，上毋通臭，垄若参耕之亩[2]，则止矣。死则既以葬矣，生者必无久哭，而疾而从事，人为其所能，以交相利也。'此圣王之法也。"

【注释】

[1] 覆恶，死尸为人所厌恶，故称履盖尸体为覆恶。
[2] 参耕之亩，指三耦耕之亩。耦，广五寸为伐，二伐为耦，三耦之亩，其广为三尺。

【译文】

"因此，古代圣王制定出埋葬的法规，说：'棺木厚三寸，能够保持到尸骨腐烂；衣服和被子各三件，能够遮盖住难看的尸体；至于下葬的时候，（墓坑的深度）向下不要到达地泉，向上不要让腐臭的气味散发出来，坟冢的占地面积大约长宽各三尺就够了。死去的人既然已经安葬，活着的人一定不要长久地哀哭，而要尽快致力于自己的工作，人人去做自己力所能及的事情，来互相谋利。'这便是圣王制定的丧葬法规。"

【原文】

今执厚葬久丧者之言曰："厚葬久丧虽使不可以富贫众寡，定危治乱，然此圣王之道也。"子墨子曰："不然。

昔者尧北教乎八狄，道死，葬蛩山之阴，衣衾三领，毂木之棺，葛以缄之，既淝而后哭[1]，满埳无封[2]。已葬，而牛马乘之。舜西教乎七戎，道死，葬南己之市，衣衾三领，毂木之棺，葛以缄之。已葬，而市人乘之。禹东教乎九夷，道死，葬会稽之山，衣衾三领，桐棺三寸，葛以缄之，绞之不合，通之不埳，土地之深，下毋及泉、上毋通臭。既葬，收余壤其上，垄若参耕之亩，则止矣。若以此若三圣王者观之，则厚葬久丧果非圣王之道。故三王者，皆贵为天子，富有天下，岂忧财用之不足哉，以为如此葬埋之法。

【注释】

[1] 淝，当作"犯"，"窆"的假音，埋葬。
[2] 埳，坎。

【译文】

现在主张厚葬久丧的人说道："厚葬久丧的主张，虽然不能使贫穷的国家富裕，使稀少的人口增多，使危难得到平定，使混乱得到治理，但这却是圣王之道呀。"墨子说："不是这样。从前，尧去北方教化八狄之族，死于半途，葬在蛩山的北面，衣服和被褥各三件，用劣等的楮木做棺，用葛条捆扎好，埋葬之后，人们才举哀而哭，墓坑填平后不垒坟冢。丧葬结束后，不禁止牧人的牛马在墓地上往来。舜到西方教化七戎之族，死于半途，葬在南己的街市，衣服和被褥各三件，用劣等的楮木做棺，用葛条捆扎好，埋葬之后，市民仍照常在墓地上往来。禹到东方教化九夷之族，死于途中，葬在会稽山上，衣服和被褥各三件，桐木棺材只有三寸厚，用葛条捆扎好，棺盖与棺身不求密合，入棺之处不修墓道，挖掘的深度，向下不到达地泉，向上不让腐臭的气味散发出来。葬罢，收集挖掘出的余土堆在上面，坟冢的占地面积大约长宽三尺，这就可以了。如按三位圣王丧葬的情况看，厚葬久丧实在不能说是圣王之道。这三位圣王，都贵至天子，富有天下，哪里会担心资财不够用，所以才制定出这样的丧葬法规呢？

【原　文】

　　"今王公大人之为葬埋，则异于此。必大棺中棺，革阓三操[1]，璧玉即具[2]，戈剑、鼎鼓、壶滥、文繡、素练、大鞅万领[3]、舆马女乐皆具，曰：必捶涂差通[4]，垄虽凡山陵[5]。此为辍民之事，靡民之财，不可胜计也，其为毋用若此矣。"

【注　释】

[1] 革阓三操，阓，同"鞼"，革绣也。操，疑当为"累"。意为用饰彩的皮带捆三道。

[2] 即，当为"既"。

[3] 大靰，靰，埋绛也。

[4] 羡通，当作"羡道"，即墓道。

[5] 虽凡，当作"堆况"。

【译文】

"现在的王公大人安排葬事，就与此不同了。他们一定要外棺之中套小棺，饰彩的皮革裹了又裹，良璧美玉已陈列好，又放置戈、剑、鼎、鼓、壶、鉴等物品和绣花衣服和白色熟绢，成千上万的马璎珞和车马女乐都齐备了，还要铺平墓道，隆起的坟冢如山陵一般。这种做法耽误人民工作和浪费人民资财之多，是无法统计的，厚葬久丧就是像这样毫无实际用途啊！"

【原文】

是故子墨子曰："乡者，吾本言曰：意亦使法其言，用其谋，计厚葬久丧，请可以富贫众寡，定危治乱乎，则仁也义也，孝子之事也。为人谋者，不可不劝也。意亦使法其言，用其谋，若人厚葬久丧，实不可以富贫众寡，定危治乱乎，则非仁也，非义也，非孝子之事也。为人谋者，不可不沮也。是故求以富国家，甚得贫焉；欲以众人民，甚得寡焉；欲以治刑政，甚得乱焉，求以禁止大国之攻小国也，而既已不可矣；欲以干上帝鬼神之福，又得祸焉。上稽之尧、舜、禹、汤、文、武之道，而政逆之；下稽之桀、纣、幽、厉之事，犹合节也。若以此观，则厚葬久丧其非圣王之道也。"

【译文】

因此墨子说："过去我本就说过：如果效法厚葬久丧的说法，采纳厚葬久丧的建议，思量一下厚葬久丧的主张，要是真能使贫穷的国家富裕，使稀少的人口增多，使危难得到平定，使动乱得到治理的话，它就是仁，是义，是孝子应该做的事情了。在替别人谋划的时候，就不能不劝他这样做。如果效法厚葬久丧的说法，采纳厚葬久丧的建议，要是人们实行厚葬久丧的主张，实在不能使贫穷的国家富裕，使稀少的人口增多，使危难得到平定，使动乱得到治理，它就不仁不义，不是孝子应做的事情了。在替别人谋划的时候，就不能不阻止他这样做。所以，用厚葬久丧的主张来求取国家富裕，反而会得到更多的贫穷；想用厚葬久丧来使人口增多，反而会使人口更加稀少；想用厚葬久丧来治理刑法政令，反而会使国家更为混乱；要用厚葬久丧来求得制止大国进攻小国，已然是不可能了；想要用厚葬久丧祈求上帝鬼神赐福，却又得到灾祸。上考尧、舜、禹、汤、文王、武王的治国之道，正与此相反；下考桀、纣、幽王、厉王败亡的史事，却又刚好与之合节。如按这种情况看，那么厚葬久丧的主张，并非是圣王之道啊！"

【原 文】

今执厚葬久丧者言曰："厚葬久丧果非圣王之道，夫胡说中国之君子，为而不已，操而不择哉？"子墨子曰："此所谓便其习而义其俗者也。昔者越之东有輆沭之国者，其长子生，则解而食之，谓之'宜弟'；其大父死，负其大母而弃之，曰'鬼妻不可与居处'。此上以为政，下以为俗，为而不已，操而不择，则此岂实仁义之道哉？此所谓便其习而义其俗者也。楚之南有炎人国者[1]其亲戚死，朽其肉而弃之，然后埋其骨，乃成为孝子。秦之西有仪渠之国者，其亲戚死，聚柴薪而焚之，熏上，谓之登遐[2]，然后成为孝子。此上以为政，下以为俗，为而不已，操而不择，则此岂实仁义之道哉？此所谓便其习而义其俗者也。若以此若三国者观之，则亦犹薄矣；若以中国之君子观之，则亦犹厚矣。如彼则大厚，如此则大薄，然则葬埋之有节矣。"

【注 释】

[1] 炎，当作"啖"。
[2] 登遐，登，上也；遐，已也。上已，若升天仙去。

【译 文】

现在主张厚葬久丧的人说道："厚葬久丧的主张，如果确实不是圣王之道，那么，为什么中原各国的君子们，仍然实行个不停，坚持着不放弃呢？"墨子说："这就是所谓的以自己的习惯为便利，以自己的风俗为适宜吧。从前，越国的东面有个国家叫輆沭，他们的长子一生出来，就被剖开吃掉，并把这种做法叫做'宜弟'；他们的祖父死后，就背上自己的祖母，把她扔掉，并说：'她是死鬼的妻子，不能与她同住。'如此做法，上面的统治者把它当政令，下面的百姓把它当作习俗，仍然实行个不停，坚持着不放弃，那么，这难道真是仁义之法吗？这是所谓的以自己的习惯为便利，以自己的风俗为适宜罢了。楚国的南面有一个啖人国，他们的父母死后，把尸身上的肉剔下来扔掉，然后埋葬死者的尸骨，这才能成为孝子。秦国的西面有一个叫仪渠的国家，他们的父母死后，堆积柴火焚烧尸身，烟火腾腾上升，这叫做'升天'，然后才能成为孝子。如此做法，上面的统治者把它当作政令，下面的百姓把它当作习俗，仍然去实行个不停，坚持着不放弃，那么，这难道真是仁义之法吗？这是所谓的以自己的习惯为便利，以自己的风俗为适宜罢了。假如从上述三个国家的习俗来看，他们的葬法太薄了；假如从中原各国的君子们（的做法）来看，他们的葬法又太厚了。如那中原各国君子们的'厚葬久丧'之法，则是太丰厚；如那上述三国的奇特葬法，则是太简薄，那么对于葬事，应该有一定的节度啊！"

【原文】

故衣食者，人之生利也，然且犹尚有节，葬埋者，人之死利也，夫何独无节于此乎？子墨子制为葬埋之法曰："棺三寸，足以朽骨；衣三领，足以朽肉；掘地之深，下无菹漏[1]，气无发泄于上，垄足以期其所，则止矣。哭往哭来，反从事乎衣食之财，佴乎祭祀[2]，以致孝于亲。"故曰子墨子之法不失死生之利者，此也。

【注释】

[1]菹，通"沮"，湿。
[2]佴，助。

【译文】

衣服和食物，这是人们生存的利益之所在，尚且还应当有一定的节度；而埋葬之事，这是人们死后的利益之所在，为什么反而偏偏没有节度呢？于是墨子制定出节制埋葬的法规，说："棺木厚三寸，能够保持到尸骨腐烂；衣服三件，能够保持到肉体腐烂；挖掘墓坑的深度，下面不要渗水潮湿，上面不要让腐臭的气味散发到地面；坟冢的高度，能够表示出那是葬埋死者的处所，这就可以了。哭着出丧，哭着回来，回来后即致力于生产衣食财用的工作，用来资助祭祀的费用，用来向双亲表达孝心。"所以说，墨子所制定的法规，既不损害死者的利益，也不致损害生者的利益，这就在于有节度啊！

【原　文】

故子墨子言曰："今天下之士君子，中请将欲为仁义，求为上士，上欲中圣王之道，下欲中国家百姓之利，故当若节丧之为政，而不可不察此者也。"

【译　文】

因此，墨子说道："现在天下的士君子们，如果心里真想奉行仁义，希望做一个高尚的士人，上想符合圣王之道，下想符合国家百姓的利益，那么，就应当对上面所讲的用节制丧葬治理政务，不能不加以明察啊！"

卷 七

天志上 第二十六

【原 文】

子墨子言曰:"'今天下之士君子,知小而不知大。何以知之?以其处家者知之。若处家得罪于家长,犹有邻家所避逃之[1],然且亲戚、兄弟、所知识,共相儆戒,皆曰:'不可不戒矣!不可不慎矣!恶有处家而得罪于家长而可为也?'非独处家者为然,虽处国亦然。处国得罪于国君,犹有邻国所避逃之,然且亲戚、兄弟、所知识,共相儆戒，皆曰：'不可不戒矣！不可不慎矣！谁亦有处国得罪于国君而可为也？'此有所避逃之者也，相儆戒犹若此其厚，况无所避逃之者，相儆戒岂不愈厚，然后可哉？且语言有之曰[2]：'焉而晏日焉而得罪[3]，将恶避逃之？'曰：无所避逃之。夫天不可为林谷幽门无人[4]，明必见之。然而天下之士君子之于天也，忽然不知以相儆戒。此我所以知天下士君子知小而不知大也。

【注释】

[1] 所，犹"可"。
[2] "言"字衍。
[3] 晏日，晏，天清也，明也。晏日即光天化日。
[4] 幽门，当作"幽间"，幽深间隔，即幽僻之处。

【译文】

墨子说："现在天下的士君子们，只明白小道理，不明白大道理。根据什么知道是这样呢？根据他们处家知道是这样。如果处身于家得罪了家长，还有邻家可以逃避，然而父母兄弟及所相识的人，还是要互相告诫，都说：'不可不警惕啊！不可不谨慎啊！怎么能处身于家而得罪家长呢？这种事能做吗？'不仅处身于家是这样，即使处身于国也是这样。身处一国得罪了国君，还有邻国可以逃避，然而父母兄弟及所相识的人，还是要互相告诫，都说：'不可不警惕啊！不可不谨慎啊！怎么能身处国中而得罪国君呢？这种事能做吗？'这些都还是有地方可以逃避的，其互相告诫尚如此郑重，何况在没有地方可逃避的情况下，人们的互相告诫，岂不要更加郑重才行吗？况且，古语说：'于此光天化日之下，而有所得罪，他将何处逃避呢？'（我）说：他将无处可逃了。对于上天，没有什么山林深谷幽僻无人之所，无论什么地方，上天那明晰的目光都能看见。然而天下的士君子们对于上天，却疏忽得不知道互相告诫。这就是我所以知道天下的士君子们，只明白小道理，不明白大道理的原因。

【原 文】

"然则天亦何欲何恶？天欲义而恶不义。然则率天下之百姓，以从事于义，则我乃为天之所欲也。我为天之所欲，天亦为我所欲。然则我何欲何恶？我欲福禄而恶祸祟。若我不为天之所欲，而为天之所不欲，然则我率天下之百姓，以从事于祸祟中也。然则何以知天之欲义而恶不义？曰：天下有义则生，无义则死；有义则富，无义则贫；有义则治，无义则乱。然则天欲其生而恶其死，欲其富而恶其贫，欲其治而恶其乱。此我所以知天欲义而恶不义也。

【译 文】

"那么，天所希望的是什么？天所憎恶的又是什么呢？天希望人人行义，而憎恶人人行不义。那么只要率领天下的百姓去奉行道义，我做的就是天所希望的事情了。我做天所希望的事情，天也做我所希望的事情。那么，我所希望的是什么，我所憎恶的又是什么呢？我希望福禄，而憎恶灾祸。假如我不去做天所希望的事，而去做天所不希望的事，那么，我就是率领天下的百姓去做陷身于灾祸之中的事了。那么，根据什么知道天希望人奉行义，而憎恶人奉行不义呢？（我）说：天下有道义就能生存，无道义就会死亡；有道义就能富裕，无道义就会贫穷；有道义就能治平，无道义就会混乱。那么，天希望的是人类能生存而憎恶死亡，希望的是天下人富裕而憎恶贫穷，希望的是天下治平而憎恶混乱。这便是我所以知道天希望人奉行义，而憎恶人奉行不义的原因。

【原文】

"曰：且夫义者，政也。无从下之政上，必从上之政下。是故庶人竭力从事，未得次己而为政[1]，有士政之，士竭力从事，未得次己而为政，有将军、大夫政之；将军、大夫竭力从事，未得次己而为政，有三公诸侯政之；三公诸侯竭力听治，未得次己而为政，有天子政之；天子未得次己而为政，有天政之。天子为政于三公、诸侯、士、庶人[2]，天下之士君子固明知，天之为政于天子，天下百姓未得之明知也。故昔三代圣王禹、汤、文、武，欲以天之为政于天子,明说天下之百姓,故莫不刍牛羊,豢犬彘,洁为粢盛酒体,以祭祀上帝鬼神,而求祈福于天。我未尝闻天下之所求祈福于天子者也[3],我所以知天之为政于天子者也。"

【注释】

[1] 次,"恣"的省文,任意。
[2] "诸侯"下脱"将军大夫"四字。
[3] "下"字衍;"所求"二字衍;"者"字衍。

【译文】

"况且,所谓义,就是正道的意思。没有从下面来匡正上面的道理,必定要从上面来匡正下面。所以,平民要尽力工作,不能越权去过问政事,有士人在上管理他;士人也要尽力工作,不能越权去过问政事,有将军、大夫在上管理他;将军、大夫也要尽力工作,不能越权去过问政事,有三公诸侯在上管理他;三公诸侯也要尽力工作,不能越权去过问政事,有天子在上管理他;天子也不能越权去过问政事,有天在上管理他。天子管理着三公、诸侯、将军、大夫、士人和平民百姓,天下的士君子固然明白,至于天管理着天子,天下的百姓就不一定明白了。因此,从前三代的圣王禹、汤、文王、武王,想把上天管理着天子的道理,明确地告诉天下百姓,所以(天子)没有不饲养牛羊、畜殖猪狗,干干净净地制做酒食祭品,用来祭祀上帝鬼神，向天祈求赐福的。可是我从来没有听说过，上天向天子祈求赐福的事情，这便是我之所以知道上天管理着天子的原因。"

【原 文】

故天子者，天下之穷贵也，天下之穷富也。故于富且贵者[1]，当天意而不可不顺。顺天意者，兼相爱，交相利，必得赏；反天意者，另相恶，交相贼，必得罚。然则是谁顺天意而得赏者？谁反天意而得罚者？子墨子言曰："昔三代圣王禹、汤、文、武，此顺天意而得赏也；昔三代之暴王，桀、纣、幽、厉，此反天意而得罚者也。"然则禹、汤、文、武，其得赏何以也？子墨子言曰："其事上尊天，中事鬼神，下爱人。故天意曰：'此之我所爱，兼而爱之；我所利，兼而利之。爱人者此为博焉，利人者此为厚焉。'故使贵为天子，富有天下，业万世子孙，传称其善，方施天下[2]，至今称之，谓之圣王。"然则桀、纣、幽、厉，得其罚何以也？子墨子言曰："其事上诟天，中诟鬼〔神〕[3]，下贼人。故天意曰：'此之我所爱，别而恶之；我所利，交而贼之。恶人者，此为之博也；贼人者此为之厚也[4]。'故使不得终其寿，不殁其世，至今毁之，谓之暴王。"

【注释】

[1]于，"欲"字的声误。
[2]方，通"旁"，溥也。
[3]"神"字据毕说补。
[4]贱，误，当作"贼"。

【译文】

　　天子是天下极尊贵的人，是天下极富有的人。他们要想保持尊贵和富有，必须符合天的意志而不能不顺从。顺从天意的人，无差别地爱人，互相给予利益，必定得到上天的赏赐；违反天意的人，视人为异己而互相仇恨，彼此互相伤害，必定受到上天的惩罚。那么，究竟是谁顺从天的意志得到奖赏，又是谁违反天意受到惩罚了呢？墨子说道："从前三代的圣王禹、汤、文王、武王，这就是顺从天的意志而得到奖赏的人；从前三代的暴王桀、纣、幽王、厉王，这就是违反天的意志而受到惩罚的人。"那么禹、汤、文王、武王，他们凭什么得到了天的奖赏呢？墨子说道："他们所做的事情是：上尊崇天帝、中侍奉鬼神、下兼爱百姓。所以天意说：'这些都是我所爱的，他们同样全都爱；而我所要给予利益的，他们同样全都给予利益。就爱人而言，这是最为广泛的了；就利人而言，这是最为厚重的了。'因而使他们贵至天子，富有天下，经万世子孙，传颂他们的美德，广泛地遍施于天下，直到现在，人们仍然称赞他们是圣王。"那么桀、纣、幽王、厉王，他们又是凭什么受到了上帝的惩罚呢？墨子说道："他们所做的事情是：上辱骂天帝，中辱骂鬼神，下残害百姓。所以天意说：'这些都是我所爱的，他们相反却视为异己而加以仇视；而我所要给予利益的，他们却要互相残害。就恨人而言，这是最为广泛的了；就害人而言，这是最为严重的了。'因而使他们不能终其天年，断绝后嗣，直到现在，仍然被人唾骂，被称之为暴王。"

【原文】

然则何以知天之爱天下之百姓？以其兼而明之。何以知其兼而明之？以其兼而有之。何以知其兼而有之？以其兼而食焉。何以知其兼而食焉？四海之内，粒食之民，莫不刍牛羊，豢犬彘，洁为粢盛酒醴，以祭祀于上帝鬼神。天有邑人[1]，何用弗爱也？且吾言杀一不辜者，必有一不祥。杀不辜者谁也？则人也。予之不祥者谁也？则天也。若以天为不爱天下之百姓，则何故以人与人相杀，而天予之不祥？此我所以知天之爱天下之百姓也。

【注释】

[1] 邑人，下民。

【译文】

那么，根据什么知道上天爱天下的百姓呢？是根据上天能明察天下一切事。根据什么知道上天能明察天下一切事呢？是根据上天拥有天下一切人。根据什么知道天拥有天下一切人呢？是根据天享食天下的一切供奉。根据什么知道天享食天下的一切供奉呢？是因为四海之内，凡是吃谷物为生的人，无不饲养牛羊、蓄殖猪狗，干干净净地准备好酒食祭品，来祭祀天帝鬼神。既然上天拥有着下民百姓，那么它怎么会不爱他们呢？况且，我已经说过：杀害一个无罪的人，必定会有一种不祥。杀害无罪的人是谁呢？是人。降下不祥的是谁呢？是天。假如认为天不爱天下的百姓，那么为什么对于使人与人互相残杀者，天要降给他们不祥呢？这就是我所以知道天爱天下百姓的原因。

【原文】

顺天意者，义政也；反天意者，力政也。然义政将奈何哉？子墨子言曰："处大国不攻小国，处大家不篡小家，强者不劫弱，贵者不傲贱，多诈者不欺愚。此必上利于天，中利于鬼，下利于人。三利无所不利。故举天下美名加之，谓之圣王。力政者则与此异，言非此，行反此，犹幸驰也[1]。处大国攻小国，处大家篡小家，强者劫弱，贵者傲贱，多诈欺愚。此上不利于天，中不利于鬼，下不利于人。三不利无所利。故举天下恶名加之，谓之暴王。"

【注释】

[1] 幸，一本作僥，是。僥驰，背道而驰。

【译文】

顺从天的意志，就是用道义来治理政务；违反天的意志，就是用暴力来治理政务。那么，用道义来治理政务将是怎样的呢？墨子说道："处于大国地位不要去攻打小国，处于大家地位不要去篡夺小家，力强的不要劫掠力弱的，尊贵的不要傲视卑贱的，诡诈的不要欺辱愚钝的。这样必定上有利于天帝，中有利于鬼神，下有利于人民。对天帝、鬼神、人民三者都有利，就无所不利了。因此，人们才把天下的美称都加给他，称之为圣王。用暴力来治理政务就和这不一样了，言论与此相反，行为与此相背，就如同是背道而驰。处于大国地位的去攻打小国，处于大家地位的去篡夺小家，力强的去劫掠力弱的，尊贵的去傲视卑贱的，诡诈的去欺辱愚钝的。这样上不利于天帝，中不利于鬼神，下不利于人民。对天帝、鬼神、人民三者都不利，就是对一切都不利了。因此，人们才把天下的恶名都加给他，称之为暴王。"

【原文】

子墨子言曰："我有天志，譬若轮人之有规，匠人之有矩。轮、匠执其规、矩，以度天下之方圆，曰：'中者是也，不中者非也。'今天下之士君子之书，不可胜载，言语不可尽计，上说诸侯，下说列士，其于仁义，则大相远[1]也。何以知之？曰：我得天下之明法以度之。"

【注 释】

[1] 远，当作"违"。

【译 文】

墨子说道："我有天的意志，就好比制造车轮的有圆规，就好比木匠有矩尺。制造车轮的和制造木器的工匠拿圆规和矩尺，来测度天下的方和圆，并说：'符合规和矩的，这就是圆和方；不符合规和矩的，就不是圆和方。'现在天下的士君子，他们的书多得载不完，言论也多得记不完，他们上游说诸侯，下游说有名望的人，但是对于仁义之道，却大相违背啊！根据什么知道是这样呢？（我）说，是因为我得到了天下的圣明法则用以衡量士君子的言论。"

天志中 第二十七

【原文】

子墨子言曰："今天下之君子之欲为仁义者，则不可不察义之所从出。"既曰不可以不察义之所欲出[1]，然则义何从出？子墨子曰："义不从愚且贱者出，必自贵且知者出。"何以知义之不从愚且贱者出，而必自贵且知者出也？曰："义者善政也。"何以知义之为善政也？曰："天下有义则治，无义则乱，是以知义之为善政也。夫愚且贱者，不得为政乎贵且知者；然后得为政乎愚且贱者[2]。此吾所以知义之不从愚且贱者出，而必自贵且知者出也。"然则孰为贵？孰为知？曰："天为贵，天为知而已矣。"然则义果自天出矣。

【注释】

[1]"欲"字误，当作"从"。
[2]"然"上当脱"贵且知者"四字。

【译文】

墨子说道："现在天下的士君子们，要想奉行仁义之道的话，就不能不去考察一下（仁）义是从哪儿来的。"既然说不能不去考察一下（仁）义是从哪儿来的，那就要问：（仁）义究竟是从哪儿来的呢？墨子说："义不是从愚蠢而卑贱的人那里来的，而必定是从尊贵而智慧的人那里来的。"根据什么知道义不是从愚蠢而卑贱的人那里来的，而必定是从尊贵而智慧的人那里来的呢？回答是："义是完美的政治。"根据什么知道义是完美的政治呢？回答是："天下有义，就得到治理；天下无义，就发生混乱，由此得知义就是完美的政治。那些愚蠢而卑贱的人，不能去统治尊贵而智慧的人；那些尊贵而智慧的人，才能够去统治愚蠢而卑贱的人。这就是我所以知道义不是从愚蠢而卑贱的人那里来，而必定是从尊贵而智慧的人那里来的原因。"那么，谁最为尊贵，谁最有智慧呢？回答是："天最为尊贵，天最有智慧了。"那么，义果真就是从天那里来的了。

【原文】

今天下之人曰："当若天子之贵诸侯，诸侯之贵大夫，傐明知之[1]，然吾未知天之贵且智于天子也。"子墨子曰："吾所以知天之贵且知于天子者，有矣。曰：天子为善，天能赏之；天子为暴，天能罚之；天子有疾病祸祟，必斋戒沐浴，洁为酒醴粢盛，以祭祀天鬼，则天能除去之。然吾未知天之祈福于天子也。此吾所以知天之贵且知于天子者。不止此而已矣，又以先王之书驯天明不解之道也知之[2]。曰：'明哲维天，临君下土。'则此语天之贵且知于天子。"不知亦有贵、知夫天者乎？曰："天为贵、天为知而已矣。"然则义果自天出矣。是故子墨子曰："今天下之君子，中实将欲遵道利民，本察仁义之本，天之意不可不慎也[3]。"

【注释】

[1] 髇，当作"礭"，即"确"字。
[2] 驯，同"训"，解释的意思。
[3] 慎，顺也。

【译文】

　　现在天下的人都说："对于那天子要比诸侯尊贵，诸侯要比大夫尊贵的道理，我诚然明确地知道，但是我却不知道天比天子更尊贵且更有智慧啊。"墨子说："我之所以知道天比天子更尊贵且更有智慧，是有所根据的。（比如）说：天子行善，天就能赏赐他；天子行恶，天就能惩罚他；天子有疾病祸殃，必定要斋戒沐浴，干干净净地供奉上酒食祭品，来祭祀天和鬼神，那样天就能为他除去疾病祸殃。可我却不知道天会向天子祈求赐福。这就是我所以知道天比天子更尊贵且更有智慧的原因。不仅如此，我们还可以从先王的书典里的那些解释上天明察人所不能认识的道理，知道天比天子更尊贵和更有智慧。先王的书典上说：'天是聪明圣智的，它临照着下土的君王。'这句话就是说天比天子更尊贵且更有智慧。"不知是否还有比天更尊贵，更有智慧的存在呢？回答是："天就是最尊贵的，天就是最有智慧的了。"那么，义果真就是从天那里来的了。所以墨子说："现在天下的士君子们，内心里确实想要遵循先王之道，为人民谋利，从根本上考察仁义产生的本源的话，那就不能不顺从天的意志。"

【原文】

既以天之意以为不可不慎已，然则天之将何欲何憎？子墨子曰："天之意，不欲大国之攻小国也，大家之乱小家也，强之暴寡，诈之谋愚，贵之傲贱，此天之所不欲也。不止此而已，欲人之有力相营[1]，有道相教，有财相分也；又欲上之强听治也，下之强从事也。上强听治，则国家治矣；下强从事，则财用足矣。若国家治，财用足，则内有以洁为酒醴粢盛，以祭祀天鬼，外有以为环璧珠玉，以聘挠四邻[2]。诸侯之冤不兴矣[3]，边境兵甲不作矣。内有以食饥息劳，持养其万民，则君臣上下惠忠，父子兄弟慈孝[4]。故唯毋明乎顺天之意，奉而光施之天下[5]，则刑政治，万民和，国家富，财用足，百姓皆得暖衣饱食，便宁无忧。"是故子墨子曰："今天下之君子，中实将欲遵道利民，本察仁义之本，天之意不可不慎也。

【注释】

［1］营，经护也。
［2］挠，"交"之借字。
［3］冤，"怨"之借字。
［4］"孝"以下疑脱"外有以……"一段文字。
［5］"光"，通"广"。

【译文】

既然认为不能不顺从天的意志，那么天意又当爱什么、恨什么呢？墨子说："天的意志是，不希望大国攻打小国，大家篡乱小家，强大的暴虐弱小的，巧诈的谋算愚钝的，尊贵的傲视卑贱的，这些都是天所不希望的。不仅如此，天还希望有气力的人去帮助别人，有良方的人去教授别人，有财富的去分给别人；天还希望在上位的人努力处理政务，在下位的人努力劳动工作。上面的人努力处理政务，国家就能得到治理；下面的人努力劳动工作，财用就会充足了。如果国家得到治理，财用能够充足，那么，对内就有洁净的酒食祭品，来祭祀上天鬼神，对外就有环璧珠玉等珍宝，用以结交四周的邻国。这样，诸侯间的怨恨就不会发生，边境上的战事就不会出现。在国内就可以让饥饿的人得到饭食，让劳累的人得到休息，以保养自己的民众，于是君主慈爱臣下，臣下忠于君主；父亲慈爱儿子,儿子孝顺父亲;兄长爱护弟弟,弟弟敬事兄长。因此,明白了要顺从天意的道理,奉行天意,并把天意广泛地推行于天下,那么刑法政治就都能得到治理,广大人民就能和睦相处,国家就能富裕,财用就能充足,百姓就都能吃得饱,穿得暖,安宁无忧了。"所以墨子说:"现在天下的士君子,心里真想要遵循先王之道,为人民谋利,从根本上考察仁义产生的本源的话,那就不能不顺从天的意志。

【原文】

"且夫天子之有天下也,辟之无以异乎国君、诸侯之有四境之内也。今国君、诸侯之有四境之内也,夫岂欲其臣国万民之相为不利哉[1]!今若处大国则攻小国,处大家则乱小家,欲以此求赏誉,终不可得,诛罚必至矣。夫天之有天下也,将无已异此。今若处大国则攻小国,处大都则伐小都,欲以此求福禄于天,福禄终不得,而祸祟必至矣。然有所不为天之所欲,而为天之所不欲,则夫天亦且不为人之所欲,而为人之所不欲矣。人之所不欲者,何也?曰:疾病祸祟也。若己不为天之所欲,而为天之所不欲,是率天下之万民以从事乎祸祟之中也。故古者圣王,明知天鬼之所福,而辟天鬼之所憎,以求兴天下之利,而除天下之害。是以天之为寒热也,节四时,调阴阳雨露也,时五谷熟,六畜遂,疾菑戾疫凶饥则不至。"是故子墨子曰:"今天下之君子,中实将欲遵道利民,本察仁义之本,天意不可不慎也。

【注释】

[1] "臣国"倒,当作"国臣"。

【译文】

"况且,天子拥有整个天下,就好比诸侯国君拥有整个国家一样。现在诸侯国君拥有整个国家,难道愿意自己国中的臣僚之间、民众之间互相去做不利于对方的事情吗?现在如果处身于大国就攻打小国,处身于大家就篡夺小家,那么,要想凭此求得称赞和奖赏,是一辈子也不可能得到的,相反,诛杀和惩罚却必定降临。上天拥有整个天下,也与此没有什么不同。现在如果处身于大国就去攻打小国,处身于大城就去攻打小城,那么,要想凭此向上天祈求福禄,是一辈子也不可能得到的,相反,祸殃却必定会降临。如果你们不去做天所希望的事情,而做天所不希望的事情,那么,天也不去做你们所希望的事情,而做你们所不希望的事情。人所不希望的事情是什么呢?回答道:是疾病祸殃。如果自己不去做天所希望的事情,而做天所不希望的事情,这就是带领天下的人民大众,去做陷入祸殃之中的事情。因此,古代的圣王明确了上天鬼神所福佑的事情,而躲避开上天鬼神所憎恶的事情,去求得兴天下之利,除天下之害。所以天使冷热有规律,节制四季,调和阴晴雨露，五谷按时成熟，六畜繁盛，瘟疫和饥荒不会到来。"所以墨子说："现在天下的士君子，心里真想要遵循先王之道，为人民谋利，从根本上考察仁义产生的本源的话，那就不能不顺从天的意志。

【原文】

"且夫天下盖有不仁不祥者，曰：当若子之不事父，弟之不事兄，臣之不事君也，故天下之君子，与谓之不祥者。今夫天，兼天下而爱之，撽遂万物以利之[1]，若豪之末，非天之所为也[2]，而民得而利之，则可谓否矣[3]。然独无报乎天，而不知其为不仁不祥也。此吾所谓君子明细而不明大也。

【注释】

[1] 撽遂，撽，敺也；遂，成也。撽遂，即敺成，驾驭万物使之成长。
[2] "非"上当有"莫"字，今脱。
[3] 否，当作"后"，即"厚"。

【译文】

"况且，天下是有一些不仁而遭受不祥的人，比如说，做儿子的不侍奉父亲，做弟弟的不敬事兄长，做臣下的不侍奉君主，因而天下的君子，都说他们是不吉祥的人。现在上天兼有天下而爱天下之人，天养育着万物而使天下的百姓得利，即使是细如秋毫的小物，没有不是天做成的，而人民因此得利，天之爱人可说是很厚啊！然而人们却独独不报答天，并且不知道自己做了不仁的事情，会招致不祥。这就是我所说的君子们只明白小道理，而不明白大道理。

【原文】

"且吾所以知天之爱民之厚者，有矣。曰：以磨为日月星辰[1]，以昭道之；制为四时春秋冬夏，以纪纲之；雷降雪霜雨露[2]，以长遂五谷麻丝，使民得而财利之；列为山川溪谷，播赋百事，以临司民之善否；为王公侯伯，使之赏贤而罚暴；贼金木鸟兽[3]，从事乎五谷麻丝，以为民衣食之财。自古及今，未尝不有此也。今有人于此，欢若爱其子，竭力单务以利之。其子长，而无报子求父[4]，故天下之君子，与谓之不仁不祥。今夫天，兼天下而爱之，撽遂万物以利之，若豪之末，非天之所为[5]，而民得而利之，则可谓否矣[6]！然独无报夫天，而不知其为不仁不祥也。此吾所谓君子明细而不明大也。

【注释】

[1]"磨"字误，当作"厤"，即"历"。

[2]"雷"当作"霣",通"陨",降落也。

[3]"贼",当作"赋"。

[4]"子求"误,当作"乎"。

[5]"非"上脱"莫"字。

[6]否,当作"后"。

【译文】

"而且,我之所以知道天深深地爱着人民,是有道理的。我说:天区分出日月星辰,给人民带来光明和指示;制定出春夏秋冬四季,作为人们生活的纲纪;降下雪霜雨露,使五谷麻丝生长成熟,使人民得到资财之利;陈列山川河谷,布设百官执事,以察视民众之善恶;为民众设王公侯伯,让他们赏贤罚恶;征收金木鸟兽,致力于五谷麻丝,给人民提供衣食之财。从古到今,没有不是这样的。现在这里有一个人,欢爱他的儿子,竭尽全力为他的儿子谋利。儿子长大后,却不报答父亲,因此天下的君子,都说他是不仁不祥的人。现在上天兼有天下而爱天下之人,天养育着万物而使天下的百姓得利,即使是细如秋毫的小事,没有不是天做成的,而人民因此得利,天之爱人可说是很厚啊!然而人们却独独不报答天,并且不知道自己做了不仁的事情,会招致不祥。这就是我所说的君子们只明白小道理,而不明白大道理。

【原文】

"且吾所以知天爱民之厚者，不止此而足矣。曰：杀不辜者，天予不祥。不辜者谁也？曰：人也。予之不祥者谁也？曰：天也。若天不爱民之厚，夫胡说人杀不辜而天予之不祥哉？此吾之所以知天之爱民之厚也。

【译文】

"而且，我之所以知道天深深地爱着人民，还不止这些啊！比如说：杀害无辜的人，天将给予不祥。无辜的是谁？是人。给予不祥的又是谁？是天。如果天不是深深地爱着人民，那么为什么说杀害无辜的人，天将给予他不祥呢？这就是我所以知道天深深地爱着人民的原因。

【原文】

"且吾所以知天之爱民之厚者，不止此而已矣。曰爱人利人，顺天之意，得天之赏者有之；憎人贼人，反天之意，得天之罚者亦有矣。夫爱人利人，顺天之意，得天之赏者，谁也？曰：若昔三代圣王尧、舜、禹、汤、文、武者是也。尧、舜、禹、汤、文、武，焉所从事？曰：从事'兼'，不从事'别'。'兼'者处大国不攻小国，处大家不乱小家，强不劫弱，众不暴寡，诈不谋愚，贵不傲贱。观其事，上利乎天，中利乎鬼，下利乎人。三利无所不利，是谓天德，聚敛天下之美名而加之焉，曰：此仁也，义也，爱人、利人，顺天之意，得天之赏者也。不止此而已，书于竹帛，镂之金石，琢之盘盂，传遗后世子孙。曰：将何以为？将以识夫爱人利人，顺天之意，得天之赏者也。《皇矣》道之曰：'帝谓文王，予怀明德，不大声以色，不长夏以革，不识不知，顺帝之则。'帝善其顺法则也，故举殷以赏之，使贵为天子，富有天下，名誉至今不息。故夫爱人利人，顺天之意，得天之赏者，既可得留而已[1]。夫憎人贼人，反天之意，得天之罚者，谁也？曰：若昔者三代暴王桀、纣、幽、厉者是也。桀、纣、幽、厉，焉所从事？曰：从事'别'，不从事'兼'。'别'者，处大国则攻小国，处大家则乱小家，强劫弱，众暴寡，诈欺愚，贵傲贱。观其事，上不利乎天，中不利乎鬼，下不利乎人，三不利无所利，是谓天贼，聚敛天下之丑名而加之焉，曰："此非仁也，非义也，憎人贼人，反天之意，得天之罚者也。不止此而已，又书其事于竹帛，镂之金石，琢之盘盂，传遗后世子孙，曰：将何以为？将以识夫憎人贼人，反天之意，得天之罚者也。《大誓》之道之曰：'纣越厥夷居[2]，不肯事上帝，弃厥先神只不祀，乃曰："吾有命。"无廖𠈓务天下[3]，天亦纵弃纣而不葆。'察天以纵弃纣而不葆者，反天之意也。故夫憎人、贼人，反天之意，得天之罚者，既可得而知也。"

【注释】

[1] 既可得留而已，"留"乃"智"之误，又误在"而"字上，原句当作"既可得而智已"。

[2] 夷居，当作"夷虐"。（王焕镳说）。

[3] "儰"当作"其"；"天下"二字疑涉下"天亦"而衍；廖，疑为"缪"；务，疑为"恶"。

【译文】

"而且，我之所以知道天深深地爱着人民，还不止这些啊！比如说：爱人利人，顺从天的意志，从而得到上天奖赏的人有之；恨人害人，违反天的意志，从而受到上天惩罚的人也有之。那么爱人利人，顺从天的意志，从而得到上天奖赏的人是谁？是那从前三代的圣王尧、舜、禹、汤、文王、武王。那尧、舜、禹、汤、文王、武王做了什么事？回答是：这些圣王致力于'兼'，而不致力于'别'。所谓'兼'，就是处身于大国不去攻打小国，处身于大家不去篡夺小家，强大的不去劫掠弱小的，势众的不去暴虐势单的，巧诈的不去谋算愚钝的，高贵的不去傲视卑贱的。观察他们所做的事情，上有利于天，中有利于鬼神，下有利于人民。对天、鬼神、人民三者都有利，就无所不利了，因此，人们说他们有天生美德，收集了天下所有的美名加给他们，说他们又仁又义，是爱人利人，顺从天的意志，从而获得天的奖赏的人。不仅如此，还要把他们的事迹书写在竹帛上，镂刻在金石上，雕琢在盘盂器皿上，留传给后代的子孙。如果问：这将做什么用呢？这将用来使人认识那些爱人利人、顺从天的意志，从而获得上天奖赏的人。《诗经·皇矣》说道：'天帝对文王说：我怀思那明德之人，他不说大话以表现自己，不因做了诸夏之长，就变更先王的法则，他不识不知，只是一心顺从天帝的法则。'天帝赞赏文王顺从天帝的法则，因此才把殷商的天下赏赐给他，让他贵至天子，富有天下，声名被称赞到今天仍然没有停止。所以，对那些爱人利人、顺从天的意志，从而获得上天奖赏的人，已经可以知道其结果了。那么，恨人害人、违反天的意志，从而遭受上天惩罚的人又是谁呢？比如那从前三代的暴王桀、纣、幽王、厉王等就是。那桀、纣、幽王、厉王做了什么事？回答是：这些暴王致力于'别'，而不致力于'兼'。所谓'别'，就是处身于大国就去攻打小国，处身于大家就去篡夺小家，强大的去劫掠弱小的，势众的去暴虐势单的，巧诈的去谋算愚钝的，高贵的去傲视卑贱的。观察他们所做的事情，上不利于天，中不利于鬼神，下不利于人民，对天、鬼神、人民三者都不利，就是对一切都不利了。因此，人们说他们是'天贼'，收集了天下所有的恶名加给他们，说他们不仁不义，（他们）是恨人害人、违反天的意志，从而遭受上天惩罚的人。不仅如此，还要把他们的劣迹书写在竹帛上，镂刻在金石上，雕琢在盘盂器皿上，留传给后代的子孙。如果问：这将做什么用呢？将用来使人认识那些恨人害人，违反天的意志，从而遭受上天惩罚的人。《尚书·太誓》说道：'商纣王实行夷灭酷虐的法则，不肯侍奉上帝，抛弃他的祖先神灵不去祭祀，竟说："我有天命保佑"，而不去纠正自己的罪恶。天因此也唾弃商纣王，不再保佑他了。'考察天之所以唾弃商纣王而不再保佑他，就是因为他违反了天的意志。所以，对那些恨人害人，违反天的意志，从而遭受上天惩罚的人，已经可以知道其结果了。"

【原文】

是故子墨子之有天之[1]，辟人无以异乎轮人之有规[2]，匠人之有矩也。今夫轮人操其规，将以量度天下之圆与不圆也，曰："中吾规者，谓之圆；不中吾规者，谓之不圆。"是以圆与不圆，皆可得而知也。此其故何，则圆法明也。匠人亦操其矩，将以量度天下之方与不方也，曰："中吾矩者，谓之方；不中吾矩者，谓之不方。"是以方与不方，皆可得而知之。此其故何？则方法明也。故子墨子之有天之意也[3]，上将以度天下之王公大人为刑政也，下将以量天下之万民为文学出言谈也。观其行：顺天之意，谓之善意行；反天之意，谓之不善意行[4]。观其言谈：顺天之意，谓之善言谈；反天之意，谓之不善言谈。观其刑政：顺天之意，谓之善刑政；反天之意，谓之不善刑政。故置此以为法，立此以为仪，将以量度天下之王公大人、卿、大夫之仁与不仁，譬之犹分黑白也。

【注释】

［1］之，古"志"字。
［2］前"人"字，当作"之"。
［3］"意"字衍。
［4］意，孙诒让疑当作"德"，今从。

【译文】

所以，墨子把握了天志，打个比方说，无异于制造车轮的工匠手中有了圆规，木匠手中有了矩尺。现在制造车轮的工匠手上拿着他的圆规，将用它去度量天下的圆和不圆的形状，说："与我的圆规相符合的，这就叫做圆；与我的圆规不相符合的，这就叫不圆。"于是圆和不圆的形状，都可以辨知了。这是什么缘故呢？这是因为圆形的标准明确啊！木匠也拿着他的矩尺，将用它去度量天下的方和不方的形状，说："与我的矩尺相符合的，这就叫做方；与我的矩尺不相符合的，这就叫不方。"于是方与不方的形状，也都可以辨知了。这又是什么缘故呢？这是因为方形的标准明确啊！所以，墨子把握了天的意志，上将用它来度量天下的王公大人们的刑法政令，下将用它来度量天下的人民大众的言谈文学。（用以）观察他们的行为：如果顺从天的意志，就称之为善的德行；如果违反天的意志，就称之为不善的德行。用以观察他们的言论：如果顺从天的意志，就称之为好言论；如果违反天的意志，就称之为不善言论。（用以）观察他们的刑法政令：如果顺从天的意志，就称之为合理的刑法政令；如果违反天的意志，就称之为不合理的刑法政令。因此，设置天志，把它作为一个法则；树立天志，把它作为一个标准，要用这个法则和标准，去度量天下的王公大人，卿、大夫到底仁与不仁，就好比区分白色和黑色那样。

【原　文】

是故子墨子曰："今天下之王公大人、士君子，中实将欲遵道利民，本察仁义之本，天之意不可不顺也。顺天之意者，义之法也。"

【译　文】

所以墨子说："现在天下的王公大人和士君子们，心里真想遵循先王之道，为人民谋利，从根本上考察仁义产生的本源，那就不能不顺从天的意志。顺从天的意志，这就是义的准则。"

天志下 第二十八

【原文】

　　子墨子言曰："天下之所以乱者，其说将何哉？则是天下士君子，皆明于小而不明于大。何以知其明于小不明于大也？以其不明于天之意也。何以知其不明于天之意也？以处人之家者知之。今人处若家得罪，将犹有异家所以避逃之者，然且父以戒子，兄以戒弟曰：'戒之！慎之！处人之家，不戒之、慎之，而有处人之国者乎？'今人处若国得罪，将犹有异国所以避逃之者矣，然且父以戒子，兄以戒弟曰：'戒之！慎之！处人之国者，不可不戒慎也。'今人皆处天下而事天，得罪于天，将无所以避逃之者矣，然而莫知以相极戒也[1]。吾以此知大物则不知者也。"

【注 释】

[1]"极戒"当为"儆戒"。

【译 文】

　　墨子说："对天下之所以混乱的原因，将做何种解释呢？

那就是天下的士君子，都只明白小道理，而不明白大道理。根据什么知道他们只明白小道理，而不明白大道理呢？是根据他们不明白天的意志。根据什么知道他们不明白天的意志呢？是根据他们处身于家的情况知道的。现在人们处身于家得罪了家长，还能有别人的家去躲避，然而父亲还是要告诫儿子，兄长还是要告诫弟弟说：'要警惕啊？要谨慎啊！处身于家都不警惕不谨慎，那还能处身于国吗'现在如果人们处身于国得罪了国君，还能有别的国家去躲避，然而父亲还是要告诫儿子，兄长还是要告诫弟弟说：'要警惕啊！要谨慎啊！处身于一个国家之中，不能不警惕，不能不谨慎啊！'现在人们都处身于同一天下而同时事奉上天，如果得罪了上天，就将无处可以躲避了。然而天下的士君子们，却没有人知道以此互相劝诫。我由此知道士君子们对于那些大事，并不十分明白啊！"

【原　文】

　　是故子墨子言曰："戒之，慎之，必为天之所欲，而去天之所恶。"曰：天之所欲者何也？所恶者何也？"天欲义而恶其不义者也。何以知其然也？曰：义者正也。"何以知义之为正也？天下有义则治，无义则乱，我以此知义之为正也。然而正者，无自下正上者，必自上正下。是故庶人不得次己而为正[1]，有士正之；士不得次己而为正，有大夫正之；大夫不得次己而为正，有诸侯正之；

诸侯不得次己而为正，有三公正之；三公不得次己而为正，有天子正之；天子不得次己而为政，有天正之。今天下之士君子，皆明于天子之正天下也，而不明于天之正天子也。是故古者圣人，明以此说人曰：天子有善，天能赏之；天子有过，天能罚之。天子赏罚不当，听狱不中，天下疾病祸福[2]，霜露不时。天子必且犓豢其牛羊犬彘，絜为粢盛酒醴，以祷祠祈福于天。我未尝闻天之祷祈福于天子也[3]。吾以此知天之重且贵于天子也。是故义者，不自愚且贱者出，必自贵且知者出。曰：谁为知？天为知。然则义果自天出也。今天下之士君子之欲为义者，则不可不顺天之意矣。

【注 释】

[1]"次"，同"恣"。
[2]"福"字义不可通，当作"祟"。
[3] 祷下脱"祠"字。

【译 文】

所以墨子说："要警惕啊！要谨慎啊！一定要去做天所希望的事情，而消除天所不希望的事情。"问："天所希望的事情是什么呢？天所憎恶的事情是什么呢？天希望人们从事道义之事而憎恶人们做不道义之事。根据什么知道是这样呢？"回答说："义就是正道。根据什么知道'义'是人们应该奉行的正道呢？如果天下有义，就得到治理；如果天下没有义，就发生混乱。我由此知道'义'就是正道。然而正道，没有从下面匡正上面的道理，必定要由上面匡正下面。所以，平民百姓不能任意去做事，应有士人在上匡正他们；士人也不能任意去做事，有大夫在上匡正他们；大夫也不能任意去做事，有诸侯在上匡正他们；诸侯也不能任意去做事，有三公在上匡正他们；三公也不能任意去做事，有天子在上匡正他们；天子也不能任意去做事，有上天在上匡正他。现在天下的士君子们，都只明白天子领导天下，但不明白上天领导着天子。所以，古时候圣人明确地把这个道理告诉人们，说："天子有了善行，上天能奖赏他；天子有了过失，上天能惩罚他。"如果天子的赏罚不得当，断案不合理，上天就会降下疾病祸殃，使霜雪雨露不依时节地到来。天子必定要饲养牛羊猪狗，干干净净地准备好酒食祭品，去祈祷上天赐福。可我从来没有听说过上天向天子祈祷赐福的，我由此知道上天比天子更尊贵。所以，道义不是从愚蠢而又卑贱的人那里产生出来的，它必定是从高贵而又智慧的人那里产生出来的。（如果）问：'谁是最有智慧的呢？"是上天最有智慧。那么，道义就果真是从上天那里产生出来的了。现在天下的士君子们，要想奉行道义，就不能不去顺从天的意志了。

【原文】

曰：顺天之意何若？曰：兼爱天下之人。何以知兼爱天下之人也？以兼而食之也。何以知其兼而食之也？自古及今，无有远灵孤夷之国[1]，皆刍豢其牛羊犬彘，絜为粢盛酒醴，以敬祭祀上帝山川鬼神，以此知兼而食之也。苟兼而食焉，必兼而爱之。譬之若楚、越之君，今是楚王[2]，食于楚之四境之内，故爱楚之人；越王食于越[3]，故爱越之人。今天兼天下而食焉，我以此知其兼爱天下之人也。

【注释】

[1]"灵"，据孙诒让校，当作"虚"。远虚，即荒远野僻无人之处。

[2]今是，当作"今夫"。

[3]"越"下脱"之四境之内"五字。

【译文】

（有人）问：顺从天的意志应当怎样做呢？答：那就应当兼爱天下之人。根据什么知道兼爱天下之人就是天意呢？是根据天享食天下所有人的供奉。根据什么知道天享食天下所有人的供奉呢？是根据从古到今，所有荒远野僻的夷人国家，也都饲养牛羊猪狗，干干净净地准备好酒食祭品，来祭祀上帝、山川、鬼神，我由此知道天享食天下所有人的供奉。如果天享食天下所有人的供奉，那么，天必定也兼爱天下所有的人。这就好比楚、越两国的国君一样，现在楚王就食于楚国的四境之内，因而爱楚国之人；越王就食于越国的四境之内，因而爱越国之人。现在上天就食于天下所有人的供养，我由此知道天兼爱天下所有的人。

【原文】

且天之爱百姓也，不尽物而止矣[1]。今天下之国，粒食之民，杀一不辜者，必有一不祥。曰：谁杀不辜？曰：人也。孰予之不辜[2]？曰：天也。若天之中实不爱此民也，何故而人有杀不辜，而天予之不祥哉？且天之爱百姓厚矣，天之爱百姓别矣[3]，既可得而知也。何以知天之爱百姓也？吾以贤者之必赏善罚暴也。何以知贤者之必赏善罚暴也？吾以昔者三代之圣王知之。故昔也三代之圣王，尧、舜、禹、汤、文、武之兼爱之天下也[4]，从而利之，移其百姓之意焉，率以敬上帝山川鬼神。天以为从其所爱而爱之，从其所利而利之，于是加其赏焉，使之处上位，立为天子以法也[5]，名之曰圣人。以此知其赏善之证。是故昔也三代之暴王，桀、纣、幽、厉之兼恶天下也，从而贼之，移其百姓之意焉，率以诟侮上帝山川鬼神。天以为不从其所爱而恶之，不从其所利而贼之，于是加其罚焉，使之父子离散，国家灭亡，抎失社稷，忧以及其身。是以天下之庶民，属而毁之，业万世子孙，继嗣毁之责不之废也[6]，名之曰失王。以此知其罚暴之证。今天下之士君子，欲为义者，则不可不顺天之意矣。

【注释】

［1］"物"字义不可通，当作"此"。
［2］"辜"字误，当作"祥"。
［3］别，当读作"遍"。
［4］后"之"字疑衍。
［5］"以法"，当为"以为仪法"。
［6］责，当作"者"字。下"之"字衍。废，止也。

【译文】

而且，上天爱百姓，还不仅仅由这些得到证明啊！现在天下的邦国，凡是吃谷物的人民，只要杀害了一个无罪的人，就必定要遭受一种不祥。请问：是谁杀害无罪的人呢？答：是人。又是谁降给杀人者不祥呢？答：是天。如果上天心里确实不爱天下的人民，那又为什么有人杀害了无罪的人，天就要降给他不祥呢？由此我们已经可以得知，天爱百姓是深厚的，天爱百姓是普遍的，根据什么知道天是爱百姓的呢？我是根据贤人必定要奖善惩恶知道的。根据什么知道贤人必定要奖善惩恶呢？我是根据从前三代的圣王所做的事情知道的。从前三代的圣王尧、舜、禹、汤、文王、武王，兼爱天下之人，给人们带来了利益，改变了百姓的心意，带领着百姓敬奉上帝、山川、鬼神。上帝认为三代的圣王顺从天之所爱而爱天下百姓，顺从天之所利而为百姓谋利，于是给予奖赏，让他们处身上位，立做天子，为民表率，被称之为圣人。我由此得知（上天）奖赏善良的证据。从前三代的暴王桀、纣、幽王、厉王，憎恨天下之人，从而残害他们，改变了百姓的心意，带领着百姓去辱骂上帝、山川、鬼神。上帝认为三代的暴王不顺从天之所爱反而憎恨天下百姓，不顺从天之所利反而残害百姓，于是给予惩罚，让他们父子离散，国家灭亡，社稷丧失，忧患落到他们身上。因此天下的庶民百姓都诅咒毁骂他们，经万代子孙至今责骂不止，称之为暴王。我由此得知（上天）惩罚暴虐的证据。现在天下的士君子们，如果想奉行道义，就不能不顺从天的意志。

【原 文】

曰：顺天之意者，"兼"也；反天之意者，"别"也。"兼"之为道也，义正；"别"之为道也，力正。曰：义正者，何若？曰：大不攻小也，强不侮弱也，众不贼寡也，诈不欺愚也，贵不傲贱也，富不骄贫也，壮不夺老也。是以天下之庶国，莫以水火、毒药、兵刃以相害也。若事上利天，中利鬼，下利人，三利而无所不利，是谓"天德"。故凡从事此者，圣知也，仁义也，忠惠也，慈孝也，是故聚敛天下之善名而加之。是其故何也？则顺天之意也。曰：力正者何若？曰：大则攻小也，强则侮弱也，众则贼寡也，诈则欺愚也，贵则傲贱也，富则骄贫也，壮则夺老也。是以天下之庶国，方以水火毒药兵刃以相贼害也。若事上不利天，中不利鬼，下不利人。三不利而无所利，是谓"之贼"[1]。故凡从事此者，寇乱也，盗贼也，不仁不义，不忠不惠，不慈不孝，是故聚敛天下之恶名而加之。是其故何也？则反天之意也。

【注释】

[1]"之"当作"天"。

【译文】

顺从天的意志，就是爱天下的百姓如同爱自己；违反天的意志，就是视天下的百姓如同异己。实行"兼"的主张，就是以义为治理原则；实行"别"的主张，就是以暴力为统治方法。有人问：以义为治理原则将是怎样的呢？回答是：大国不攻打小国，强大的不欺凌弱小的，势众的不残害势孤的，巧诈的不欺骗愚钝的，高贵的不傲视卑贱的，富裕的不轻视贫穷的，年壮的不抢夺年老的。因此，天下众多的国家，都不用水火、毒药、兵刃互相侵害。像这样去做：上利于天，中利于鬼神，下利于人民，天、鬼神、人民三者都得利，就无所不利了,这就叫做天之功德。因此,凡是致力于这些的,就是圣明而智慧的人,就是仁义的人,就是忠诚而宽惠的人,就是慈爱而孝顺的人,所以人们才收集天下所有的美名加给他们。这是什么缘故呢?这是因为他们顺从了天的意志。有人问:以暴力为统治方法将是怎样呢?回答是:大国就攻打小国,强大的就欺凌弱小的,势众的就残害势孤的,巧诈的就欺骗愚钝的,高贵的就傲视卑贱的,富裕的就轻视贫穷的,年壮的就抢夺年老的。因此,天下众多的国家,都用水火、毒药、兵刃互相侵害。像这样去做:上不利于天,中不利于鬼神,下不利于人民,天、鬼神、人民三者都不利,就没有谁能得到利益了,这就叫做"天贼"。因此,凡是从事于这些勾当的,就是寇乱之人,就是强盗和窃贼,就是不仁不义的人,就是不忠诚不宽惠的人,就是不慈爱不孝顺的人,所以人们才收集天下所有的恶名加给他们。这是什么缘故呢?这是因为他们违反了天的意志。

【原 文】

故子墨子置立天之,以为仪法,若轮人之有规,匠人之有矩也。今轮人以规,匠人以矩,以此知方圆之别矣。是故子墨子置立天之,以为仪法。吾以此知天下之士君子之去义远也。何以知天下之士君子之去义远也?今知氏大国之君宽奢然曰[1]:"吾处大国而不攻小国,吾何以为大哉！"是以差论蚤牙之士，比列其舟车之卒，以攻罚无罪之国，入其沟境，刈其禾稼，斩其树木，残其城郭，以御其沟池[2]，焚烧其祖庙，攘杀其牺牷，民之格者，则劲拔之[3]，不格者，则系操而归[4]，丈夫以为仆圉、胥靡[5]，妇人以为舂、酋[6]。则夫好攻伐之君，不知此为不仁义，以告四邻诸侯曰："吾攻国覆军，杀将若干人矣。"其邻国之君，亦不知此为不仁义也，有具其皮币，发其綛处[7]，使人飨贺焉。则夫好攻伐之君，有重不知此为不仁不义也，有书之竹帛，藏之府库。为人后子者，必且欲顺其先君之行，曰：'何不当发吾府库，视吾先君之法美[8]？'必不曰'文、武之为正者，若此矣'，曰'吾攻国覆军，杀将若干人矣'。则夫好攻伐之君，不知此为不仁不义也。其邻国之君，不知此为不仁不义也。是以攻伐世世而不已者，此吾所谓大物则不知也。

【注释】

[1]"知"字衍，"者"字衍，"宽"是"器"之借字。
[2]"御"，当作"抑"。
[3]劲拔，疑"劲杀"之误。
[4]操，当为"累"。
[5]圉，养马人。胥靡，刑徒役作。

[6]舂，舂米人。酋，掌酒者。

[7]绍处，疑当作"总处"，聚财之处。

[8]法美，当作"法义"。

【译文】

因此，墨子创立了"天志"的主张，把它作为奉行正义的准则，这就好比造车轮的工匠有了圆规，木匠有了矩尺一样。现在造车轮的工匠用圆规，木匠用矩尺，由此可以辨知方形和圆形的区别。所以，墨子创立了"天志"的主张，把它作为奉行正义的准则，我由此便能知道：天下的士君子们，离道义还相去很远。根据什么知道天下的士君子们离道义还相去很远呢？现在大国的君主肆然自得地说："我处身于大国的地位，不去攻打小国，我还凭什么成为大国呢？"因此挑选精兵猛将，排列好他们的战船和战车队伍，去攻打讨伐无罪的国家，侵入别人的国境，割走别人的庄稼，砍伐别人的林木，摧毁别人的城郭，还要填平别人的护城沟池，焚烧别人的祖庙，掠杀别人的牲口。遇到反抗的人民，就斩杀他们，遇到不反抗的，就捆绑而还，要是男人，就让他做仆人马夫、囚徒苦工，要是妇女，就让她做舂米、掌酒的奴婢。那些好战的君主们，不仅不明白这是不仁不义的行为，反而把他们的所作所为告诉四邻的诸侯，说："我攻陷那个国家，消灭了它的军队，杀死了很多大将啊！"而他邻国的君主们，也不明白这是不仁不义的行为，反而准备好皮革钱币，打开他们聚财的宝库，派人前去祝贺。于是好战的君主，就更无法明白这是不仁不义的行为了，还把（战事战果）写在竹帛上，珍藏在府库中。而作为后代的子孙们，也必定希望遵循他们先君的做法，说："为什么不赶紧打开我的府库，看看我先君留下的法则呢？"那上面必定不会说："文、武为政之道就是这样啊。"一定是说："我攻陷那个国家，消灭了它的军队，杀死了很多大将啊！"于是好战的君主，不明白这是不仁不义的行为。他邻国的君主，也不明白这是不仁不义的行为。所以世世代代攻伐征战不止，这就是我所说的天下的士君子们，对于大道理反而不明白。

【原文】

所谓小物则知之者，何若？今有人于此，入人之场园，取人之桃李瓜姜者，上得且罚之，众闻则非之。是何也？曰：不与其劳获其实，已非其有所取之故。而况有逾于人之墙垣，担格人之子女者乎[1]！与角人之府库[2]，窃人之金玉蚤累者乎[3]！与逾人之栏牢，窃人之牛马者乎！而况有杀一不辜人乎！今王公大人之为政也，自杀一不辜人者，逾人之墙垣，担格人之子女者，与角人之府库，窃人之金玉蚤累者，与逾人之栏牢；窃人之牛马者，与入人之场园，窃人之桃李瓜姜者，今王公大人之加罚此也，虽古之尧、舜、禹、汤、文、武之为政，亦无以异此矣。今天下之诸侯，将犹皆侵凌攻伐兼并，此为杀一不辜人者，数千万矣！此为逾人之墙垣，格人之子女者，与角人府库，窃人金玉蚤累者，数千万矣！逾人之栏牢，窃人之牛马者，与入人之场园，窃人之桃李瓜姜者，数千万矣！而自曰义也。"故子墨子言曰："是蕡我者[4]，则岂有以异是蕡黑白甘苦之辩者哉！今有人于此，少而示之黑，谓之黑；多示之黑，谓白。必曰：'吾目乱，不知黑白之别'。今有人于此，能少尝之甘，谓甘；多尝，谓苦。必曰：'吾口乱，不知其甘苦之味。'今王公大人之政也，或杀人，其国家禁之；此蚤越有能多杀其邻国之人[5]，因以为文义[6]，此岂有异蕡黑白甘苦之别者哉！"

【注　释】

[1]"担"字衍，下同。格，拘执也。

[2]"角"字当作"穴"。

[3]"蚤累"误，当作"布帛"，下同。

[4]"蕡我"，"蕡"当作"棼"，乱也；"我"当作"义"。

[5]"蚤越"，此处有误，疑为"爪牙"。

[6]"文"当作"大"。

【译　文】

　　所谓只明白小道理，又是怎样的情况呢？假使现在这里有一个人，擅自进入人家的园地，窃取人家的桃李瓜姜，被在上面执政的官员抓住了，就会被处罚，大家听到了，就会指责他不对。这是什么缘故呢？是因为他不付出劳动，却要获取劳动的果实，不是他所有而被他窃取的缘故。况且，还有那越过人家的院墙，抢夺人家子女的人呢！还有那挖通人家的府库，偷走人家金玉和布帛的人呢！还有那翻入人家的牛栏马圈，偷走人家牛马的人呢！还有那杀害一个无罪之人的人呢！现在的王公大人治理政务，从杀害一个无罪的人，到越过人家的院墙，抢夺人家子女的人，到挖通人家的府库，偷走人家金玉和布帛的人，到翻入人家的牛栏马圈，偷走人家牛马的人，到进入人家的园地，偷窃人家桃李瓜姜的人，（对这些行为）现在的王公大人都要加以重罚，就是古代的圣王尧、舜、禹、汤、文王、武王治理政务，也和这没有什么不同啊！但是，现在的王公大人，都还在相互侵犯，攻伐和兼并，这种罪行是杀害一个无罪之人的几千万倍啊！这是越过人家院墙，抢夺人家子女，挖通人家府库，偷走人家金玉和布帛的几千万倍啊！这是翻入人家牛栏马圈偷走人家牛马，擅入人家园地偷走人家桃李瓜姜的几千万倍啊！而王公大人们却自认为很合道义。因此，墨子说道："这是混淆道义的含义啊！这与那混淆黑白、混淆甜苦的人有什么不同呢！现在这里有一个人，给他看一点黑色，他就说这是黑的；给他看很多黑色，他却又说是白的。那他必定要说：'我的视觉错乱了，不知道黑白的分别。'现在这里有一个人，给他尝一点甜食，他就说是甜的；给他尝很多甜食，他却又说是苦的。那他必定要说：'我的味觉错乱了，不知道甜苦的分别。'现在的王公大人治理政务，有人在他的国家杀人，他能够用斧钺之刑禁止他；但是，也有爪牙能杀害众多的邻国百姓，却被认为是大义之人，这与那混淆黑白甜苦的分别，有什么不同呢！"

【原文】

故子墨子置天之以为仪法。非独子墨子以天之志为法也，于先王之书《大夏》之道之然[1]："帝谓文王，予怀明德，毋大声以色，毋长夏以革。不识不知，顺帝之则。"此诰文王之以天志为法也[2]，而顺帝之则也。且今天下之士君子，中实将欲为仁义，求为上士，上欲中圣王之道，下欲中国家百姓之利者，当天之志而不可不察也[3]。天之志者，义之经也。

【注释】

[1]《大夏》，夏、雅古字通。
[2]"也"字衍。
[3]"志"字衍，下同。

【译文】

因此，墨子创立"天志"的学说，把它作为奉行正义的准则。其实，不仅墨子把"天志"作为奉行正义的准则，在先王的书典《大雅》中也这样说："上帝对文王说：我怀思那明德之人，他从不说大话以表现自己，不因自己做了诸夏之长就改变先王的法则。他对一切不识不知，只是顺从天帝的法则。"这就是上帝告诫文王应以"天志"为准，顺从天帝的法则去行事。现在天下的士君子们，心里如果真想奉行仁义之事，求做一个高尚的士人，上想符合圣王之道，下想符合国家百姓的利益的话，那么，对于天的意志，不能不加以考察。天的意志，就是义的准则。

卷　八

明鬼上 第二十九（缺）

明鬼中 第三十（缺）

明鬼下 第三十一

【原　文】

子墨子言曰："逮至昔三代圣王既没，天下失义。诸侯力正[1]，是以存夫为人君臣上下者之不惠忠也，父子弟兄之不慈孝弟长贞良也，正长之不强于听治，贱人之不强于从事也，民之为淫暴寇乱盗贼，以兵刃毒药水火，退无罪人乎道路率径[2]，夺人车马衣裘以自利者，并作，由此始，是以天下大乱。此其故何以然也？则皆以疑惑鬼神之有与无之别，不明乎鬼神之能赏贤而罚暴也。今若使天下之人，偕若信鬼神之能赏贤而罚暴也[3]，则夫天下岂乱哉！"

【注释】

[1] 正，通"征"。
[2] "退"，当为"迓"字之误，"迓"与"御"通。"率径"当作"术径"。术，大道；径，小路。
[3] "若"字衍。偕，同"皆"。

【译文】

墨子说道："到了从前三代的圣王谢世之后，天下之人抛弃了道义。诸侯互相用武力征伐，于是出现以下情况：做人君的不恩惠臣下，做臣下的不忠于君主，做父亲的不慈爱儿子，做儿子的不孝顺父亲，做兄长的不善待弟弟，做弟弟的不敬事兄长，人们不再纯真善良，官员不努力处理政务，平民不努力从事生产，人们都做那淫暴、寇乱、盗贼之事，用兵器、毒药、水火拦路抢劫无罪之人，夺取人家的车马衣服，为自己谋利，一切暴虐的事都从此开始了，所以天下一片混乱。这其中的缘故是什么呢？这都是因为人们都对鬼神有无的分辨疑惑不定，不明白鬼神能赏贤罚暴。现在如果使天下的人都相信鬼神能赏贤罚暴，那天下怎么还会乱呢！

【原　文】

今执无鬼者曰："鬼神者，固无有。"旦暮以为教诲乎天下，疑天下之众，使天下之众皆疑惑乎鬼神有无之别，是以天下乱。是故子墨子曰："今天下之王公大人士君子，实将欲求兴天下之利，除天下之害，故当鬼神之有与无之别，以为将不可以不明察此者也。"既以鬼神有无之别以为不可不察已，然则吾为明察此，其说将奈何而可？子墨子曰："是与天下之所以察知有与无之道者，必以众之耳目之实知有与亡为仪者也。请惑闻之见之[1]，则必以为有；莫闻莫见，则必以为无。若是，何不尝入一乡一里而问之，自古以及今，生民以来者，亦有尝见鬼神之物，闻鬼神之声，则鬼神何谓无乎？若莫闻莫见，则鬼神可谓有乎？"

【注　释】

[1] 惑，同"或"。

【译　文】

现在主张没有鬼神的人说："鬼神本是不存在的。"早晚用这种主张教导天下之人，迷惑天下的民众，使天下的民众都对鬼神有无的分别疑惑不定，所以天下才混乱不堪。因此墨子说道："现在天下的王公大人和士君子们，确实想兴天下之利，除天下之害，对鬼神究竟是有还是无的分别，我认为是不能不加以明察的。"既然认为鬼神有无的分别不能不加以明察，那么我要明察此事，当做怎样的论说才行呢？墨子说："天下的人用来考察及了解究竟是有还是无的办法，必定是根据民众耳闻目见的事实，把它作为了解究竟是有还是无的准则。的确亲耳所闻，亲眼所见的，就必定认为是有；不是亲耳所闻，亲眼所见的，就必定认为是无。既然如此，何不尝试到乡里村里问一下呢？如果从古到今，自有人类以来，曾经有人看到鬼神的样子，听到鬼神的声音，那怎么能说鬼神是没有的呢？如果没有人听到过或看到过，那又怎么能说鬼神是有的呢？"

【原文】

今执无鬼者言曰："夫天下之为闻见鬼神之物者，不可胜计也，亦孰为闻见鬼神有无之物哉？"子墨子言曰："若以众之所同见，与众之所同闻，则若昔者杜伯是也。周宣王杀其臣杜伯而不辜，杜伯曰：'吾君杀我而不辜，若以死者为无知，则止矣；若死而有知，不出三年，必使吾君知之。'其三年，周宣王合诸侯而田于圃田[1]，车数百乘，从数千，人满野。日中，杜伯乘白马素车，朱衣冠，执朱弓，挟朱矢，追周宣王，射之车上，中心折脊，殪车中，伏弢而死[2]。当是之时，周人从者莫不见，远者莫不闻，著在周之《春秋》。为君者以教其臣，为父者以儆其子，曰：'戒之慎之！凡杀不辜者，其得不祥，鬼神之诛，若此之憯遫也[3]！以若书之说观之，则鬼神之有，岂可疑哉！非惟若书之说为然也。昔者郑穆公[4]，当昼日中处乎庙，有神入门而左，鸟身[5]，素服三绝[6]，面状正方。秦穆公见之，乃恐惧犇[7]。神曰：'无惧！帝享女明德，使予锡女寿[8]，十年有九，使若国家蕃昌，子孙茂，毋失秦。'穆公再拜稽首，曰：'敢问神名？'曰：'予为句芒。'若以秦穆公之所身见为仪，则鬼神之有，岂可疑哉！非惟若书之说为然也。昔者燕简公杀其臣庄子仪而不辜，庄子仪曰：'吾君王杀我而不辜，死人毋知亦已；死人有知，不出三年，必使吾君知之！'期年，燕将驰祖。燕之有祖，当齐之社稷，宋之有桑林，楚之有云梦也，此男女之所属而观也。日中，燕简公方将驰于祖涂，庄子仪荷朱杖而击之，殪之车上。当是时，燕人从者莫不见，远者莫不闻，著在燕之《春秋》。诸侯传而语之曰：'凡杀不辜者，其得不祥，鬼神之诛，若此其憯遫也！'以若书之说观之，则鬼神之有，岂可疑哉！非惟若书之说为然也。昔者宋文君鲍之时，有臣曰祏观辜[9]，固尝从事于厉[10]。祩子杖揖出与言曰[11]："观辜！

是何珪璧之不满度量，酒醴粢盛之不净洁也？牺牲之不全肥[12]，春秋冬夏选失时[13]？岂女为之与？意鲍为之与？'观辜曰；'鲍幼弱，在荷缲之中，鲍何与识焉！官臣观辜特为之。'祩子举揖而槁之[14]，殪之坛上。当是时，宋人从者莫不见，远者莫不闻，著在宋之《春秋》。诸侯传而语之曰：'诸不敬慎祭祀者，鬼神之诛至，若此其憯遬也！'以若书之说观之，鬼神之有岂可疑哉！非惟若书之说为然也。昔者齐庄君之臣，有所谓王里国、中里徼者，此二子者，讼三年而狱不断。齐君由谦杀之[15]，恐不辜；犹谦释之，恐失有罪。乃使之人共一羊，盟齐之神社，二子许诺。于是沽洫[16]，摅羊而漉其血[17]，读王里国之辞既已终矣，读中里徼之辞，未半也，羊起而触之，折其脚，挑神之而槁之[18]，殪之盟所。当是时，齐人从者莫不见，远者莫不闻，著在齐之《春秋》。诸侯传而语之曰：'请品先不以其请者[19]，鬼神之诛至，若此其憯遬也！'以若书之说观之，鬼神之有，岂可疑哉！"是故子墨子言曰："虽有深谿博林，幽涧毋人之所，施行不可以不董[20]，见有鬼神视之。"

【注释】

[1] 田于圃田，首"田"字，打猎的意思。圃田，地名。
[2] 弢，弓箭袋。

[3] 憯遬，急疾也。遬，同"速"。

[4] 郑，当作"秦"，下同。

[5] 鸟身，其下疑脱"人面"二字。

[6] 三绝，无义当作"玄纯"，深色的带子。

[7] 犇，同"奔"。

[8] 锡，同"赐"。

[9] 祜，当作"祝"。观辜，当作"射姑"。

[10] 厉，神祠。

[11] 揖，疑当作"楫"，下同。袾子，祝史。

[12] 全，同"牷"，纯色。

[13] 选，读作"馔"，祭品。

[14] 稾，同"敲"。

[15] 由谦，即"欲兼"。

[16] 洫洫，当作"洫血"。

[17] 撎，同"刭"，用刀割。漉，当为"洒"字之误。

[18] 祧，当作"祝"。

[19] 此句疑有误，当为"诸盟矢不以其请者"。"矢"即"誓"，"请"即"情"。

[20] "菫"字当为"堇"，通"谨"。

【译 文】

现在主张没有鬼神的人说道："天下人关于听到过或看见过鬼神的传闻，多得无法统计，然而究竟有谁听到过或看到过鬼神这种东西呢?"墨子说道:"如果用众人共同看到、共同听到的事为例,那像从前的杜伯就是啊!周宣王杀了他的臣下杜伯,可是杜伯并没有罪。杜伯说:'我的君主杀了我,可是我并没有罪。要是死者不再有知,那就罢了;要是死者还有知,不出三年,必定要让我的君主知道鬼神的诛罚。'到了第三年,周宣王会合诸侯,去圃田泽打猎,跟随出猎的车子有几百辆,随员几千人,布满了郊野。正午的时候,杜伯乘坐白马素车,穿戴朱红色的衣冠,手拿朱红色的弓,搭着朱红色的箭,追赶周宣王,向车上射去,正中周宣王的后心,周宣王脊骨折断,倒在车中,伏在弓袋上死了。当时,跟随的周人没有不见到的,远处的人也没有不听说的,这件事记载在周人的史书《春秋》上。凡是做人君的都拿这件事教训他的臣下,凡是做人父的都拿这件事告诫他的儿子,说:'要警惕啊!要谨慎啊!凡是杀害无罪的人,都要招致不祥,那鬼神的诛罚,就像周宣王受到诛杀一样迅速!'照这本书所说的看,鬼神的存在,有什么可怀疑的呢?不仅这本书上的说法是这样。从前,秦穆公一天中午在庙里,看见神从门外进来,向左边走去,人面鸟身,白衣黑带,脸形方正。秦穆公看见它,吓得直跑。那神说:'不要怕!上帝肯定你的明德,派我来赐你益寿十九年,使你的国家繁荣昌盛,子孙兴旺,不丧失秦国。'秦穆公又叩拜说:'请问尊神大名?'神回答说:'我就是句芒。'如按秦穆公的亲身所见为准,那么鬼神的存在,还有什么可怀疑的呢?不仅这本书上的说法是这样。从前,燕简公杀了他的臣下庄子仪,可是庄子仪并没有罪。庄子仪说:'我的君主杀了我,可是我并没有罪。要是死者不再有知,那就罢了;要是死人还有知,不出三年,必定要让我的君主知道鬼神的诛罚。'一年后,燕人要去祖泽举行大祭。燕人的祖泽,就如齐国的神社、宋国的桑林、楚国的云梦一样,这是全国男女百姓聚会游观的地方。日中之时,燕简公刚要奔往祖泽,在途中,庄子仪举起朱红色的木杖,击打简公,把他打死在车上。当时,跟随简公的燕人,没有不曾看见的,远处的人,也没有不曾听到的,这件事被记载在燕国的《春秋》上。诸侯互相传告说:'凡是杀害无罪的人,都要招致不祥、鬼神的诛罚,就像燕简公受诛杀那样迅速!'照这本书所说的看,鬼神的存在,还有什么可怀疑的呢?不仅这本书上的说法是这样。从前,在宋文公鲍(名鲍)时,有个名叫祏姑的掌祭祀之官,曾在祠庙里进行祭祀。祝史用短桨作杖走出来,对祝祏姑说:'祏姑!为什么圭璧的规格不符合礼制?为什么酒食祭品不洁净?为什么牛羊毛色不纯、不肥大?为什么春夏秋冬所献祭品都不按时令?这是你做的事呢,还是文公鲍做的事呢?'祏姑说:'文王鲍年幼弱小,还在襁褓之中,他怎么会知道呢?这都是掌守官职的臣子祏姑我做的。'于是祝史举起木杖就打,把祏姑打死在祭坛上了。当时,跟随的宋人,没有不曾看见的;远处的人,没有不曾听到的,这件事记载在宋国的《春秋》上。诸侯互相传告说:'凡是对祭祀不敬慎的,鬼神诛罚的到来,就像这件事一样迅速!'照这本书所说的看,鬼神的存在,还有什么可怀疑的呢？"不仅这本书上的说法是这样。从前，齐庄公有两个臣子，一个名叫王里国，一个名叫中里徼，这两个人官司打了三年，而他们的案子始终无法结断。齐庄公想把他俩一起杀掉，又害怕连累了无罪的人；想把他俩一起释放，又害怕放过了有罪的人。于是让他俩共出一头羊，在齐国的神社前立誓，二人都答应了。便歃血为盟，割断了羊头，把血洒在地上，先读王里国的誓辞，已经读完，又读中里徼的誓辞，还没有读到一半，那只死羊一跃而起撞击他，折断了中里徼的脚，祝史认为羊显示了神的意志，走上来一敲，中里徼便死在他发誓的地方。当时，跟随的齐人，没有不曾看见的；远处的人，没有不曾听到的，这件事记载在齐国的《春秋》上。诸侯互相传告这件事说：'凡在盟誓时不用真情实意的，鬼神诛罚的到来，就像这件事一样迅速！'照这本书所说的看，鬼神的存在，还有什么可怀疑的呢？"所以墨子说道："虽然有深溪、广大森林、幽涧等无人的处所，行动也不能不谨慎，因为事实显示出，有鬼神在注视着你。"

【原文】

今执无鬼者曰："夫众人耳目之请，岂足以断疑哉？奈何其欲为高君子于夫下，而有复信众之耳目之请哉！"子墨子曰："若以众之耳目之请，以为不足信也，不以断疑，不识若昔者三代圣王，尧、舜、禹、汤、文、武者，足以为法乎?"故于此乎,自中人以上,皆曰:"若昔者三代圣王,足以为法矣。"若苟昔者三代圣王足以为法,然则姑尝上观圣王之事。昔者武王之攻殷诛纣也,使诸侯分其祭;曰:'使亲者受内祀,疏者受外祀。'故武王必以鬼神为有,是故攻殷伐纣,使诸侯分其祭;若鬼神无有,则武王何祭分哉!非惟武王之事为然也,故圣王其赏也必于祖[1],其僇也必于社。赏于祖者何也?告分之均也。僇于社者何也?告听之中也。非惟若书之说为然也,且惟昔者虞、夏、商、周,三代之圣王,其始建国营都日,必择国之正坛[2],置以为宗庙;必择木之脩茂者,立以为菆位[3];必择国之父兄慈孝贞良者,以为祝宗;必择六畜之胜腯肥倅毛,以为牺牲,珪璧琮璜,称财为度;必择五谷之芳黄,以为酒醴粢盛,故酒醴粢盛,与岁上下也。故古圣王治天下也,故必先鬼神而后人者,此也。故曰:官府选效[4],必先祭器祭服,毕藏于府;祝宗有司,毕立于朝,牺牲不与昔聚群。故古者圣王之为政若此,古者圣王必以鬼神为[5],其务鬼神厚矣。又恐后世子孙不能知也,故书之竹帛,传遗后世子孙。咸恐其腐蠹绝灭,后世子孙不得而记,故琢之盘盂,镂之金石以重之。有恐后世子孙不能敬莙以取羊[6],故先王之书,圣人[7],一尺之帛,一篇之书,语数鬼神之有也,重有重之。此其故何?则圣王务之。今执无鬼者曰：'鬼神者，固无有。'则此反圣王之务。反圣王之务，则非所为君子之道也。"

【注释】

［1］"故"当作"古"。
［2］国之正坛，国都中的祭坛。
［3］"菆位"，"菆"与"丛"同，"位"当作"社"。丛社，即神社、神祠。
［4］选效，置备的意思。
［5］"为"下脱"有"字。
［6］莙，当作"若"字，顺也；羊，古"祥"字。
［7］"圣人"下脱二字，疑当作"圣人之言"。

【译文】

现在主张没有鬼神的人说："民众耳闻目见的情况，哪能够判断疑难呢？一个想成为天下的高士的人，怎么能反而去相信民众耳闻目见的情况呢？"墨子说："如果认为民众耳闻目见的情况不可信，不能够靠它判断疑难，那么，不知像从前三代的圣王尧、舜、禹、汤、文王、武王等人的事迹，足以作为判断疑难的标准吗？"对此，只要中等以上的人都会说："像从前三代的圣王那样，是足以作为判断疑难的标准了。"假如从前三代的圣王可以作为标准，那我们就姑且看看往古圣王们的事迹罢！从前，周武王攻打殷商、诛伐纣王，命诸侯分掌祭祀，说：'使同姓诸侯承受祖庙祭祀，使异姓诸侯承受山川祭祀。'因此，周武王必定认为鬼神是存在的，所以他攻打殷商，诛伐纣王，命令诸侯分掌祭祀；如果鬼神不存在，那武王又何必要分别派人去掌管祭祀呢！不仅武王的行事是这样，古代圣王行赏都必定在祖庙进行，行罪也必定在神社进行。为什么要在祖庙行赏呢？这是为了向祖先禀告分配均平。为什么要在神社行罚呢？这是为了向神灵禀告断案公正。不仅这本书上这样说，而且，从前虞、夏、商、周，三代的圣王，开始建国营造国都的时候，必定要选择国中的正坛，用来建立宗庙；必定要选择草木丰茂的处所，用来建立神社；必定要选择国内慈惠、孝顺、忠贞、善良的父兄，来做太祝和宗伯；必定要选择肉肥、毛色纯正的家畜，作为祭祀品；置备各种祭祀用的珪、璧、琮、璜等玉器，以适合财力为度；必定要选择芳香黄熟的五谷，作为酒食祭品，所有酒食祭品往往随年成的好坏而有增有减。因此，古代圣王治理天下，必定要先去祭祀鬼神，然后再考虑人的问题，这就是因为有鬼神的存在。所以说："官府置备物品，必定先办理好祭器和祭服，全部收藏在府库之中；太祝和宗伯等官职，全部设立在朝廷之中；祭祀用的牛羊牺牲，不和通常的牲畜合群畜养。所以，古代的圣王像这样去治理政务，他们必定是认为鬼神存在，才如此尽力侍奉。他们又担心后世的子孙无法知道，因此书写在竹帛上，留传给后世子孙。或担心竹帛被腐化蛀蚀绝传，后世子孙无从记忆，因此又雕琢在器皿上，镂刻在金石上，以示珍重。又担心后世的子孙不能敬奉鬼神而求得吉祥，因此先王的书典、圣人的言谈，一尺之帛，一篇之文，多言鬼神的存在，重申了又重申。这是什么缘故呢？是因为圣王勉力于鬼神之事。现在主张没有鬼神的人说：'鬼神本是不存在的。'这就违反了圣王的行事。违反圣王的行事，就不是君子所奉行的正道了。"

【原文】

今执无鬼者之言曰："先王之书，慎无[1]，一尺之帛，一篇之书，语数鬼神之有，重有重之，亦何书之有哉？"子墨子曰："《周书·大雅》有之。《大雅》曰：'文王在上，于昭于天。周虽旧邦，其命维新。有周不显，帝命不时。文王陟降，在帝左右。穆穆文王，令问不已[2]'。若鬼神无有，则文王既死，彼岂能在帝之左右哉？此吾所以知《周书》之鬼也。且《周书》独"鬼，而《商书》不鬼，则未足以为法也。然则姑尝上观乎《商书》。曰：'呜呼！古者有夏，方未有祸之时，百兽贞虫[3]，允及飞鸟[4]，莫不比方[5]，矧佳人面[6]，胡敢异心！山川鬼神，亦莫敢不宁。若能共允，佳天下之合，下土之葆！'察山川鬼神之所以莫敢不宁者，以佐谋禹也，此吾所以知《商书》之鬼也。且《商书》独鬼而《夏书》不鬼，则未足以为法也。然则姑尝上观乎《夏书》。《禹誓》曰：'大战于甘，王乃命左右六人，下听誓于中军。曰：有扈氏威侮五行，怠弃三正，天用剿绝其命。'有曰：'日中，今予与有扈氏争一日之命。且尔卿大夫庶人，予非尔田野葆士之欲也[7]，予共行天之罚也。左不共于左[8]，右不共于右，若不共命[9]；御非尔马之政，若不共命。是以赏于祖而僇于社。'赏于祖者何也？言分命之均也。僇于社者何也？言听狱之事也[10]。故古圣王必以鬼神为赏贤而罚暴，是故赏必于祖，而僇必于社，此吾所以知《夏书》之鬼也。故尚者《夏书》，其次商、周之书，语数鬼神之有也，重有重之。此其故何也？则圣王务之。以若书之说观之，则鬼神之有，岂可疑哉！于古曰：吉日丁卯[11]，周代祝社方[12]，岁于社者考[13]，以延年寿。若无鬼神，彼岂有所延年寿哉？"

【注 释】

［1］"慎无"无义，当作"圣人"。

［2］令问，令，美好；问，同"闻"，名声。

［3］贞虫，贞为"征"之借字。征虫，爬虫也。

［4］允及，以及。

［5］比方，顺从的意思。

［6］矧隹，隹，同"惟"，矧惟，语助词。

［7］"葆士"无义，当作"葆玉"，即"宝玉"。（俞樾说）。

[8] 不共，当作"不攻"。

[9] 共，同"恭"。

[10] "事"当作"中"。

[11] "卯"当作"酉"。

[12] "周"当作"用"，"祝"当作"祀"。

[13] "社者"当为"祖若"。

【译文】

现在主张没有鬼神的人说道："先王的书典，（圣人之言，）一尺之帛，一篇之文，多言鬼神的存在，重申了又重申，可究竟是什么书上有这样的文字呢？"墨子说："《周诗·大雅》上有这样的文字。《大雅》上说：'文王在万民之上，功德昭著于天。周虽是一个旧邦，但她承受的天命是要创新。周朝的事业伟大显赫，天命常在。文王仙逝升天，常随侍在天帝左右。勤勉的文王，美好声名永远传扬。'如果鬼神不存在，那么文王谢世之后，他又怎么能在天帝身旁呢？这就是我之所以知道《周书》上有关于鬼的记载。如果仅仅《周书》上说有鬼，而《商书》上却说没有鬼，那就仍然不足为据。我们就姑且看看《商书》上所说的话。《商书》说：'呜呼！古代夏朝还没有发生祸患时，百兽爬虫，以及飞鸟，没有不顺从的，何况人类，哪敢有异心！山川鬼神，也不敢不安宁。如果能够恭敬诚信，就能够天下和合，确保国土！'考察山川鬼神之所以不敢不安宁，是为了辅助禹，替禹谋划啊！这就是我之所以知道《商书》上也有关于鬼的记载。如果仅仅《商书》上说有鬼，而《夏书》却说没有鬼，那就仍然不足为据。我们就姑且看看《夏书》上所说的话。《禹誓》说：'大战将在甘地开始，王于是命令左右六卿，自坛上下去，到中军听训示。王说："有扈氏蔑视与侮辱五常之伦，怠惰和废弃天道、地道和人道，天要断绝他们的运命。"又说："现正当日中，我要在今天和有扈氏一拼生死。你们这些卿大夫和平民（应当知道），我不是贪图他们的土地和宝玉，我只是恭敬地实行天的惩罚。左翼的人不从左侧进攻，右翼的人不从右侧进攻，那你们就是不恭顺天的命令；驾车的人不能用正确的方法驾好车，那你也是不恭顺天的命令。在祖庙行赏，在神社前行杀戮。"'为什么要在祖庙行赏呢？是为了向祖先禀告分配均平。为什么要在神社前行杀戮呢？是为了向神灵禀告断案公正。所以古代圣王必定认为鬼神是赏赐贤人而惩罚暴虐之人的，因此行赏一定要在祖庙里举行，处罚一定要在神社前进行。这就是我之所以知道《夏书》也有关于鬼的记载。因此，上有《夏书》，其次有《商书》和《周书》，屡屡说到鬼神的存在，重申了又重申，这其中的缘故是什么呢？那就是因为圣王确曾致力于鬼神之事。照这些书所说的看，那么鬼神的存在，还有什么可怀疑的呢！古时候，人们在丁酉吉日，祭祀四方之神，岁末聚祀先祖，以求延年益寿。如果没有鬼神，人们向谁去祈求延年益寿呢？"

【原文】

是故子墨子曰："尝若鬼神之能赏贤如罚暴也，盖本施之国家，施之万民，实可以治国家利万民之道也。若以为不然[1]，是以吏治官府之不絜廉，男女之为无别者，鬼神见之。民之为淫暴寇乱盗贼，以兵刃、毒药、水火退无罪人乎道路[2]，夺人车马衣裘以自利者，有鬼神见之。是以吏治官府，不敢不絜廉，见善不敢不赏，见暴不敢不罪，民之为淫暴寇乱盗贼，以兵刃毒药水火退无罪人乎道路，夺车马衣裘以自利者，由此止。是以莫放幽间，拟乎鬼神之明显，明有一人，畏上诛罚[3]，是以天下治。故鬼神之明，不可为幽间、广泽、山林、深谷，鬼神之明必知之。鬼神之罚，不可为富贵众强，勇力强武，坚甲利兵，鬼神之罚必胜之。若以为不然，昔者夏王桀，贵为天子，富有天下，上诟天侮鬼，下殃傲天下之万民[4]，祥上帝伐元山帝行[5]，故于此乎天乃使汤至明罚焉。汤以车九两[6]，鸟陈雁行，汤乘大赞，犯遂，下众人之虣遂[7]，王乎禽推哆、大戏[8]。故昔夏王桀，贵为天子，富有天下，有勇力之人推哆、大戏，生列兕虎[9]，指画杀人，人民之众兆亿，侯盈厥泽陵[10]，然不能以此圉鬼神之诛。此吾所谓鬼神之罚，不可为富贵众强，勇力强武，坚甲利兵者，此也。且不惟此为然，昔者殷王纣，贵为天子，富有天下，上诟天侮鬼，下殃傲天下之万民，播弃黎老，贼诛孩子，楚毒无罪[11]，刳剔孕妇，庶旧鳏寡，号咷无告也。故于此乎天乃使武王至明罚焉。武王以择车百两，虎贲之卒四百人，先庶国节，窥戎，与殷人战乎牧之野。王乎禽费中、恶来[12]，众畔百走[13]。武王逐奔入宫，万年梓株，折纣而系之赤环，载之白旗，以为天下诸侯僇。故昔者殷王纣，贵为天子，富有天下，有勇力之人费中、恶来、崇侯虎，指寡杀人[14]，人民之众兆亿，侯盈厥泽陂，然不能以此圉鬼神之诛。此吾所谓鬼神之罚，不可为富贵众强，勇力强武，坚甲利兵者，此也。且《禽艾》之道之曰：'得玑无小[15]，灭宗无大。'则此言鬼神之所赏，无小必赏之；鬼神之所罚，无大必罚之。"

【注释】

[1] 此五字疑衍。

[2] 退，当作"迓"，下同。

[3] "是以莫放……畏上诛罚"当为衍文。

[4] "傲"字误，当作"杀"。

[5] 祥，当作"牂"，借为"妆"；伐，功；元，当作"亢"；山当作"上"。

[6] 九两，疑为"九十两"。

[7] 下，当作"夏"；人，当作"入"；螐，当作"郊"。

[8] 乎，当作"手"。

[9] 列，同"裂"。

[10] 侯，发语词。

[11] "楚毒"当作"焚炙"，即炮烙之刑。

[12] "乎"当作"手"。

[13] "百走"义不可通，王引之曰：当作"皆走"。

[14] 寡，当作"画"。

[15] 玑，当为"祺"之声借字。

【译文】

所以墨子说："这些鬼神自当能奖赏贤人和惩罚暴人，因为这本来就可以用之于国家，用之于万民，实在就是能够用来治国利民的正道啊！所以，官吏治理官府不廉洁，男女混杂居处没分别，鬼神都能看到。人民去做寇乱盗贼之人，用兵刃、毒药、水火，在道路上抢劫无罪的人，夺取人家车马衣服为自己谋利，也有鬼神看见。所以官吏治理官府，不敢不廉洁，看到有善行不敢不奖赏，看到有恶行不敢不问罪，而人民去做寇乱盗贼之人，用兵刃、毒药、水火，在道路上抢劫无罪之人以夺取人家车马衣服为自己谋利的现象，从此停止，（因此鬼神的明察，不可能被幽涧、广泽、山林、深谷所遮蔽，凭鬼神明晰的目光，必定能察知一切。）所以天下也就太平了。鬼神的惩罚，不能被富裕尊贵、势众力强、勇敢凶猛、坚定的甲盾和锐利的兵器所阻止，鬼神的惩罚必定能战胜这一切。如果认为这话不对，那么请看从前夏王桀贵为天子，富有天下，他对上辱骂天帝鬼神，对下祸害残杀天下的人民大众，毁坏上帝建树的功德，抗拒上帝指示的道路，于是天帝命令汤给予他惩罚。汤用九十辆战车，布下鸟阵雁行的阵势，汤登上大赞，乘势攻占遂城，夏兵窜入通往郊外的水道，王亲手擒住推哆、大戏。所以尽管从前夏王桀贵为天子，富有天下，下有勇士推哆、大戏，力能撕裂凶牛和老虎，手指一点就能杀死人，人民众多，数以兆亿计，布满至山陵水泽，但也不能借此抵御鬼神的诛伐。这就是我所说的：鬼神的惩罚，不能为富裕尊贵、势众力强、勇敢凶猛、坚实的盾甲和锐利的兵器所阻止，就是这个道理。况且不仅夏桀是这样，从前，殷纣王贵为天子，富有天下，他对上辱骂天帝鬼神，对下祸害残杀天下的人民大众，遗弃老人，诛杀小儿，焚炙无罪的人，剖开孕妇之腹，平民旧臣和鳏夫寡妇，大声啼哭而无处诉说。于是天帝命令武王给予他惩罚。武王用精选出来的战车一百辆、虎贲勇士四百人，作为诸侯盟军的先锋，去试探敌情，与殷人战于牧野。武王活捉了费仲和恶来，其部下都纷纷倒戈或逃走。武王追逐到宫里，用一支〔万年梓木〕，将纣王分身致死，系在红色的环上，用白旗挑着，为天下诸侯诛灭了商纣王。所以尽管从前殷纣王贵为天子，富有天下，有勇士费中、恶来、崇侯虎，手指一点就能杀死人，人民众多，数以兆亿计，布满至山陵水泽，但也不能借此抵御鬼神的诛伐。这就是我所说的鬼神的惩罚，不能为富裕尊贵、势众力强、勇敢凶猛、坚实的盾甲和锐利的兵器所阻止，就是这个道理。况且《禽艾》说道：'善者得福祐，不管其职位多微小；作恶者必灭宗，不管其权位多么大。'这就是说一个人不论职位多么微小，只要为善，鬼神也必定奖赏他；一个人即使地位显大，只要作恶，鬼神也必定惩罚他。"

【原　文】

今执无鬼者曰："意不忠亲之利[1]，而害为孝子乎？"子墨子曰："古之今之为鬼[2]，非他也，有天鬼，亦有山水鬼神者，亦有人死而为鬼者。今有子先其父死，弟先其兄死者矣。意虽使然，然而天下之陈物，曰：先生者先死。若是，则先死者非父则母，非兄而姒也。今絜为酒醴粢盛，以敬慎祭祀，若使鬼神请有，是得其父母姒兄而饮食之也，岂非厚利哉？若使鬼神请亡，是乃费其所为酒醴粢盛之财耳。自夫费之，非特注之汙壑而弃之也，内者宗族，外者乡里，皆得如具饮食之。虽使鬼神请亡，此犹可以合欢聚众[3]，取亲于乡里。"

【注　释】

[1]"忠"当作"中"。
[2]"之"字衍。
[3]欢，同"欢"。

【译文】

现在主张没有鬼神的人说:"这样也许不符合父母的利益,有损于做孝子吧?"墨子说:"古往今来的鬼神,有天鬼,也有山水鬼神,也有人死变成鬼的,无非是这些罢了。现在虽然有儿子比父亲先死,弟弟比兄长先死的,即使是这样,但按照天下的常理:先出生的先死。如此而论,那么先死的,不是父亲就是母亲,不是哥哥就是嫂子了。现在干干净净地准备好酒食祭品,来敬慎地举行祭祀,假如鬼神确实存在,那就无异于把父母兄嫂请来进饮食,这难道不是很有益处吗?假如鬼神确实不存在,那也不过是花费了一点置备酒食祭品的资财罢了。而且他们的花费,并非是倾注于脏水沟中丢弃掉了,内而宗族之人,外而乡里邻居,都可以请来饮食。就算鬼神确实不存在,通过祭祀鬼神,还可以达到聚众联欢、联结乡情的效果。"

【原 文】

今执无鬼者言曰:"鬼神者,固请无有,是以不共其酒醴粢盛牺牲之财。吾非乃今爱其酒醴粢盛牺牲之财乎,其所得者臣将何哉[1]?"此上逆圣王之书,内逆民人孝子之行,而为上士于天下,此非所以为上士之道也。是故子墨子曰:"今吾为祭祀也,非直注之汙壑而弃之也,上以交鬼之福[2]，下以合欢聚众，取亲乎乡里。若神有[3]，则是得吾父母弟兄而食之也。则此岂非天下利事也哉！"

【注释】

[1]"臣"字误，疑当作"且"字。
[2]"鬼"字下脱"神"字。
[3]"若神有"，孙诒让曰："疑当云：若鬼神诚有"。

【译文】

现在主张没有鬼神的人说道："鬼神本来确实不存在，所以不必为供奉那些祭祀用的酒食祭品和牺牲而耗费资财。我现在不是吝惜那些酒食祭品和牺牲等资财，而是在问：我自己将得到什么呢？"这种说法，上与圣王之书的教导相违背，内与常人和孝子的品行相违背，却想做天下的高士，而这恰恰不是能成为高士的道理啊！所以墨子说："现在我们去祭祀，并非是把祭品倾注于脏水沟里丢弃掉，而是要用它来上求鬼神的赐福，要用它来下求聚会联欢，联结乡情。假如鬼神存在，那就能够把父母兄嫂请来享食，这难道不是天下很有益处的事吗？"

【原文】

是故子墨子曰："今天下之王公大人、士君子，中实将欲求兴天下之利，除天下之害，当若鬼神之有也，将不可不尊明也，圣王之道也。"

【译　文】

所以墨子说："现在天下的王公大人和士君子们，心里确实想求兴天下之利，除天下之害的话，那么对于鬼神存在的主张，当不能不尊信和明白，这是圣王的大道啊！"

非乐上 第三十二

【原　文】

子墨子言曰："仁之事者[1]，必务求兴天下之利，除天下之害。将以为法乎天下，利人乎即为，不利人乎即止。且夫仁者之为天下度也，非为其目之所美，耳之所乐，口之所甘，身体之所安。以此亏夺民衣食之财，仁者弗为也。"是故子墨子之所以非乐者，非以大钟、鸣鼓、琴瑟竽笙之声，以为不乐也；非以刻镂华文章之色，以为不美也；非以刍豢煎炙之味，以为不甘也；非以高台厚榭邃野之居[2]，以为不安也。虽身知其安也，口知其甘也，目知其美也，耳知其乐也，然上考之，不中圣王之事；下度之，不中万民之利。是故子墨子曰："为乐非也！"

【注释】

[1]"仁之事者"，应为"仁者之事"（孙诒让说）。
[2]邃野，邃，深也；野，通"宇"。

【译文】

墨子说道："仁人所要做的事，必定是力求兴天下之利，除天下之害。把这作为天下人的法则，凡是对人们有利的，就做，凡是对人们不利的，就不做。而且仁人替天下打算，不是为了让人们眼睛看了后觉得漂亮，耳朵听了后觉得好听，嘴巴尝了后觉得甘美，身体居住在里面觉得安适。为了享受这些而去损害和强取人民的衣食财用，仁人是不会做的。"因此，墨子之所以反对音乐，不是因为他认为大钟、鸣鼓、琴瑟、竽笙的声音不好听，不是因为他认为刻雕文采的颜色不美丽，不是因为他认为烹调禽畜的味道不甘美，不是因为他认为高台、楼榭、深宇的居所不安适。尽管他身体觉得这很安适，嘴巴觉得这很甘美，眼睛觉得这很漂亮，耳朵觉得这很好听，但是向上考察它，不合圣王的事迹；替下忖度它，不合人民大众的利益。所以墨子说："从事音乐是不对的！"

【原 文】

今王公大人，虽无造为乐器[1]，以为事乎国家，非直掊潦水折壤坦而为之也[2]，将必厚措敛乎万民，以为大钟鸣鼓琴瑟竽笙之声。古者圣王，亦尝厚措敛乎万民，以为舟车，既以成矣[3]，曰："吾将恶许用之？"曰："舟用之本，车用之陆。君子息其足焉，小人休其肩背焉。"故万民出财赍而予之，不敢以为戚恨者，何也？以其反中民之利也。然则乐器反中民之利，亦若此，即我弗敢非也。然则当用乐器，譬之若圣王之为舟车也，即我弗敢非也。

【注 释】

[1] 虽无，即"唯毋"，无义。
[2] 直，仅；掊，取；坦，同"坛"。
[3] 以，通"已"。

【译 文】

现在的王公大人制作乐器，把它作为治国的大事，并不仅仅是像取点积水、挖点泥土那样就能成，他必将向百姓多收赋税，聚敛钱财，然后用来制作大钟、鸣鼓、琴瑟、竽笙。古时候，圣王也曾向百姓增加赋税，聚敛钱财，用来制造船和车，已经制成了，就问："我将用它做什么呢？"又说："船用于水路，车用于陆路。对君子，可以让他的双脚休息，对小人，可以让他的肩背得到休息。"因此，广大人民出钱出物，给圣王造船造车用，并不为此懊恨，这是什么缘故呢？是因为这反过来也符合人民自己的利益。要是乐器也能像这样反过来符合人民自己利益，那我也不敢反对了。所以，要是使用乐器，就好比圣王使用船和车那样符合人民的利益，那我就不敢反对了。

【原文】

民有三患：饥者不得食，寒者不得衣，劳者不得息。三者民之巨患也。然即当为之撞巨钟，击鸣鼓，弹琴瑟，吹竽笙而扬干戚，民衣食之财，将安可得乎？即我以为未必然也。意舍此。今有大国即攻小国，有大家即伐小家，强劫弱，众暴寡，诈欺愚，贵傲贱，寇乱盗贼并兴，不可禁止也。然即当为之撞巨钟，击鸣鼓，弹琴瑟，吹竽笙而扬干戚，天下之乱也，将安可得而治与？即我未必然也[1]。是故子墨子曰："姑尝厚措敛乎万民，以为大钟、鸣鼓、琴瑟、竽笙之声，以求兴天下之利，除天下之害，而无补也。"是故子墨子曰："为乐非也。"

【注释】

[1]"我"下脱"以为"二字。

【译 文】

人民有三种忧患：饥饿的人得不到饭吃，挨冻的人得不到衣穿，劳累的人得不到休息。这三种情况是人民的大患。然而在这种情况下，去给他们撞巨钟，击鸣鼓，弹琴瑟，吹竽笙，举着盾牌和斧钺起舞，人民的衣食之财将如何能得到呢？我认为这是不可能的。或者撇开这点不谈，如今是大国就攻打小国，是大家就攻打小家，强大的劫掠弱小的，势众的就暴虐势孤的，巧诈的就欺骗愚钝的，高贵的就傲视卑贱的，外寇内乱，强盗窃贼一并兴起，禁止不住。然而在这种情况下，去为天下撞巨钟，击鸣鼓，弹琴瑟，吹竽笙，举着盾牌和斧钺起舞，天下的混乱局面就能得到治理吗？我认为这是不可能的。所以墨子说："如果向广大人民增加赋税，聚敛钱财，去制作大钟、鸣鼓、琴瑟、竽笙，来求得兴天下之利，除天下之害，那会毫无补益的。"所以墨子说："从事音乐是不对的。"

【原 文】

今王公王人，唯毋处高台厚榭之上而视之，钟犹是延鼎也[1]，弗撞击，将何乐得焉哉？其说将必撞击之。惟勿撞击，将必不使老与迟者，老与迟者，耳目不聪明；股肱不毕强，声不和调，明不转朴[2]。将必使当年，因其耳目之聪明，股肱之毕强，声之和调，眉之转朴[3]。

使丈夫为之，废丈夫耕稼树艺之时；使妇人为之，废妇人纺绩织纴之事。今王公大人，唯毋为乐，亏夺民衣食之财，以拊乐如此多也[4]。是故子墨子曰："为乐非也。"

【注释】

[1] 延鼎，倒挂的鼎。
[2] "明"当作"音"，"朴"当作"抃"，"忭"通"变"。
[3] "眉"当作"音"字。
[4] 拊，击。

【译文】

现在的王公大人，身处高高的台榭上向下观望，乐钟就如倒挂的鼎一般，如果不撞击它，会得到什么乐趣呢？如此说来，是必定要去撞击它。而撞击时，必将不用衰老的人和幼小的人。因为衰老和幼小的人耳目不聪明，四肢不强劲敏捷，（奏出的）声音不和调，音节不变化。所以，必将要用壮年之人。因为壮年之人耳目聪明，四肢强壮，（奏出的）声音和调，音调变化。但是，让男子去撞钟，就废弃了男子耕田播种植树种菜的时光；让妇人去撞钟，又废弃了妇女纺绩织布的事务。现在王公大人作乐，亏损和强夺人民的衣食之财，用于击奏乐器的已是如此之多了。所以墨子说："从事音乐是不对的。"

【原文】

今大钟鸣鼓琴瑟竽笙之声既已具矣，大人锈然奏而独听之[1]，将何乐得焉哉？其说将必与贱人，不与君子[2]。与君子听之，废君子听治；与贱人听之，废贱人之从事。今王公大人，唯毋为乐，亏夺民之衣食之财，以拊乐如此多也。是故子墨子曰："为乐非也。"

【注释】

[1] 锈然，锈，同"肃"。肃然，清静。
[2] "不"字衍。

【译文】

现在，大钟、鸣鼓、琴瑟、竽笙等乐器已经具备了，大人如果静静地独自赏听演奏，会得到什么乐趣呢？如此说来，势必当与平民或君子一起赏听。如果与君子一起赏听，就荒废了君子的公务；如果与平民一起赏听，就废弃了平民的劳作。现在的王公大人作乐，亏损和强夺人民的衣食之财，用于击奏乐器的是如此之多，所以墨子说："从事音乐是不对的。"

【原文】

昔者齐康公兴乐《万》，万人不可衣短褐，不可食糠糟，曰"食饮不美，面目颜色不足视也；衣服不美，身体从容丑羸不足观也[1]。是以食必粱肉，衣必文绣。此掌不从事乎衣食之财[2]，而掌食乎人者也。是故子墨子曰："今王公大人，惟毋为乐，亏夺民衣食之财，以拊乐如此多也。"是故子墨子曰："为乐非也。"

【注释】

[1] 丑羸，此二字衍。
[2] 掌，通，"常"。

【译文】

　　从前，齐康公大兴一种叫做《万》的舞乐，给《万》配舞的人，不能穿粗布衣服，不能吃糟糠之食，说是饮食不精美，脸容面色就不好看了；衣服不华美，体态动作就不好看了。所以吃的必须是粱肉，穿的必须是锦绣。这些从事舞乐的人，常年不参加衣食之财的生产，而常年吃穿人家的。所以墨子说："现在的王公大人作乐，亏损和强夺人民的衣食之财，用于击奏乐器的是如此之多。"所以墨子说："从事音乐是不对的。"

【原文】

　　今人固与禽兽、麋鹿、蜚鸟、贞虫异者也。今之禽兽、麋鹿、蜚鸟、贞虫[1]，因其羽毛，以为衣裘，因其蹄蚤，以为绔屦，因其水草，以为饮食，故唯使雄不耕稼树艺，雌亦不纺绩纤纴，衣食之财，固已具矣。今人与此异者也，赖其力者生，不赖其力者不生。君子不强听治，即刑政乱；贱人不强从事，即财用不足。今天下之士君子，以吾言不然，然即姑尝数天下分事，而观乐之害。王公大人，蚤朝晏退，听狱治政，此其分事也。士君子竭股肱之力，亶其思虑之智，内治官府，外收敛关市山林泽梁之利，以实仓廪府库，此其分事也。农夫蚤出暮入，耕稼树艺，多聚叔粟[2]，此其分事也。妇人夙兴夜寐，纺绩织纴，多治麻丝葛绪捆布縿[3]，此其分事也。今惟毋在乎王公大人，说乐而听之，即必不能蚤朝晏退，听狱治政，是故国家乱而社稷危矣。今惟毋在乎士君子，说乐而听之，即必不能竭股肱之力，亶其思虑之智，内治官府，外收敛关市山林泽梁之利，以实仓廪府库，是故仓廪府库不实。今惟毋在乎农夫，说乐而听之，即必不能蚤出暮入，耕稼树艺，多聚叔粟，是故叔粟不足。今惟毋在乎妇人，说乐而听之，即不能夙兴夜寐，纺绩织纴，多治麻丝、葛绪、捆布縿，是故布縿不兴。曰：孰为大人之听治，而废国家之从事[4]？曰：乐也。是故子墨子曰："为乐非也。"

【注释】

[1] 蜚,通"飞"。
[2] 叔,通"菽"。
[3] 捆布縿,縿当作"縩",即细绢。
[4] "孰为大人之听治,而废国家之从事","孰为"下脱"而废"二字,"而废国家"四字衍,"之从事"上脱"贱人"二字。

【译文】

现在的人类当然与禽兽、麋鹿、飞鸟、爬虫不同。现在的禽兽、麋鹿、飞鸟、爬虫等,以它们的羽毛为衣裳,以它们的蹄爪为袜鞋,依靠它们周围的水草做饮食,因此,即使雄性的动物不耕田种地,雌性的动物不纺纱织布缝衣,衣食之财也已经具备了。而现在的人类就和这不一样了,依靠他们自己劳作的才能生存,不依靠自己劳作的就不能生存。君子如果不尽力治政,刑法政令就会发生混乱;平民如果不尽力工作,资财费用就会缺乏。现在天下的士君子如果认为我的话不对,那就姑且试举天下人分内的职责,进而考察音乐的危害。王公大人早朝晚退,审听狱案,治理政务,这是他们分内的事。士君子竭尽四肢体力,用尽智力,在内治理官府,在外征收关市、山林、川泽的税利,来充实粮仓国库,这是他们分内的事。农夫早出晚归,耕田播种,植树种菜,多收粮食,这是他们分内的事。妇女早起晚睡，纺纱织布，生产麻丝、葛衣、成捆的布帛，这是她们分内的事。现在如果王公大人都在喜好音乐而忙于赏听，就必定不能早朝晚退，审听狱案，治理政务，所以国家就混乱而社稷就危险了。现在如果士君子都在喜好音乐而忙于赏听，就必定不能竭尽四肢体力，用尽智力，在内治理官府，在外征收关市、山林、川泽的税利，来充实粮仓国库，所以粮仓国库就空虚了。现在如果农夫都在喜好音乐而忙于赏听，就必定不能早出晚归、耕田播种、植树种菜，多多地聚收粮食，所以粮食就不充足了。现在如果妇女都在喜好音乐而忙于赏听，就必定不能早起晚睡，纺纱织布，多生产麻丝、葛衣、成捆的布帛，所以布帛就不繁多了。请问：谁使王公大人荒废了公务而平民荒废了工作呢？回答说：是音乐。所以墨子说："从事音乐是不对的。"

【原　文】

何以知其然也？曰：先王之书汤之《官刑》有之，曰："其恒舞于宫，是谓'巫风'。其刑，君子出丝二卫[1]，小人否[2]，似二伯。"《黄径》乃言曰："呜呼！舞佯佯[3]，黄言孔章[4]，上帝弗常，九有以亡[5]。上帝不顺，降之百殃[6]，其家必坏丧。"察九有之所以亡者，徒从饰乐也。于《武观》曰[7]："启乃淫溢康乐，野于饮食，将将铭苋磬以力[8]，湛浊于酒，渝食于野，万舞翼翼，章闻于大[9]，天用弗式。"故上者天鬼弗戒[10]，下者万民弗利。

【注释】

[1] 卫，同纬。
[2] "否"当作"音"，倍也。
[3] 佯佯，同"洋洋"，人多的状态。
[4] "黄"，当为"其"字。孔，很；彰，彰著。
[5] 九有，九州。
[6] 殡，殃。
[7] 武观，即五观，指逸书《五观》篇。
[8] "将将铭苋磬以力"当作"将将锽锽，管磬以方"。方，即"并"，并作。
[9] "大"当作"天"。
[10] "戒"当作"式"，即用。

【译文】

根据什么知道是这样呢？我说：先王的书典——商汤的《官刑》曾说："常在宫中跳舞，这就叫做'巫风'。其刑罚为：君子罚交二束丝，小人加倍，罚交二匹帛。"《黄径》上说道："啊！舞洋洋，声音是多么响亮，可是上天不保佑，九州因而灭亡。上天不答应，降下众多灾难，他的国家必定毁灭沦丧。"考察九州之所以灭亡，只因为沉湎于音乐。在《武观》上又说："启淫佚玩乐，在野外饮食，锵锵锽锽，管磬交响，沉湎于饮酒，随意在野外饮食，舞乐《万》翼翼盛大，声传于天，天因此不许把音乐作为法度。"因此，上面的天帝鬼神不许把音乐作为法度，下面的广大人民不能从音乐中得到利益。

【原文】

是故子墨子曰："今天下士君子，请将欲求兴天下之利，除天下之害，当在乐之为物，将不可不禁而止也。"

【译文】

所以墨子说："现在天下的士君子，如果确实想求得兴天下之利、除天下之害的话，那么，对音乐这种东西，当不能不加以禁止。"

卷 九

非乐中 第三十三（缺）

非乐下 第三十四（缺）

非命上 第三十五

【原 文】

子墨子言曰："古者，王公大人为政国家者，皆欲国家之富，人民之众，刑政之治，然而不得富而得贫，不得众而得寡，不得治而得乱，则是本失其所欲[1]，得其所恶，是故何也？"子墨子言曰："执有命者以襍于民间者众[2]。执有命者之言曰：命富则富，命贫则贫，命众则众，命寡则寡，命治则治，命乱则乱，命寿则寿，命夭则夭，命……虽强劲何益哉？以上说王公大人[3]，下以驵百姓之从事[4]，故执有命者不仁。故当执有命者之言，不可不明察。"

【注释】

[1] 本，完全。
[2] "执有命者以襍于民间者众"，"以"字当在"执"字前。以，因为。
[3] "以上"二字倒，当作"上以"。
[4] 驵，同"阻"。

【译文】

墨子说："古时候治理政务的王公大人，都希望国家富裕，人民众多，刑法政令清明，然而（国家）没有得到富裕，反而得到贫穷；（人口）没有得到增多，反而导致减少；（刑政）没有得到清明，反而得到混乱，这就完全失去了他所希望的，而得到他所憎恶的了，这是什么缘故呢？"墨子说："是因为主张有天命的人，杂处于民间的太多了。主张有天命的人说道：命富就富，命穷就穷，命众就众，命少就少，命治就治，命乱就乱，命寿就寿，命短就短，命……你纵然有强劲的力量，又有什么用处呢？这种主张，对上蛊惑王公大人处理政务，对下阻碍百姓致力于工作。因此主张有天命的人是不仁的。所以，对主张有天命的人的言论，不能不明察分辨。

【原文】

然则明辨此说，将奈何哉？子墨子言曰："必立仪。言而毋仪，譬犹运钧之上而立朝夕者也，是非利害之辨，不可得而明知也。故言必有'三表'。"何谓三表？子墨子言曰：'有本之者，有原之者，有用之者。于何本之？上本之于古者圣王之事。于何原之？下原察百姓耳目之实。于何用之？废以为刑政[1]，观其中国家百姓人民之利。此所谓言有'三表'也。

【注释】

[1] 废，通"发"。

【译文】

但是应当怎样去明辨有天命说的谬误呢？墨子说道："必须先立标准。言论没有标准，那就好比在转动的陶轮上安放日晷以测定早晚的日影位置一样，是非利害的分别，是无法明了知道的。因此，言论必须有'三表'（三条标准）。"什么是"三表"呢？墨子说道："有本诸史实的标准，有审察本原的标准，有观察应用的标准。向何处去本诸史实呢？即向上去探求古代圣王的事迹；向何处去审察本原呢？即向下去考察百姓耳闻目见的实情；向何处去观察应用呢？即应用于刑法政令，观察是否符合国家百姓人民的利益。这就是所谓的言论的'三表'。

【原文】

"然而今天下之士君子，或以命为有，盖尝尚观于圣王之事？古者桀之所乱，汤受而治之；纣之所乱，武王受而治之，此世未易，民未渝，在于桀纣则天下乱，在于汤武则天下治，岂可谓有命哉！然而今天下之士君子，或以命为有，盖尝上观于先王之书？先王之书，所以出国家，布施百姓者，宪也。先王之宪亦尝有曰'福不可请，而祸不可讳，敬无益，暴无伤'者乎？所以听狱制罪者，刑也。先王之刑亦尝有曰'福不可请，祸不可讳，敬无益，暴无伤'者乎？所以整设师旅，进退师徒者，誓也。先王之誓亦尝有曰'福不可请，祸不可讳，敬无益，暴无伤'者乎？"是故子墨子曰："吾当未盐数[1]，天下之良书，不可尽计数，大方论数，而五者是也[2]。今虽毋求执有命者之言，不必得[3]，不亦可错乎[4]？"

【注释】

[1] "当"，疑当作"尚"；"盐"，是"尽"字之讹。

[2]"五",当作"三"。

[3]"不必",当作"必不"。

[4]错,同"措",放置、弃置的意思。

【译文】

"然而现在天下的士君子,有的认为天命是存在的,那何不去观察一下圣王的事迹?古时候,被桀所搞乱的国家,汤继承下来把它治理好;被纣所搞乱的国家,武王继承下来把它治理好,这个人世没有改换,人民也没有变更,在桀纣手里,天下就混乱,在汤武手里,天下就太平,这怎么能说是有命呢!然而现在天下的士君子,有的认为天命是存在的,那何不去看看先王的书典?先王的书典,首先是用来治理国家和向百姓颁布的,是宪法。先王的宪法可曾说过'福不可求,祸不可避,恭敬无益,残暴无害'吗?用来断案定罪的,是刑法。先王的刑法可曾说过'福不可求,祸不可避,恭敬无益,残暴无害'吗?用来整治军队和指挥士兵的,是誓言。先王的誓言可曾说过'福不可求,祸不可避,恭敬无益,残暴无害'吗?"所以墨子说道:"我还没有统计完天下的好书有多少种,那无法全部统计,但大类计算一下,就是这三种了。如今要寻找主张有天命的人所需要的言论,必定找不到,那天命说不是可以放弃了吗?"

【原 文】

今用执有命者之言，是覆天下之义。覆天下之义者，是立命者也，百姓之谇也。说百姓之谇者[1]，是灭天下之人也。然则所为欲义在上者[2]，何也？曰：义人在上，天下必治，上帝、山川、鬼神，必有干主[3]，万民被其大利。何以知之？子墨子曰："古者汤封于亳，绝长继短，方地百里。与其百姓兼相爱，交相利，移则分[4]，率其百姓以上尊天事鬼，是以天鬼富之，诸侯与之，百姓亲之，贤士归之，未殁其世而王天下，政诸侯。昔者文王封于岐周，绝长继短，方地百里，与其百姓兼相爱，交相利，则[5]，是以近者安其政，远者归其德。闻文王者，皆起而趋之，罢不肖股肱不利者，处而愿之，曰：'奈何乎使文王之地及我，吾则吾利岂不亦犹文王之民也哉[6]！'是以天鬼富之，诸侯与之，百姓亲之，贤士归之。未殁其世而王天下，政诸侯。乡者言曰：'义人在上，天下必治，上帝、山川、鬼神，必有干主，万民被其大利'。吾用此知之。

【注 释】

[1] 谇，缤为"悴"，忧也。
[2] "义在上"，当作"义人在上"。

[3] 干主，干，本也。干主，犹言宗主。

[4] 移，同"多"。

[5] 则，其上脱"移"字，其下脱"分"字。

[6] "则"上"吾"字及"岂"上"利"字并衍文。

【译文】

如果现在采用主张有天命者的说法，那就是败坏天下的道义。败坏天下道义的，是立命之人，那就是百姓之忧患所在了。喜欢以百姓之忧为乐，这就是在毁灭天下之人。但是我们希望主持道义的人在上位，又是为什么呢？回答是：主持道义的人在上，天下必定得到治理，上帝、山川和鬼神就必定有主祭的人，广大人民就蒙受极大的利益。凭什么知道是这样呢？墨子说："古时候汤受封于亳地，拆长补短（计算），（领地才）方圆百里。他和百姓'兼相爱，交相利'，得财多就与大家共同分享，带领他的百姓向上尊崇天帝，侍奉鬼神，所以上帝和鬼神让他富裕，诸侯归服他，百姓亲近他，贤人依附他，在他活着的时候，就统一了天下，成为诸侯之长。从前，文王受封于岐周，拆长补短（计算），（领地才）方圆百里，他和百姓'兼相爱，交相利'，（得财多就与大家共同分享），所以近处的人听从他的政令，远处的人归服他的德行。凡是听说到文王的人，都前来投奔他。疲弱不能做事的人、手脚不便的人，虽处于原地（不能投奔文王），却也盼望文王的到来，说：'怎样才能使文王的领土扩展到我们这个地方？那样我就蒙受利益，岂不也是文王的臣民了吗？'所以天帝鬼神让文王富裕，诸侯归服他，百姓亲近他，贤人依附他，在他活着的时候就统一了天下，成为诸侯之长。前面说过：'主持道义的人在上位，天下必定得到治理，上帝、山川和鬼神就必定有了主祭的人，广大人民就蒙受极大的利益'。关于这一点，我就是由商汤、文王的事迹知道的。

【原 文】

"是故古之圣王，发宪出令，设以为赏罚以劝贤[1]。是以入则孝慈于亲戚，出则弟长于乡里，坐处有度，出入有节，男女有辨。是故使治官府，则不盗窃；守城，则不崩叛；君有难则死，出亡则送。此上之所赏，而百姓之所罚也。执有命者之言曰：'上之所赏，命固且赏，非贤故赏也。上之所罚，命固且罚，不暴故罚也。'是故入则不慈孝于亲戚，出则不弟长于乡里，坐处不度，出入无节，男女无辨。是故治官府则盗窃，守城则崩叛，君有难则不死，出亡则不送。此上之所罚，百姓之所非毁也。执有命者言曰：'上之所罚，命固且罚，不暴故罚也。上之所赏，命固且赏，非贤故赏也。'以此为君则不义，为臣则不忠，为父则不慈，为子则不孝，为兄则不良[2]，为弟则不弟[3]。而强执此者，此特凶言之所自生，而暴人之道也！

【注释】

[1]"贤"下据孙诒让校当补"沮暴"二字。
[2]"良"当为"长"。长教幼为长，此处引申为"爱护"。
[3]弟，幼事长为弟。

【译文】

"所以，古代的圣王颁布宪法，下达政令，设立赏罚的措施，来鼓励善良，〔制止暴虐〕。所以人们在家都对上孝对下慈，在乡里都敬长教幼，举止有规矩，出入有礼节，男女有分别。所以让他治理官府，就不会盗窃公财；让他守御城池，就不会背叛投敌；君主有灾难，就效死尽忠，君主出奔逃亡，就护送追随。这都是上面所要奖赏的，而百姓所要称赞的。主张有天命的人说道：'上面所给予的奖赏，是他命中注定要得赏，并不是因他的贤良而得赏的。上面所给予的惩罚，是他命中注定要受罚，并不是因他的暴虐而受罚的。'所以在家不对上孝对下慈，在乡里不敬长教幼，举止没规矩，出入没礼节，男女无分别。让他治理官府，就会盗窃公财；让他守御城池，就会背叛投敌；君主有灾难，就不会效死尽忠，君主出奔逃亡，就不会护送追随。这都是上面所要惩罚的而百姓所要责骂的。主张有天命的人说道：'上面所给予的惩罚，是他命中注定要受罚，并不是因他的暴虐而受罚的。上面所给予的奖赏，是他命中注定要得赏,并不是因为他的贤良而得赏的。'按他们说的做,为人君就不义,为人臣就不忠,为人父就不慈,为人子就不孝,为人兄就不爱护弟弟,为人弟就不敬事兄长。顽固地主张有天命,这简直就是产生邪恶言论的根源,是残暴之人的邪道啊!

【原文】

"然则何以知命之为暴人之道?昔上世之穷民,贪于饮食,惰于从事,是以衣食之财不足,而饥寒冻馁之忧至。不知曰'我罢不肖[1],从事不疾',必曰'我命固且贫'。昔上世暴王,不忍其耳目之淫,心涂之辟[2],不顺其亲戚,遂以亡失国家,倾覆社稷。不知曰'我罢不肖,为政不善',必曰'吾命固失之'。于《仲虺之告》曰:'我闻于夏人矫天命,布命于下。帝伐之恶,龚丧厥师。'此言汤之所以非桀之执有命也。于《太誓》曰:'纣夷处,不肯事上帝鬼神,祸厥先神禔不祀[3],乃曰:"吾民有命[4]。"无廖排漏[5],天亦纵弃之而弗葆。'此言武王所以非纣执有命也[6]。

【注释】

[1] 罢,通"疲",不利,不便。
[2] "心涂"当作"心志"。

[3]"祸"当作"弃"。提,疑当为"只"。

[4]"民"字衍。

[5]"排漏"误,当作"其务"。

[6]"纣"下当有"之"字。

【译文】

"但是,根据什么知道天命说是残暴之人的邪道呢?从前古代的穷民,好吃懒做,所以衣食之财不足,而饥寒冻饿之忧患跟着来到。他们不知道说'我疲惰无能,做事不勤勉',却必定说'我命中就注定要贫穷的'。从前古代的暴王,不能克制他们耳目的淫乱和心计的邪僻,不能顺从他们的父母,由此而丧失了国家,毁灭了社稷。他们不知道说'我驽劣不肖,治理政务不力',却必定说'我命中就注定要亡国的。'在《仲虺之诰》上说:'我听说夏王假托天命,并发布命令于天下。上帝恼怒他的罪恶,诰于是覆灭他的军队。'这是说汤反对夏桀有天命的主张。在《太誓》上说:'纣实行夷灭酷虐之法,不肯事奉上帝鬼神,遗弃他的祖先和天地神灵不去祭祀,竟说:"我这个人有命!"不努力去敬祀鬼神,天从而也抛弃了他,不再保佑他。'这是说武王反对纣有天命的主张。

【原文】

"今用执有命者之言,则上不听治,下不从事。上不听治则刑政乱，下不从事则财用不足。上无以供粢盛酒醴，祭祀上帝鬼神，下无以降绥天下贤可之士[1]，外无以应待诸侯之宾客，内无以食饥衣寒，将养老弱。故命上不利于天，中不利于鬼，下不利于人。而强执此者，此特凶言之所自生，而暴人之道也！"

【注释】

[1]绥，安也。

【译文】

"现在如果采用主张有天命者的说法，那在上位的人就不去处理政务，在下面的人就不去致力于工作。上位之人不处理政务，刑法政令就会混乱；下面不致力于工作，财用就会不足。这样，对上就无法供奉酒食祭品，去祭祀上帝鬼神；对下就无法安定天下贤良可以当政的人，对外就无法接待往来的诸侯宾客；对内就无法使挨饿的人有饭吃，使受冻的人有衣穿，抚养老弱。因此，天命说上不利于天帝，中不利于鬼神，下不利于人民。顽固地主张有天命，这简直就是产生邪恶言论的根源，是残暴之人的邪道啊！"

【原文】

是故子墨子言曰："今天下之士君子，忠实欲天下之富而恶其贫，欲天下之治而恶其乱，执有命者之言，不可不非，此天下之大害也。"

【译文】

所以墨子说道："现在天下的士君子们，心确实希望天下富裕，而憎恶天下贫穷，希望天下得到治理，而憎恶天下混乱，那么，对主张有天命者的言论，就不能不反对。因为这实在是天下的大祸害。"

非命中 第三十六

【原文】

子墨子言曰："凡出言谈由文学之为道也[1]，则不可而不先立义法。若言而无义，譬犹立朝夕于员钧之上也[2]，则虽有巧工，必不能得正焉。然今天下之情伪，未可得而识也。故使言有'三法'。'三法'者何也？有本之者，有原之者，有用之者。于其本之也，考之天鬼之志、圣王之事；于其原之也，征以先王之书；用之奈何？发而为刑[3]。此言之'三法'也。

【注释】

[1] 由，以。

[2] 员，同"圆"。上篇作"运"，"员钧"和"运钧"，皆指圆盘。

[3] "刑"下当有"政"字。

【译文】

墨子说道："凡要发表言论，以著书立说为事，就不能不先订立出标准。如果言论没有标准，那就好比在运转的陶轮上安放测定早晚日影的装置一样，即使是技艺精巧的工匠，也必定无法得到正确的时间。然而现在天下（万事）的真假，的确不容易辨识清楚，因此要让言论有'三法'（三种标准）。这'三法'是什么呢？即：有寻本的标准，有察原的标准，有观用的标准。"如何寻本呢？即考察天帝、鬼神的意志，考察圣王的事迹。如何察原呢？即用先王的书来察证。如何观用呢？即把它实行于刑法政令并观察应用的效果。这就是言论的'三法'。

【原文】

"今天下之士君子[1]，或以命为亡。我所以知命之有与亡者，以众人耳目之情，知有与亡。有闻之，有见之，谓之有；莫之闻，莫之见，谓之亡。然胡不尝考之百姓之情？自古以及今，生民以来者，亦尝见命之物[2]，闻命之声者乎？则未尝有也。若以百姓为愚不肖，耳目之情，不足因而为法，然则胡不尝考之诸侯之传言流语乎？自古以及今，生民以来者，亦尝有闻命之声，见命之体者乎？则未尝有也。然胡不尝考之圣王之事？古之圣王，举孝子而劝之事亲，尊贤良而劝之为善，发宪布令以教诲，明赏罚以劝沮。若此，则乱者可使治，而危者可使安矣。若以为不然，昔者，桀之所乱，汤治之；纣之所乱，武王治之，此世不渝而民不改，上变政而民易教，其在汤、武则治，其在桀、纣则乱。安危治乱，在上之发政也，则岂可谓有命哉！夫曰有命云者，亦不然矣。"

【注释】

[1]"士君子"下疑脱"或以命为有"五字。
[2]"尝"字下疑脱"有"字。

【译文】

"现在天下的士君子，有人认为天命是不存在的。而我之所以知道命是否存在，是根据大众耳闻目见的实情而知之。有听到的，有看见的证据，就说它存在；没有听到的，没有看见的证据，就说它不存在。那么，何不考察一下百姓耳闻目见的实情呢？自古到今，从有人类以来，可曾有人见到过'命'

这种东西，听到过"命"的声音吗？那是从来没有的。如果你认为百姓愚蠢不肖，他们耳闻目见的实情不能作为标准，那么，何不考察一下诸侯们流传的话语呢？自古到今，从有人类以来，可曾有人听到过'命'的声音，见到过'命'的形体？那是从来没有的。那么，何不考察一下圣王的事迹呢？古代的圣王，褒举孝子从而劝勉人们事奉双亲，尊重贤良从而劝勉人们行善，颁发宪法、公布政令，用来教导人民，明确赏罚，用来劝善止恶。这样，混乱的状况就可以使之得到治理，危险的局面就可以使之转为安定了。如果认为这样做不对，那么请看：从前桀所搞乱的国家，汤继承下来把它治理好；纣所搞乱的国家，武王继承下来把它治理好。这些人世没有改换，人民也没有变更，上面的政令纠正了，人民也就容易教导了。所以，国家在汤、武手里，就得到治理，国家在桀、纣手里就发生混乱。是安定还是危险，是治理还是混乱，全在于上面所发布的政令，这怎么能说是有命呢！人们说是有命，其实并非如此啊！"

【原 文】

今夫有命者言曰："我非作之后世也，自昔三代有若言以传流矣。今故先生对之[1]？"曰："夫有命者，不志昔也三代之圣、善人与[2]？意亡昔三代之暴、不肖人也？何以知之？初之列士桀大夫[3]，慎言知行，此上有以规谏其君长，下有以教顺其百姓。故上得其居长之赏[4]，下得其百姓之誉。列士桀大夫，声闻不废，流传至今。而天下皆曰其力也，必不能曰我见命焉。是故昔者三代之暴王，不缪其耳目之淫[5]，不慎其心志之辟[6]，外之殴骋田猎毕弋[7]，内沉于酒乐，而不顾其国家百姓之政，繁为无用，暴逆百姓，使下不亲其上，是故国为虚厉，身在刑僇之中，不肯曰'我罢不肖，我为刑政不善'，必曰'我命故且亡'。虽昔也三代之穷民，亦由此也。内之不能善事其亲戚，外不能善事其君长[8]，恶恭俭而好简易，贪饮食而惰从事，衣食之财不足，使身至有饥寒冻馁之忧，必不能曰'我罢不肖，我从事不疾'，必曰'我命固且穷'。虽昔也三代之伪民，亦犹此也，繁饰有命，以教众愚朴人[9]。久矣！圣王之患此也，故书之竹帛，琢之金石。于先王之书《仲虺之告》曰：'我闻有夏人矫天命，布命于下，帝式是恶，用阙师[10]。'此语夏王桀之执有命也，汤与仲虺共非之。先王之书《太誓》之言然，曰：'纣夷之居，而不肯事上帝，弃阙其先神而不祀也[11]，曰：我民有命。毋僇其务，天不亦弃纵而不葆'。此言纣之执有命也，武王以《太誓》非之。有于《三代不国》有之[12]，曰：'女毋崇天之有命也。'命《三不国》[13]，亦言命之无也。于召公之《执令》于然，且[14]：敬哉！无天命[15]！惟予二人，而无造言，不自降

天之哉得之^[16]。在于商、夏之《诗》、《书》曰：'命者，暴王作之。'

【注释】

［1］"故"当作"胡"。

［2］志，同"识"。

［3］桀，通"杰"。

［4］"居长"无义，当作"君长"。

［5］缪，"纠"之借字。

［6］辟，通"僻"。

［7］毕弋，毕，掩雉兔之网，此处指网兔；弋，用带绳子的箭射鸟。

［8］"外"下疑脱"之"字。

［9］"人"字疑衍。

［10］"阙"当为"丧厥"二字。

［11］"阙"当作"厥"，"其"字衍，"神"下脱"示"字，"示"同"只"。

［12］"不国"当作"百国"，下同。

［13］"命"当作"今"，"三"下脱"代"字。

［14］"且"误，当作"曰"。

［15］"政哉"当作"敬哉"。

［16］"不自降天之哉得之"当作"不自天降，自我得之"。

【译文】

现在主张有命的人说道："这并不是我们后世所创造的，自过去的三代始，就已经有这种说法在流传了。现在先生您为什么要反对它呢？"墨子说："有命的主张，不知道是否出于从前三代的圣人和善人？或许是出于三代的暴王和不肖之人吧？凭什么知道是这样？那时的列士和杰出的大夫，对于自己的言论和行事都很谨慎。这样，上可以规劝他们的君长，下可以教化他们的百姓，因此上面得到他们君长的奖赏，下面得到他们百姓的称赞。列士和杰出的大夫名声不衰落，一直流传到今天。而天下人都说这是由于他们自己的力量。必定不能说'这是我命该如此'。从前三代的暴王，不纠正他们耳目的奢欲，不戒慎他们内心的邪念，外则骑马打猎，网兔射鸟，内则沉溺于饮酒作乐，而不顾及他的国家和对百姓的治理，大量地做着无利于国家和百姓的事情，暴虐地与百姓作对，使下面的人民不亲近他们的官长，所以国家无后嗣以致变成废墟，自己也招致杀身之祸。但他不肯说：'我疲顽不肖，我治理刑法政治不善。'而必定说：'我是命中注定要灭亡的。'即使是从前三代的穷民，也是如此。内则不能好好地侍奉他的双亲，外则不能好好侍奉他的君长，憎恶恭敬俭让，喜好简慢无礼，贪图饮食而懒于工作，衣食之财不足，以致自身受到饥寒冻饿之忧，但他们必定不会说：'我疲顽不肖，我工作不勤勉。'而必定说：'我是命中注定要贫穷的。'即使从前三代的伪诈之民,也是如此,他们造作各种各样有命之说,去教给愚钝朴实的大众。圣王对此感到忧虑,已经很久了。因此书写在竹帛上,琢雕在金石上。在先王的书典《仲虺之诰》上说:'我听说夏王假托天命,并布令于天下,上帝恼怒他,于是覆灭他的军队。'这就是说夏王桀主张有命,汤与仲虺共同反对他。先王的书典《太誓》上也这样说:'纣王实行夷灭酷虐之法,而不肯事奉上帝,遗弃了他的祖先和天地神灵,不去祭祀,说:"我这个人有命!"不努力去做该做之事,天从而也抛弃了他,不再保佑他。'这是说纣王主张有命,武王用《太誓》去反对他。在《三代百国》上也有记载,说:'你不要崇尚有天命。'可见《三代百国》也说天命是不存在的。在召公的《执令》上也这样说:'敬哉!没有天命!只有我们两个人不说假话,吉祥不是凭空降自上天,而是靠我们自己的努力赢得的。'在夏人和商人的《诗》《书》上也说:'天命说是暴王造作的东西'。

【原文】

"且今天下之士君子,将欲辩是非利害之故,当天有命者[1],不可不疾非也。执有命者,此天下之厚害也!"是故子墨子非也。

【注释】

[1]"天"字疑误,当作"夫"。

【译文】

"现在天下的士君子们,要想辨明是非利害的缘故,那么,对有天命这种主张,不能不加以猛烈的反对。主张有天命,这是天下的大祸害!"所以墨子要加以反对。

非命下 第三十七

【原文】

子墨子言曰:"凡出言谈,则必可而不先立仪而言[1]。若不先立仪而言,譬之犹运钧之上而立朝夕焉也,我以为虽有朝夕之辩[2],必将终未可得而从定也。是故言有三法。"何谓三法?曰:"有考之者,有原之者,有用之者。恶乎考之?考先圣大王之事。恶乎原之?察众之耳目之请。恶乎用之?发而为政乎国,察万民而观之。此谓三法也。

【注释】

[1]"必可"误,当作"不可"。
[2]辩,通"辨"。

【译 文】

墨子说:"凡是要发表言论,就不能不先订立出标准,然后再去说。如果不先订立出标准,就去发表言论,那就好比在转动的陶轮上安放日晷以测定早晚日影位置一样,我认为时间上固然有早晚的分别,(但是由于陶轮不停地旋转)终究不能测定出时间。因此,发表言论要有三条标准。"什么是"三法"(三条标准)?墨子说:"有考求史实的标准,有审察本原的标准,有观察应用的标准。"怎样考求史实呢?即考察古代圣王的事迹。怎样审察本原呢?即察证人民耳闻目见的实情。怎样观察应用呢?即把言论实行到治理国家和人民的政务中去,而加以观察。这就叫做三法。

【原 文】

"故昔者三代圣王禹、汤、文、武,方为政乎天下之时,曰'必务举孝子,而劝之事亲,尊贤良之人,而教之为善',是故出政施教,赏善罚暴,且以为若此,则天下之乱也,将属可得而治也[1],社稷之危也,将属可得而定也。若以为不然,昔桀之所乱,汤治之;纣之所乱,武王治之。当此之时,世不渝而民不易,上变政而民改俗。存乎桀、纣而天下乱[2];存乎汤、武而天下治。天下之治也,汤、武之力也;天下之乱也,桀、纣之罪也。

若以此观之，夫安危治乱，存乎上之为政也，则夫岂可谓有命哉！故昔者禹、汤、文、武，方为政乎天下之时，曰：'必使饥者得食，寒者得衣，劳者得息，乱者得治。'遂得光誉令问于天下[3]。夫岂可以为命哉！故以为其力也[4]。今贤良之人，尊贤而好功道术[5]，故上得其王公大人之赏，下得其万民之誉，遂得光誉令问于天下，亦岂以为其命哉？又以为力也[6]。

【注释】

[1]属，适也，"会"的意思。

[2]存，在。

[3]问，同闻。

[4]故，固。

[5]功，治的意思。

[6]"力"上脱"其"字。

【译文】

"所以，从前三代的圣王禹、汤、文王、武王，刚刚治理天下的政务时就说：'务必要举荐孝子从而劝勉人事奉双亲，务必要尊重贤良的人从而教导人行善。'因此，他们发布政令，施行教化，奖赏好人而惩罚坏人，而且认为如此去做，天下的混乱，将会得到治理；国家的危难，将会得到安定。如果认为这样做不对，（那么请看:）从前夏桀所搞乱的国家，汤却把它治理好了；从前纣王所搞乱的国家，武王却把它治理好了。当时人世没有改换，人民也没有变更，是因为上面改变了政策，人民也就随之改变了风俗。政权在夏桀和纣王手中，天下就发生混乱；政权在商汤和武王手中，天下就得到治理，天下得到治理，这是商汤和武王的努力；天下发生混乱，这是夏桀和纣王的罪过。照这样看来，是安定还是危险，是治理还是混乱，全在于上面的人如何处理政务，这又怎么能说有天命呢？因此，从前禹、汤、文王和武王，刚刚治理天下的政务时就说：'务必要让饥饿的人有饭吃，让受冻的人有衣穿，让劳苦的人得到休息，让混乱的局面得到治理。'他们这样去做，于是荣誉和美名才流传天下，这怎么可以认为是天命决定的呢？这本是他们自己的努力的结果啊！现在的贤良之人，崇尚贤能而喜爱治国的道术，因此，在上得到王公大人的奖赏，在下得到广大人民的称赞，于是荣誉和美名得以流传天下，这又怎么能认为是天命决定的呢？这本是他们自己的努力的结果啊！

【原文】

"然今夫有命者，不识昔也三代之圣、善人与？意亡昔三代之暴、不肖人与？若以说观之，则必非昔三代圣、善人也，必暴、不肖人也。然今以命为有者，昔三代暴王桀、纣、幽、厉，贵为天子，富有天下，于此乎，不而矫其耳目之欲,而从其心意之辟,外之殴骋田猎毕弋,内湛于酒乐[1],而不顾其国家百姓之政,繁为无用,暴逆百姓,遂失其宗庙[2]。其言不曰'吾罢不肖,吾听治不强',必曰'吾命固将失之'。虽昔也三代罢不肖之民,亦犹此也,不能善事亲戚、君长,甚恶恭俭而好简易,贪饮食而惰从事,衣食之财不足,是以身有陷乎饥寒冻馁之忧。其言不曰'吾罢不肖,吾从事不强',又曰'吾命固将穷'。昔三代伪民,亦犹此也。

【注释】

[1]"湛"上疑脱"之"字。
[2]宗庙,指国家政权。

【译文】

"然而现在主张有天命的人,不知道他们是根据从前三代圣贤善良的人的主张呢?还是根据从前三代暴虐不肖的人的主张呢?如以他们的说法看,那他们的主张必定不出自从前三代圣贤善良的人,必定出自从前三代暴虐不肖的人。然而主张有天命的人,像从前三代的暴王桀、纣、幽王、厉王,他们贵为天子,富有天下,但不能纠正他们的耳目奢欲,而放纵内心中的邪念,外则驱马驰骋,射禽捕兽,内则沉溺于饮酒作乐,不顾及国家和百姓的治理,忙于各种各样无利于国家和百姓的事情,暴虐和敌视百姓,于是丧失了他们的国家。他们却不肯说：'我自己疲顽不肖，我自己处理政务不努力。'而一定要说：'我命中本来注定要丧失天下。'即便是从前三代疲弱不肖的百姓，也是这样。他们不能好好地事奉父母君长，十分厌恶恭敬俭让，喜好简慢无礼，贪图吃喝，懒于工作，以致衣食之财不足，所以有身陷饥寒冻饿之中的忧患。但他们不肯说：'我自己疲弱不肖，我自己工作不努力！'而一定说：'我命中本来就注定要贫穷。'从前三代虚伪的人，也是这样啊！

【原 文】

"昔者暴王作之[1]，穷人术之，此皆疑众迟朴[2]。先圣王之患之也，固在前矣，是以书之竹帛，镂之金石，琢之盘盂，传遗后世子孙。曰何书焉存？禹之《总德》有之，曰：'允不著[3]，惟天民不而葆。既防凶心，天加之咎。不慎厥德，天命焉葆？'《仲虺之告》曰：'我闻有夏人矫天命，于下[4]，帝式是增[5]，用爽厥师[6]。'彼用无为有，故谓矫，若有而谓有，夫岂为矫哉！昔者桀执有命而行，汤为《仲虺之告》以非之。《太誓》之言也：'于去发曰[7]："恶乎！君子！天有显德，其行甚章。为鉴不远，在彼殷王。谓人有命，谓敬不可行，谓祭无益，谓暴无伤。上帝不常，九有以亡；上帝不顺，祝降其丧。惟我有周，受之大帝[8]。"'昔纣执有命而行，武王为《太誓·去发》以非之[9]。"曰:"子胡不尚考之乎商、虞、夏之记?从十简之篇以尚,皆无之,将何若者也?"

【注释】

[1] 昔,当作"命"。
[2] "迟朴"误,当作"遇朴","遇"同"愚"。
[3] "著"当作"若",顺也。
[4] "于下"前当铺"布命"二字。
[5] 增,当作"憎"。
[6] "爽"当作"丧"。
[7] "于去"误,当作"太子"。
[8] "帝"当作"商"。
[9] "去发"亦当作"太子发"。

【译文】

"有天命的说法,是从前的暴王编造的,穷困的人又传述它。这都是蛊惑民众,愚弄忠厚百姓的东西。先代的圣王,对有天命的谬说早已感到忧虑,所以写在竹帛上,刻在金石上,雕在盘盂上,留传给后世子孙。问:留存在什么书上呢?大禹的《总德》有记载说:'如果不向天表明你的恭顺,即便是上天的子民,也得不到保佑。既然你放纵自己凶暴的心,天自会降下灾祸。你不谨慎地修养德性,天命又岂能保佑你呢!'

《仲虺之诰》上也说:'我听说夏人假托天命、布告于天下,上帝因此恼怒夏人,使夏人的军队遭受覆灭。'夏桀把本不存在的天命视为存在,所以说他假托天命,如果天命本是存在的,那么夏桀认为有天命,又怎么能说是假托天命呢?从前夏桀持有天命的说法行事,于是汤才让仲虺作诰文反对夏桀。《太誓》上也记载着:'太子发说:"啊!君子!天具有光辉的德行,它的行为光明磊落。可以借鉴的事相去不远,就在那殷纣王。他说人的命运是前定的,说敬事上帝不能实行,说祭祀鬼神没有益处,说凶残暴虐不会带来祸害。所以上帝不保佑他,让殷商的九州遭受灭亡;所以上天不顺应他,断然降下灾祸使他丧命,于是我周朝受命于天帝。"'从前纣王主张有天命的说法而行事,武王就作《太誓·太子发篇》反对他。"(墨子)说:"您为什么不向上考察一下虞、夏、商、周的记载?我们从十简以上的书卷查找,都不见关于有天命的说法,这又是什么缘故呢?"

【原 文】

是故子墨子曰:"今天下之君子之为文学,出言谈也,非将勤劳其惟舌[1],而利其唇喉也,中实将欲其国家邑里万民刑政者也。今也王公大人之所以蚤朝晏退,听狱治政,终朝均分,而不敢怠倦者,何也?曰:彼以为强必治,不强必乱;强必宁,不强必危,故不敢怠倦。

今也卿大夫之所以竭股肱之力，殚其思虑之知，内治官府，外敛关市山林泽梁之利，以实官府，而不敢怠倦者，何也？曰：彼以为强必贵，不强必贱；强必荣，不强必辱，故不敢怠倦。今也农夫之所以蚤出暮入，强乎耕稼树艺，多聚叔粟，而不敢怠倦者，何也？曰：彼以为强必富，不强必贫？，强必饱，不强必饥，故不敢怠倦。今也妇人之所以夙兴夜寐，强乎纺绩织纴，多治麻统葛绪[2]，捆布縿，而不敢怠倦者，何也？曰：彼以为强必富，不强必贫；强必暖，不强必寒，故不敢怠倦。今虽毋在乎王公大人，蒉若信有命而致行之[3]，则必怠乎听狱治政矣，卿大夫必怠乎治官府矣，农夫必怠乎耕稼树艺矣，妇人必怠乎纺绩织纴矣。王公大人怠乎听狱治政，卿大夫怠乎治官府，则我以为天下必乱矣。农夫怠乎耕稼树艺，妇人怠乎纺绩织纴，则我以为夫下衣食之财，将必不足矣。若以为政乎天下，上以事天鬼，天鬼不使[4]；下以持养百姓，百姓不利，必离散，不可得用也。是以入守则不固，出诛则不胜。故虽昔者三代暴王桀、纣、幽、厉之所以共坛其国家[5]，倾覆其社稷者，此也。"

【注释】

[1]"惟舌"当作"喉舌"。

[2]"统",当作"丝",形近而误。

[3]"蒉"乃"借"字之误。

[4]使,当作"从"。

[5]"共"字义不可通,当作"失"。坛,通"损",丧失的意思。

【译文】

所以墨子说:"现在天下的君子们,写作文章、发表言论,不是为了活动一下喉舌,磨炼一下嘴皮,而是发自内心地想为国家、乡里的广大人民治理好刑法政务。现在的王公大人之所以早朝晚退,审听狱案,处理政务,天天如此,不敢有丝毫的怠倦,这是为什么?那是因为他们认识到,努力勤政必会使国家得到治理,不勤政必然导致混乱;努力勤政必定会使国家安定,不勤政必定会危险,所以才不敢有丝毫的怠倦。现在的卿大夫之所以竭尽四肢的力量和头脑的智慧,在内治理官府,在外征收关市、山林、川泽鱼梁的税利,来充实府库,不敢有丝毫的怠倦,这是为什么?那是因为他们认识到,努力工作必会地位高贵,不努力必会卑贱;努力工作必会荣显,不努力必会受辱,所以才不敢有丝毫的怠倦。现在农夫之所以早出晚归,努力耕田种菜,多收粮食,不敢有丝毫的怠倦,这是为什么?因为他们认识到:勤劳必会富足,不勤劳必会穷困;勤劳必能吃饱,不勤劳必会饿肚子,所以才不敢有丝毫的怠倦。现在妇女之所以起早睡晚,努力去纺纱织布,多制丝麻葛纻,织布帛，不敢有丝毫的怠倦，这是为什么？因为她们认识到：勤劳必会富足，不勤劳必会穷困；勤劳必能穿得暖，不勤劳必会受冻，所以才不敢有丝毫的怠倦。而今王公大人假如相信有天命的主张，并极力奉行之，就必然会懒于审听狱案和处理政务，卿大夫也必然会懒于治理官府，农夫也必然会懒于耕田种菜，妇女也必然会懒于纺纱织布。要是王公大人懒于审听狱案和处理政务，卿大夫懒于治理官府，那我认为，天下必然会混乱。要是农夫懒于耕田种菜，妇女懒于纺纱织布，那我认为，天下的衣食之财必将不足了。如果像这样去治理天下，对上事奉天帝和鬼神，天帝和鬼神不会认为是对天的信从；对下去保养百姓，百姓不能得到利益，势必导致人心分离涣散，无法再去役使他们了。于是，在内防守，就不安固，对外出征，就不能取胜。从前三代的暴王桀、纣、幽王、厉王，之所以会丧失国家，丢掉社稷，正是因为这个缘故。"

【原 文】

　　是故子墨子言曰："今天下之士君子，中实将欲求兴天下之利，除天下之害，当若有命者之言，不可不强非也。曰：命者，暴王所作，穷人所术，非仁者之言也。今之为仁义者，将不可不察而强非者，此也。"

【译 文】

　　所以，墨子说："现在天下的士君子们，心里确实想求兴天下之利，除天下之害的话，那么对于主张有天命者的言论，就不能不极力加以反对了。应当说：有天命的主张，是从前的暴王所编造出来的，穷困的人又去传述它，不是仁人的言论。而现在奉行仁义之道的人，（对有命的言论）就不可不细加审察，并极力反对之，就是这个缘故啊！"

非儒上 第三十八（缺）

非儒下 第三十九

【原 文】

儒者曰："亲亲有术[1]，尊贤有等。"言亲疏尊卑之异也。其礼曰："丧，父母，三年；妻、后子，三年；伯父、叔父、弟兄、庶子，其[2]；戚族人，五月。"若以亲疏为岁月之数，则亲者多而疏者少矣，是妻、后子与父同也。若以尊卑为岁月数，则是尊其妻、子与父母同，而亲伯父、宗兄而卑子也[3]，逆孰大焉！其亲死，列尸弗敛，登堂窥井，挑鼠穴，探涤器，而求其人矣。以为实在，则赣愚甚矣[4]。如其亡也，必求焉，伪亦大矣！取妻身迎，只袡为仆[5]，秉辔授绥，如仰严亲[6]；昏礼威仪，如承祭祀。颠覆上下，悖逆父母，下则妻、子[7]，妻、子上侵事亲，若此，可谓孝乎？儒者[8]："迎妻，妻之奉祭祀，子将守宗庙，故重之。"应之曰："此诬言也。其宗兄，守其先宗庙数十年，死，丧之其；兄弟之妻，奉其先之祭祀，弗散[9]，则丧妻、子三年，必非以守奉祭祀也[10]。夫忧妻、子以大负累[11]，有曰'所以重亲也'，为欲厚所至私，轻所至重，岂非大奸也哉！"

【注 释】

[1] 术，即"杀"字，差别。

[2] 其，同"期"，一年。

[3] "亲"当作"视"字。而（第二个"而"字），如。

[4] 戆，愚蠢。

[5] 只裯，同袛裯，一种黑礼服。

[6] "仰"当作"御"。

[7] "下则"上疑脱"父母"二字。

[8] "者"下脱"曰"字。

[9] "散"当作"服"字。

[10] "守"下当有"宗庙"二字。

[11] 忧，古"优"字。

【译 文】

儒家的人说："敬爱亲人要有差别，尊重贤者要有等级。"这是说亲疏之间，尊卑之间，是有差异的。儒家的书典《仪礼》说:"服丧之期,父母为三年,妻子和长子各为三年,伯父、叔父、兄弟和庶子各为一年,亲戚、族人为五个月。"如果按照亲疏关系来确定服丧岁月的多少,那就应该是越亲近的服丧日子越多,越疏远服丧日子的越少,就是为妻子、长子服丧时间与父亲相同;如果按照地位的尊卑来确定服丧岁月的多少,那就是把妻子、长子与父母看作同样尊贵,而把伯父、宗兄与庶子一样看待了,还有比这更悖逆常理的事情吗?(儒家主张)父母死后,尸体陈放着先不收殓,要登上屋顶,窥视水井,挖掘鼠洞,探察洗涤器具,来寻找父母死后的灵魂。如果以为死者真在这些地方,就不免太愚蠢了。但是如果明知人已经死亡,还一定要这般寻找,那也太虚伪了吧!(儒家主张:)娶妻要亲自前往迎接,穿黑色礼服,像仆人似地牵着马缰,把登车的引绳递给新娘,宛如敬侍严父;婚礼中的仪式隆重,就像在承受祭祀的使命一样。如此颠倒上下尊卑的关系,悖逆父母,把父母降低到妻、子的地位,而把妻、子提高到父母的地位,像这样(去事奉双亲),可以说是孝顺吗?儒家之徒说:"像这样迎接妻子,是因为妻子将要奉祭祀,儿子将要守宗庙,所以才着重迎接妻子的仪式。"我们说:"这是胡言乱语。宗兄守祖先的宗庙几十年,死后的丧期只有一年,兄弟的妻子也奉祖先的祭祀,死后却没有丧期,那么妻子、儿子的丧期为三年,必定不是因为他们守宗庙、奉祭祀的缘故。过于看重妻子、儿子,已经是大错,却还要说'是为了尊重父母',想厚待自己最偏爱的人,便轻视最重要的人,这样做,难道不是太奸诈了吗!"

【原 文】

有强执有命以说议曰:"寿夭贫富,安危治乱,固有天命,不可损益。穷达、赏罚、幸否有极,人之知力,不能为焉。"群吏信之,则怠于分职;庶人信之,则怠于从事。吏不治则乱,农事缓则贫,贫且乱政之本[1],而儒者以为道教,是贼天下之人者也。且夫繁饰礼乐以淫人,久丧伪哀以谩亲,立命缓贫而高浩居[2],倍本弃事而安怠傲。贪于饮食,惰于作务,陷于饥寒,危于冻馁,无以违之。是若人气[3],鼸鼠藏[4],而羝羊视[5],贲彘起[6]。君子笑之,怒曰:"散人焉知良儒!"夫夏乞麦禾,五谷既收,大丧是随,子姓皆从,得厌饮食。毕治数丧,足以至矣。因人之家翠以为[7],恃人之野以为尊。富人有丧,乃大说喜,曰:"此衣食之端也!"。

【注 释】

[1] "政"上脱"倍"字。
[2] 浩居,同"傲倨"。
[3] "气"疑当作"乞"。
[4] 鼸鼠,田鼠。
[5] 羝羊,公羊。

[6] 贲彘，野猪。

[7] "因人之家翠以为"，当作"因人之家以为翠"，翠即膟肥也。

【译文】

（儒家之徒）又坚持有天命的主张，说道："（人生的）长寿、夭折、贫穷、富贵，社会的安定、危难、治理、混乱，本来都是由天命决定的，无法减损与增益。（个人的）困穷、显达、受赏、被罚、吉祥、祸殃，都有定数，个人凭籍自己的智慧和力量，不能改变它。"要是官吏们相信了这种说法，就会怠慢分内的职守；平民们相信了这种说法，就会懒于劳作。官吏不理政，社会就会混乱，农事松弛，国家就会贫穷，既贫穷又混乱，就会败坏政治的根本。而儒家的人却以为这是教化之道，其实那不过是残害天下百姓的主张。（儒家之徒）制定出繁杂的礼乐制度去迷惑人；用长期服丧和虚伪的哀痛去欺骗亲人；他们建立了有命的理论，甘于贫困而且态度十分倨傲；他们背离根本，放弃正事，安于怠惰，好吃懒做，以至于陷入饥寒冻饿的境地，无法解脱。他们像乞丐一样讨求温饱，像田鼠一样藏食物，（而且一看到有吃的东西）就像公羊一样盯住不放，像阉猪一样纵身跃起。君子笑他们，（他们）就发怒地说："你们这些无用之人怎么能理解贤良的儒者呢！"他们夏天向人家乞讨麦子，等到五谷收割完毕，就寻找办丧事的大户人家去帮忙，甚至全家老少都跟着前往，尽力吃喝。等到办完几家丧事，生计也就有保证了。他们就是这样借他人以养肥自己，靠别人田野上的米麦酿酒喝。富人家中有了丧事，他们就很高兴，欢喜地叫道："衣食的机会来了！"

【原文】

儒者曰："君子必服古言[1]，然后仁。"应之曰："所谓古之言服者，皆尝新矣，而古人言之服之，则非君子也？然则必服非君子之服，言非君子之言，而后仁乎？"又曰："君子循而不作。"应之曰："古者羿作弓，伃作甲，奚仲作车，巧垂作舟，然则今之鲍函车匠，皆君子也，而羿、伃、奚仲、巧垂，皆小人邪？且其所循，人必或作之，然则其所循，皆小人道也？"又曰："君子胜不逐奔，揜函勿射[2]，施则助之胥车[3]。"应之曰："若皆仁人也，则无说而相与。仁人以其取舍是非之理相告，无故从有故也，弗知从有知也，无辞必服，见善必迁，何故相[4]？若两暴交争，其胜者，欲不逐奔，掩函弗射，施则助之胥车，虽尽能，犹且不得为君子也，意暴残之国也。圣将为世除害，兴师诛罚，胜将因用儒术令士卒："曰毋逐奔，掩函勿射，施则助之胥车"，暴乱之人也得活，天下害不除，是为群残父母而深贱世也[5]，不义莫大矣！"又曰："君子若钟，击之则鸣，弗击不鸣。"应之曰："夫仁人事上竭忠，事亲得孝，务善则美，有过则谏，此为人臣之道也。今击之则鸣，弗击不鸣，隐知豫力[6]，恬漠待问而后对，虽有君亲之大利，弗问不言；若将有大寇乱，盗贼将作，若机辟将发也[7]，他人不知，己独知之，虽其君亲皆在，不问不言，是夫大乱之贼也。以是为人臣不忠，为子不孝，事兄不弟，交遇人不贞良。夫执后不言，之朝物见[8]，利使已[9]，虽恐后言；君若言而未有利焉，则高拱下视，会噎为深[10]，曰：'唯其未之学也'。用谁急[11]，遗行远矣。"

【注 释】

[1]"必服古言"当作"必古言服"。

[2] 掩函，函，软甲。掩函即卸甲。

[3] 此句疑有脱误。

[4] "相"下脱"与"字。

[5] "贱"当作"贼"。

[6] 豫，惰。

[7] 机辟，一种捕捉野兽的机关。

[8] "物"，与"勿"通，"见"即'现'，"之朝物见"，即造朝之时，无所表现。（刘昶说）

[9] "使"，当作"便"。

[10] 会噎，会同"唅"，下咽。

[11] "谁"当作"虽"。

【译文】

儒家的人说："君子必须说古代话，穿古代服装，然后才称得上是仁人。"（我）回答说："所谓古代的言语和服饰，曾经也都是新的，而古人那样说了、那样穿了，就不是君子了吗？那么以此而论，岂不一定要穿不是君子所穿的衣服，说不是君子所说的言语，然后才算得上是仁人了吗？"儒家的人又说："君子只遵循前人的陈规而不创新。"（我）回答说："古时候，羿制造了弓，伃制造了铠甲，奚仲制造了车，巧垂制造了船，那么现在制皮匠、造车的工匠都应该是君子，而古代的羿、伃、奚仲和巧垂反倒都成了小人吗？况且，凡是所遵循的事，起初必定要有人先去做它，那么君子所遵循的也都是小人走过的道路了？"儒家的人又说："君子得胜之后，不去追赶败逃的敌人。只要对方卸下衣甲，就不再射他；敌车陷住了，就帮助他推车。"（我）回答说："如果作战的双方都是仁人，就没有互相敌对的理由可说了。仁人把自己取舍是非的道理通告对方，没有理由的一方依从有理由的一方，没有知识的一方依从有知识的一方，自己无言相对了必定折服，看到了善举必定依从，那么怎么会相敌对呢？如是两方残暴之人相争，而战胜的一方打算不去追杀败逃的一方。对方卸下了甲衣就不再射他，车子陷住了还要帮他推车，所有这些，即便他都能做到，仍然算不上是君子，或许还要说是残暴之国。圣人要替世人除害，所以才兴兵加以诛罚，如果战胜了敌人而依儒家的主张，命令士兵说：'不要追赶逃跑的敌人，只要对方卸下了甲衣，就不再射他，敌车陷住了，就去帮助他推车！那么暴乱的敌人就得以活命，天下的祸害不除去，这是（和敌人）联合来残害父母，是对世人的深重的残害，不义的行为没有比这更大的了。"（儒家之徒）又说："君子（为人）要像钟一样，敲它就响，不敲它就不响。"（我）回答说："凡是仁人，事奉上面竭尽忠诚，事奉双亲竭尽孝顺，君主行善就赞美他，有了过错就规劝他，这才是做人臣的正道。现在依你所说，敲他才响，不敲他就不响，隐藏自己的智慧，惰于出力，沉静冷漠地等待君主发问才回答，即令是大有利于君主或双亲的话，也是不问不答。如果即将发生严重的寇乱，强盗贼人即将行动起来，就如机关一触即发，而这时别人都不知道，只有自己知道，虽然君主或双亲都在跟前，也是不问便不说，那就是制造祸乱的贼子了。如此做人臣是不忠，做人子是不孝，去事奉兄长是不悌，去与人交往是不正派善良。这种人拘执后言，上朝之时无所表现，但一旦看到对自己有利的东西，唯恐比人家说得迟；若是国君所说的话对己无利可图，就把两手拱得高高的，眼睛望着地面，像被饭噎住了一样，说：'这个我可没学过呀！'尽管君主急于任用他，可是他却远远地避开了。"

【原 文】

　　夫一道术学业仁义者，皆大以治人，小以任官，远施周偏，近以修身。不义不处，非理不行，务兴天下之利，曲直周旋，利则止[1]，此君子之道也。以所闻孔某之行，则本与此相反谬也。齐景公问晏子曰："孔子为人何如？"晏子不对，公又复问，不对。景公曰："以孔某语寡人者众矣，俱以贤人也。今寡人问之，而子不对，何也？"晏子对曰："婴不肖，不足以知贤人。虽然，婴闻所谓贤人者，入人之国，必务合其君臣之亲，而弭其上下之怨。孔某之荆，知白公之谋，而奉之以石乞，君身几灭而白公僇[2]。婴闻贤人得上不虚，得下不危，言听于君必利人，教行下必于上[3]，是以言明而易知也，行明而易从也，行义可明乎民，谋虑可通乎君臣。今孔某深虑同谋以奉贼[4]，劳思尽知以行邪，劝下乱上，教臣杀君，非贤人之行也。入人之国而与人之贼，非义之类也。知人不忠，趣之为乱，非仁义之也[5]，逃人而后谋，避人而后言，行义不可明于民，谋虑不可通于君臣。婴不知孔某之有异于白公也，是以不对。"景公曰：'呜呼！貺寡人者众矣[6]，非夫子，则吾终身不知孔某之与白公同也。"

【注释】

[1]"利则止"，当作"不利则止"。
[2]僇，通"戮"。

[3]"行"下脱"于"字;"于"当作"利"。

[4]"同"乃"周"字之误。

[5]"义"字涉上而衍,"之"下当脱"类"字。

[6]贶,同"赐"。

【译文】

道术及学业的统一,在于仁义。仁义之道,从大处说,能用来治理百姓;从小处说,能用来选任官吏;从远处说,能用来普遍施舍;从近处说,能用来修养身心。凡是不合道义的地方就不停留,凡是不合常理的事不做,务求兴办天下的大利,是非进退的判定,如果不利于天下就停止,这才是君子之道啊!用我们所听说的孔某人的行为与此相比,则根本与此相反啊!齐景公问晏子说:"孔子为人怎样?"晏子不回答,齐景公又问了一遍,晏子还是不回答,于是景公说:"很多人向我讲到孔子,都认为孔子是个贤人。可是我现在问你的看法,你却不回答,这是为什么呢?"晏子回答道:"我这个人无能,不能真正懂得什么是贤人。但是我听说:所谓贤人,到别人的国家去,一定要努力促使该国的君臣亲和,平息其上下之怨仇。而孔某到楚国,明知白公的阴谋,却把石乞交给他,致使楚国国君几乎被杀,而白公也被杀戮。我听说,贤人得到上面的任用,不会虚图名位;得到下面的民心,不会危及君主;言论获信于君主,必然给人民带来利益;教导推行于百姓,必然给君主带来利益。因此,言论明达便容易知晓,行为明达便容易服从，奉行道义可以让人民知晓，谋划思虑可以通达于君臣。现在孔某深虑远谋去事奉贼人；劳心思索，竭尽智慧，去推行邪恶，他鼓动下面犯上作乱，教唆臣下去杀害君主，这并非贤人的行为。到别人的国家，去结交贼人，这并非正义之辈。明知人家不忠诚，反而促使他作乱，这并非仁人之辈。躲开人在背后谋划，避开人在背后议论，奉行道义不让人民明了，谋划思虑便无法通达于君臣。我不知道孔某这样做与白公有什么分别，因此我不作回答。"景公说："咳！向我进言的人已经很多了，但要是没有听到夫子的一席话，我还一辈子不知道孔某与白公相同哩！"

【原文】

孔某之齐，见景公，景公说，欲封之以尼溪，以告晏子。晏子曰："不可！夫儒浩居而自顺者也，不可以教下；好乐而淫人，不可使亲治；立命而怠事，不可使守职；宗丧循哀[1]，不可使慈民；机服勉容[2]，不可使道众。孔某盛容修饰以蛊世，弦歌鼓舞以聚徒，繁登降之礼以示仪，务趋翔之节以观众。博学不可使议世，劳思不可以补民，素寿不能尽其学，当年不能行其礼，积财不能赡其乐。繁饰邪术，以营世君，盛为声乐，以淫遇民[3]。其道不可以期世[4]，其学不可以道众。今君封之，以利齐俗[5]，非所以道国先众。"公曰："善。"于是厚其礼,留其封,敬见而不问其道。孔某乃恚,怒于景公与晏子,乃树鸱夷子皮于田常之门,告南郭惠子以所欲为,归于鲁。有顷,间齐将伐鲁[6],告子贡曰:"赐乎,举大事,于今之时矣!"乃遣子贡之齐,因南郭惠子以见田常,劝之伐吴;以教高、国、鲍、晏,使毋得害田常之乱;劝越伐吴。三年之内,齐、吴破国之难,伏尸以言术数[7],孔某之诛也。

【注释】

[1]宗丧循哀,宗,同"崇";循哀,久哀不止。
[2]机服,机,危,高。机服,即戴高冠。
[3]遇,当作"愚"。
[4]期,当作"示"。
[5]"利"当作"移"。
[6]"间"当作"闻"。
[7]"言"当作"意","亿"之省。术,通"率",计的意思。

【译文】

孔某到齐国,去见齐景公。景公很高兴,要把尼谿之地封给孔子,并把这个想法告诉了晏子。晏子说:"不行!儒家之徒十分倨傲而自以为是,不能让他们教化下面;他们爱好音乐而怠惰于政事,不能让他们亲身治国;他们主张有命之说而怠惰于工作，不能让他们出任官职；他们崇饰丧礼并要求久哀不止，不能使他们保育百姓；他们戴着高冠，强作谦卑的面容，不能使他们引导大众。孔某极力打扮仪容、修饰服装以蛊惑世人，用琴瑟配歌，击鼓跳舞来收聚徒众，把登降的礼节搞得很繁琐以显有礼仪，倾心于趋走、盘旋等仪节以吸引民众观看。学问虽广博，但不可以使他们议论世事，思虑虽劳苦，但无益于人民的生计，人们花几辈子也学不完他们的学术，年富力强也难以奉行他们的礼节，积财聚货也不够供养他们的作乐。（孔某）多方修饰自己的邪术来迷惑当世君主，创作盛大音乐来迷乱愚民，他的道术不能公之于世，他的学说不能引导民众。现在您要封赏他，希望改善齐国的风俗，可这并不是引导齐国及民众的好办法。"景公说："你说得对。"于是对孔子以厚礼相待，但留下了封地，恭敬地接见他，但不询问儒家的道术。孔某于是很忿恨，对景公和晏子十分恼怒，于是把鸱夷子皮安排在田常门下，将一切谋划都告诉给南郭惠子，回鲁国去了。没过多久，孔某听说齐国将要攻打鲁国，就对子贡说道："赐，举大事就在此时了！"于是派子贡到齐国去，通过南郭惠子见田常，劝田常攻打吴国；教高氏、国氏、鲍氏、晏氏不要妨害田常作乱；又劝越国攻伐吴国。在三年之中，齐和吴遭受国家破灭的灾祸，死亡人数以十万计，这全是孔某的责任。

【原文】

　　某为鲁司寇，舍公家而奉季孙。季孙相鲁君而走，季孙与邑人争门关,决植[1]。孔某穷于蔡陈之间,藜羹不糂。十日,子路为享豚,孔某不问肉之所由来而食;号人衣以酤酒[2],孔某不问酒之所由来而饮。哀公迎孔子,席不端弗坐,割不正弗食。子路进请曰:"何其与陈、蔡反也?"孔某曰:"来,吾语汝:曩与女为苟生,今与女为苟义。"夫饥约,则不辞妄取以活身,赢鲍[3],则伪行以自饰。污邪诈伪,孰大于此?

【注释】

[1]决植,决,当为"抉"之借字;植,关门的直木。
[2]"号"当作"褫"字,剥夺。
[3]"鲍"当作"饱"。

【译文】

孔某做鲁国的司寇时,舍弃公家而去侍奉季孙氏。季孙氏身为鲁相而出走,逃到城门口时,与城中人争抢门关,孔某撬断了城关大门上的直木。孔某曾在蔡国和陈国之间遭受困厄,用藜叶做羹,没有米饭吃。到了第十天,子路蒸了一只小猪,孔某不问肉是从哪儿来的就吃。子路又剥下别人的衣服去换酒,孔某也不问酒是从哪儿来的就喝。后来鲁哀公迎接孔子,座席摆得不正不肯坐,肉切得不方不肯吃。子路走上前问:"你为什么表现得和在陈、蔡时相反呢?"孔某说道:"来!我告诉你。当时我和你是急于求生,现在我和你是急于行义。"

在饥困时，不惜随意取用来谋求生存；饱食有余时，就用虚伪的行为来粉饰自己，天下的邪污奸诈，还有比这更大的吗？

【原文】

孔某与其门弟子闲坐，曰："夫舜见瞽叟孰然，此时天下圾乎？周公旦非其人也邪[1]？何为舍亓家室而托寓也？"

【注释】

[1]"孰"字当作"就"。就然，同"蹴然"。"非其人"当作"其非人"，"人"与"仁"通。

【译文】

孔某和他的弟子们闲坐，说："舜看见瞽叟，就局蹐不安。那时候天下真危险啊！周公旦不算是仁义之人吧，他为什么要舍弃自己的家室，寄居在外面呢？"

【原文】

孔某所行，心术所至也。其徒属弟子，皆效孔某：子贡、季路，辅孔悝乱乎卫，阳货乱乎齐[1]，佛肸以中牟叛，漆雕刑残，莫大焉[2]！夫为弟子后生，其师[3]，必修其言，法其行，力不足、知弗及而后已。今孔某之行如此，儒士则可以疑矣。

【注释】

[1]"齐"当作"鲁"。
[2]"莫"上脱"罪"字。
[3]"师"下有脱字。

【译文】

　　孔某的所作所为，都因心术不正所致。他的弟子和党徒也都仿效他：子贡和季路辅佐孔悝在卫国作乱，阳货在鲁国作乱，佛肸据守中牟叛乱，而漆雕开受刑致残，所犯之罪很大啊！凡是做弟子的，对于他们的老师，必定是极力摹仿他的言论，效法他的行为，一直到自己力量不够、智力不及的时候，方才罢休。现在孔某自己的行为如此，那么众多的儒士究竟怎样，就大可怀疑了。